新形势下工会干部能力与素质提升系列

工会干部岗位制胜的12种方法

GONGHUIGANBU GANGWEI ZHISHENG DE 12ZHONG FANGFA

闫晓燕◎主编

中国工人出版社

图书在版编目（CIP）数据

工会干部岗位制胜的12种方法 / 闫晓燕主编. —北京：中国工人出版社，2016.6
（新形势下工会干部能力与素质提升系列）
ISBN 978-7-5008-6436-3

Ⅰ.①工… Ⅱ.①闫… Ⅲ.①工会工作－中国－干部培训－教材 Ⅳ.①D412.6

中国版本图书馆CIP数据核字（2016）第121649号

工会干部岗位制胜的12种方法

出 版 人	芮宗金
责任编辑	吕 静 王 璇
责任校对	孙逦伟
责任印制	栾征宇
出版发行	中国工人出版社
地 址	北京市东城区鼓楼外大街45号 邮编：100120
网 址	http://www.wp-china.com
电 话	（010）62350006（总编室） （010）62005039（出版物流部） （010）82075935（工会与劳动关系分社）
发行热线	（010）62004002 （010）82081553（传真）
经 销	各地书店
印 制	北京市密东印刷有限公司
开 本	710毫米×1000毫米 1/16
印 张	18.25
字 数	260千字
版 次	2016年7月第1版 2016年7月第1次印刷
定 价	45.00元

全面深化改革新形势下
工会干部工作制胜的方法

习近平总书记指出，要掌握工作制胜的看家本领。制胜就是取得胜利的意思。工作要取得胜利就要掌握科学的方法。所谓方法是指人们认识世界和改造世界的工具与程序的总称。方法有两层含义：一是指实现目标的工具或手段，二是指实现目标的程序，即不同的步骤、阶段的安排。

工会工作方法是人们的一般认识方法和工作方法在工会工作实践中的具体运用，是工会干部为提高工会工作整体水平、实现工会组织的奋斗目标而采用的各种方式、手段、办法、措施、程序和步骤等的总称。工会工作方法的内容，如以工会工作的岗位划分，可分为多种，如工会组织工作方法、工会职工民主管理工作方法、工会宣传教育工作方法、工会经济技术工作方法、工会劳动保护工作方法、工会社会保障工作方法、工会女职工工作方法等。

工会是职工自愿结合的工人阶级群众组织，阶级性与群众性的统一是其本质特征，这就决定了工会干部所采用的工会工作方法必须是有利于表达和维护职工群众合法权益，必须是与党政有别的、吸引和说服教育的群众工作方法，其特点是：（1）科学性。工会工作方法建立在辩证唯物论的世界观、方法论和科学工作方法的一般原理、原则及基本方法基础之上，是在工会干部所从事的工会工作实践中产生，是工会工作规律的反映，任何工会工作方法的正确运用都是准确把握工会工作客观规律的结果。

(2) 群众性。广大会员和职工群众是工会活动的主体，离开会员和职工群众的积极参与和热情支持，工会工作就成了无源之水、无本之木。因此，工会干部所采用的工会工作方法，就必须是体现工会工作的群众性要求，坚持走群众路线，为广大会员群众所能接受、愿意服从的好的工作方法。(3) 民主性。工会是职工群众自愿结合的群众性组织，会员在组织内享有广泛的民主权利，让会员群众在组织中真正当家做主，要求工会干部所采用的工会工作方法必须是民主的，是民主与集中相统一的，任何强迫命令，在工会工作中都难以奏效，反而会使工会干部容易脱离群众，成为孤家寡人。所以，工会工作方法应当符合群众办工会、民主办工会的原则。(4) 综合性。由于工会工作的内容具有多样性与综合性，因此反映在工会工作的方法上，也是多种多样的。尤其是随着中国特色社会主义工运事业的发展，工会工作实践在范围上越来越广泛，内容上越来越丰富，形式上越来越新颖，工会干部所运用的工会工作方法也必然会越丰富多样。

工会工作方法的运用必须遵循工会工作的客观规律，这通过以下原则体现出来：(1) 工会工作方法的运用要与工会的立场、观点相一致。什么是工会的立场呢？那就是工会的阶级属性，即表达和维护职工的合法权益。什么是工会的观点呢？那就是工会的群众属性，即群众观点。工会工作方法的运用与工会的立场、观点相一致，就是指工会干部所选择运用的工会工作方法必须是有利于实现工会表达和维护职工合法权益的工作方法，必须是适合职工群众特点的思想方法和工作方法。如果离开工会立场、观点去选择工作方法，就不可能顺利开展好工会工作和实现既定目标。(2) 工会工作方法的运用要与工会的任务和职能相吻合。工会的根本任务是以经济建设为中心，履行好维护、建设、参与、教育四项社会职能。从性质上看，这些任务与职能都属职工范围内的群众工作。因此，工会干部对工会工作方法的选择运用就应当主要是群众工作的方法。(3) 工会工作方法的运用要注意兼容并收。工会工作方法虽然具有工会特性，但既然是工作方法，它就具有一般工作方法的共性。尤其是鉴于工会工作的复杂性，有些工作需要交叉采用或学习借鉴党政和企业行政通用的工作方法、现代科学管理方法等。只有将这些方法结合工会工作的实际加以创造性地运用，才能适应日趋复杂变化的工会工作的需要。

工会工作方法的重要性具体来说体现在如下方面：第一，工会工作方法是工会干部完成工会工作任务的手段。工会在每一个历史时期、每一个历史阶段都有自己的历史任务，就每个企事业单位工会来说，每个时期、每个阶段也都有自身的中心工作。因此，要完成这些任务和中心工作，工会干部就应有自己观察事物的方法和处理问题的方法。方法适用于任务，则方法与任务相统一，因而能很好完成任务，实现工会工作目标。所以，工会工作方法是工会干部完成工会工作任务须臾不可分的重要手段。第二，工会工作方法是工会干部观察问题与组织活动的工具。工会干部观察问题、组织活动的立足点是坚持“两个维护”原则，更好表达和维护职工群众的合法权益。工会立场的特殊性，决定了工会干部在观察企业和社会实际问题时，在组织开展活动上，与政府和企业行政所运用方法明显不同。政府和企业行政人员运用行政方法观察问题，并以此支配自己的行为，产生的是政府和企业的行政活动，而工会干部运用工会工作方法去观察问题，并以此支配自身行为，产生的就只能是工会活动，即职工群众的活动。第三，工会工作方法是动员、组织、凝聚职工群众的凝聚剂。工会干部要把职工群众动员组织起来，开展群众性活动，用强迫命令的方法显然不能奏效，必须运用自愿的、民主的方法即工会群众工作方法，才能使广大职工有组织地在维护共同利益、自我教育中共同行动。

工会干部掌握工会工作方法的重要性体现在以下方面：首先，工会干部掌握工会工作方法是发挥工会桥梁纽带作用的内在要求。工会的桥梁纽带作用是由其性质、地位所决定的。工会作为党领导下的工人阶级群众组织，一方面要坚定不移地把党的路线方针政策贯彻到职工群众中去，把党和政府的关怀送到职工群众中去，把广大职工群众凝聚到党的周围，增强党的阶级基础、执政基础，扩大党的群众基础，为实现党在现阶段提出的各项任务建功立业；另一方面，工会作为职工群众利益的表达者和维护者，它必须从维护广大职工群众的切身利益出发，经常地了解和把握群众的情绪、意愿和要求，及时地向党和政府反映并提出解决问题的意见和建议，协助党和政府解决好广大职工群众关心的热点和难点问题，促进企业和国家的改革、发展和稳定。这两个方面相辅相成，构成了发挥桥梁纽带作用的基本内容，也构成了工会干部必须掌握相应的工作方法的内在要求。因为工会工作方法是工会干部从事工会工作规律和经验的总结概括，是实现工会工作目标的重要手段，离开了相应的工作方式方法，工会干部就难以通过做好工会工作，发挥好党联系职工群众的桥梁纽带作用。

其次，工会干部掌握工会工作方法，有利于协调同企事业行政的关系，形成合力，实现工作中的相互支持、相互配合、相互促进，开创一个团结一心干事业、谋发展的局面。在企事业单位中，由于企事业单位是各方利益的共同载体，投资者、管理者和劳动者的根本利益是一致的，搞好企事业应该是利益各方的共同目的。从这一点上讲，密切合作是行政与工会关系的基础。但是，在企事业单位中，由于行政与工会所处的位置和看问题的角度不同，会产生一些认识上的分歧和利益上的矛盾。这就需要工会领导者和工会干部学会运用有效的工作方法，协调好相互关系，形成工作上相互支持、合力推进的局面。

第三，工会干部掌握工会工作方法有利于增强工会活力，提高工会工作的整体效能。工会工作整体效能的提高，涉及工会工作的诸多方面，其中工会干部能否运用有效的工作方法是影响工会工作效能提高的重要因素。在工会工作中，善用工作方法的工会干部，能够正确地运用党的方针政策，合理地利用环境条件，准确地把握工会工作的重心，灵活地运用各种方法与策略，极大地调动职工群众的积极性，使工会工作始终处于主动地位，高效能地实现工会组织的工作目标。

在全面深化改革的伟大进程中，工会工作面临着新形势新任务。做好新形势下的工会工作，我们要有新方法、新措施，才能践行“以服务为宗旨、以维护树形象、以创新求发展”的工作新理念。为适应时代的客观需要，工会干部就要勤于学习、善于思考、勇于创新，不断总结经验、不断丰富和发展工会工作方法的内容，不断创造和更新工会工作方法的形式。

一要善于学习，不断掌握科学的工作方法。非学无以广才，非学无以明识，非学无以立德。习近平总书记在庆祝中央党校建校80周年的庆典上指出："好学才能上进。中国共产党人依靠学习走到今天，也必然要依靠学习走向未来。我们的干部要上进，我们的党要上进，我们的国家要上进，我们的民族要上进，就必须大兴学习之风，坚持学习、学习、再学习，坚持实践、实践、再实践。"尽管当前工会干部的整体水平已经有很大提升，但专业结构还需继续调整，尤其是引进法律、劳动和社会保障、经济管理、财务会计、信息等专门人才，掌握新知识、新方法、新手段。因此，工会干部就要不断学习，掌握新的科学方法，优化自身的知识结构，及时进行知识更新，拓展知识视野，防止知识老化，提高自己的工作水平和业务能力，增强为职工群众说话办事的本领。

二要勤于思考，不断概括总结新的工作方法。"学而不思则罔，思而不学则殆。"学习的目的在于应用和实践。而理性的思考是沟通学习与应用、实践的必要环节。工会干部理性思考的关键是要学会辩证思维。一是正确处理好全局与局部的关系。工会干部必须有大局意识，要在服从服务于大局这个指导思想下，做好自己的本职工作，为推动全局工作创造条件、贡献力量。二是正确处理好重点工作和一般工作的关系。工会工作涉及面广、千头万绪，眉毛胡子一把抓，显然不能提高工作效率，收到好的效果。因此，工会干部必须学会辩证思维，以重点论和两点论的思想方法指导工作，形成清晰的工作路线，在抓好维权等重点工作的同时，也开展好其他具有工会特色、职工群众乐于接受的活动，尤其是要围绕当前党政和企业行政的中心工作，抓出几项有影响的工作来。只有这样，工会干部才能提高工作水平和能力，工会工作也才能做得更有生机、更有特色、更有活力，在改革、发展、稳定中，在促进国家和企事业的发展中发挥更大作用。

三要勇于创新，不断丰富和发展工会工作方法。方法创新是新形势下工会干部面临的一项重要任务，也是促成工会各项事业不断发展的动力和关键。工会工作方法创新，离不开工会干部自身的创新能力。创新能力对于工会干部来说，就是面对新的机遇和挑战，善于抓住机遇，敢于迎难而上，能够对工会工作遇到的新问题和未来发展趋势及时提出新思路、新方法、新对策。随着社会主义市场经济的发展，劳动关系矛盾日趋复杂多样的变化，工会工作的领域、重点、对象、方式也发生了深刻的变化。面对不断发展变化的客观情况，是反应迟钝、浑浑然，还是敏锐把握、自觉驾驭，这不仅关系到工会干部思想观念的转变，更关系到工会工作实践的成功。工会干部只有勇于和善于把握客观情况的变化，自觉地把思想认识从那些不合时宜的观念、做法和体制的束缚中解放出来，注意克服不思进取、无所作为的思想状况，根据实践的要求，增强与时俱进、敢于创新、积极进取的紧迫感和责任感，才能不断丰富和发展工会工作方法的内容和形式。同时，工会干部也只有将创新进取的精神状态和求真务实的工作作风结合起来，深入实际，密切联系职工群众，及时掌握职工之所想，干好职工之所盼，解决职工之所需，以务实进取的工作作风，赢得职工的更高信任度，才能从实践中、从职工群众中汲取营养，总结经验，促进和实现工作方法的创新。

编者

2016 年 4 月

目录
Contents

第1章 工会办公室工作方法

工会办公室是工会组织的综合性办事机构。工会办公室工作的范围很广，诸如文书处理工作、会务工作、调查研究工作、公务接待工作、来信来访工作、机要保密工作，以及信息统计、印信管理、档案管理等工作都是由办公室来承担的。

工会办公室不同于其他职能部门。工会职能部门都有明确而具体的业务工作目标和业务工作范围。工会办公室虽然同工会组织各职能部门一样是在工会主席统一领导下开展工作的，但它主要是直接为工会领导服务，并协助工会领导处理日常工作，要承上启下，协调左右，起着综合组织各方面工作、协调平衡的作用。

对于工会办公室而言，协调工作是日常的、广泛的、大量的。综合协调是工会办公室完成工作任务的必要手段。同时，工会办公室又是工会组织系统的信息汇集中心，一方面要不断地掌握上级工会领导机关的各种指示精神，另一方面要密切注意并负责综合反映工会工作和职工队伍的重要情况与动态，要随时综合分析各种因素，将其中重要的情况及时提供给工会领导，为工会委员会和工会领导的正确决策提供科学正确的依据。要有效地完成这些工作，工会办公室工作人员必须学会调查研究，掌握科学的调查研究方法和信息收集处理方法，从而不断提高工会办公室的工作效率，提高工会工作的整体水平。

一、协调方法

工会办公室作为工会领导机关的办事机构和主要综合部门，在完成工会领导交办的工作任务时，常常采用协调手段，使一些涉及多部门、多系统的复杂问题得以解决。协调是工会办公室完成工作任务的必要手段，也是办公室的主要职能之一。协调就是化解矛盾、理顺关系、调动积极性、集中有关部门力量完成任务的过程。在这个过程中，工会办公室的综合协调工作是日常的、广泛的、大量的。

（一）综合协调方法

1. 综合协调的内容

政策性协调。政策协调，主要是指实现工会所发各种文件之间、各职能部门所制发的文件规定之间政策上的一致性，逻辑上、概念上、文字上的包容性，在起草单位的文件中不能出现论述上的矛盾和对同一问题的阐述有不同的结论，在制定的政策条款上不能出现相互矛盾的地方。要做到这一点，办公室人员必须经常注意对各类政策文件的学习了解和宏观把握，对草拟的文件要严格把关，发现问题及时通气协调。必要时请有关部门领导一同斟酌、修改，确定文字段落，并在工会领导办公会上通报文件中待商讨的问题，提请领导酌定。

会务性协调。会议是推动工会工作的重要手段，搞好会务工作是各级工会办公室工作的基本功，必须全力以赴。但此类工作涉及面很广，有的会议专业性又很强，需要办公室在领导通盘指导下，调动本部门及其他部门人员共同协商办会，共同参与会务接待。办公室从开始到会中到会尾，应始终注意工作落实情况，必要时能够及时调集人力，解决临时困难。

事务性协调。有些工作体现了事务性的特征，如掌握整个单位的基本状况、基础数据统计及其他基本情况等。有关数字的提供及某些调研题目的落实，是办公室长期要做的工作，又都关系许多部门，这些工作的开展，工作面宽、协调事项多、花费时间长，故而领导往往交由办公室去完成。这就要求办公室使用协调方法去组织完成。

应急性协调。主要指突发性事件来得急、来得猛，如突发事件、自然灾害等，不能马上定位给哪个部门完成；一些不可预见的新情况、新问题，如上级突然抽查或临时交办的任务等，都需要办公室做临时战地指挥，搞好应急协调。一是要按惯例或临时决定做暂时布置，同时立即与领导取得联系，汇报情况并听取指示。二是要迅速拿出不同方案供领导选择决断。三是要在最短的时间内把有关职能部门召集在一起，汇报情况传达指示，分工进入应急工作状态。

疑难性工作协调。有些工作难度很大，一时无从下手，交给哪个部门去干都不好开展，也往往交办公室去完成，办公室被授权后有一定的调配人力、物力的权力，较易推进。也有一些工作带有保密性，知情者不宜太多，而通过办公室协调展开较为稳妥；还有一些历史遗留下来的问题，由于拖的时间较长、涉及的环节较多，许多部门都不宜接手，这些工作多转交办公室，由其发挥综合协调的职能努力去解决。

2. 综合协调的方式

会议式协调。这是综合协调工作的一个基本方法。即通过召集有关人员或部门领导，采取座谈会、现场会、汇报会、研讨会、分析会等会议方式，了解情况，通报及研究问题，安排阶段性任务，在会上集思广益，统一认识，集中有效意见，得出研究结论，形成工作意见，完成协调任务。

访谈式协调。对不宜召集会议的协调事项，可直接与被了解的人接触，就反映的问题或某些工作，开展面对面的交谈了解，耐心听取对方的意见看法，通过讨论获得认识上的统一，得出结论。涉及几个部门的事项，还应广泛走访、分别协商达到统一。

沟通式协调。对于解决部门间矛盾的协调任务，可采取沟通式协调方法，而在掌握了产生矛盾的原因及矛盾内容后，可通过口头或书面形式通报情况、传达已知信息，让双方了解情况真相，消除误解，达到团结。对开拓某部门工作局面的协调任务，也应从传达上级要求和领导意见开始，分析新情况、新信息，促使部门人员思想跟上形势，调动其积极性，开拓工作局面。

程序式协调。某些工作事务性较强、不需太多的商讨，可按议定计划按部就班地布置完成。制定一个时间计划表或程序表，调动各有关部门分时分批地投入工作，达到相互配合、人力互补的目的。

建议式协调。在协调中，对平行机关、无垂直关系的单位以及下级机关对上级机关，往往不能要求对方去做什么，只能以商量的口气和建议的方式，将自己的意见转告对方，提请对方选择采用。建议的意见不具有强制性，也不具有约束力，只具备影响力。影响力大小，取决于建议本身的价值，价值愈大，影响力愈大。

（二）如何协调与领导者的关系

1. 正确领会领导意图

（1）对于领导直接表达的意图要重视，通过会议讲话、工作部署、文件批示或与有关人员谈话等的记录，消化理解，并加以贯彻。

（2）要善于捕捉领导间接表达的意图，平时留心观察、仔细聆听、深刻领会，不放过任何机会和一切可以利用的场合。比如，注意领导在正式讲话中对某项工作、某个问题的提法是否做了强调，口气轻重与否；注意领导在非正式的言谈话语中就某个问题、某件事情所作的褒奖；注意研究领导在公文的批示和在审核签发文件时所作的改动等。

2. 正确把握领导意图

根据领导意图去进行各项工作，这是工会办公室秘书人员应牢记的重要原则。领导意图是指领导者从其所担任的领导职务出发，对党和国家的方针政策以及上级领导机关的指示命令等的贯彻意见。在办公室秘书人员工作中，很重要的内容就是把领导意图具体化。

（1）修饰领导意图。领导往往在某个问题上深思熟虑、形成思路、基本成章，只要经过文字修饰，就可以成为路子清晰、观点鲜明的决策。

（2）凸现领导意图。有时领导只交代简单意图，或在多次讲话中体现某一中心观点，但总体思路尚处于模糊阶段，这时就需要秘书人员根据其一贯思路，苦心琢磨，凸现领导思维，突出中心要求。

（3）连贯领导意图。领导在实践中断断续续产生一些想法，尚未成形，这时秘书人员要将其具体观点归并整理，确立主题，构成连贯的全局性的决策。

（4）升华领导意图。决策需要正确的理论指导和支撑，只有上升到理性，才具有普遍指导意义。领导者常常给秘书人员一些经验性思维，来不及从理性上阐述，这时秘书人员就要理论联系实际，对领导意图给予概括、抽象和提炼。

（5）促成领导意图。秘书人员的参谋作用多是滞后的，但也不排斥主动作用。秘书人员有责任思考一些超前的、长远的、全局的问题，积极提出建议，一旦转化为领导意图，也可能成为指导工作的决策。

3. 提建议的基本要求

（1）论证要充分。收集必要的准确而有利的数字和事实材料来论证自己的建议；要充分考虑各种反对意见，试着去反驳与你的建议相左的观点；要考虑领导会提出什么样的问题，并对这些问题的回答有事先的准备；对未来的发展前景做一些预想，引起领导对你的方案的高度重视。

（2）方案要多个。准备多套方案，会增大领导接受你的建议的可能性；准备多套方案，会使你显得比较严谨周密，考虑问题全面细致，从而赢得领导的好感；准备多套方案，会给领导以很大的灵活性。

（3）研究你的领导。不同的领导具有不同的个性习惯和思维方式，对于特定的问题，他还可能有着不同的思考，而这些都有可能决定性地影响你的建议的命运。因此，下属欲做到“百战不殆”，就首先要做到知己知彼，不仅要学会“腹有良谋”，还要学会“对症下药”。

4. 提建议应把握的主要环节

（1）要适时。领导往往是临近决策或遇到复杂问题难以作出决断时才需要建议的，因此，向领导提建议要审时度势。

（2）要适度。掌握好分寸语气，特别在公开场合和众人面前，做到忠言顺耳，处处维护领导者的权威，不要语无节制、滔滔不绝，使领导者误认为你逞强好胜，让领导在众人面前难堪。

(3) 要实用。提建议的目的是为了让领导采纳、解决问题、推动工作。建议是否实用对路要看三个字："准"——建议要有准确性，对上情要吃透领会，对下情要了解把握；"新"——建议要有新角度、新思维、新内容；"实"——建议要联系实际、实实在在。

（三）运用协调方法应把握的基本环节

1. 吃透情况，心中有数

这是前提。在协调中，既要找症结，即分歧点，也要找基础，即共同点。要做到心中有数，做到"三清"。要清醒，始终把握住基本点即"两个维护的统一"；要清楚，始终盯住主要目标；要清晰，注意随时综合、整理协调思路，掌握主动权。

2. 交流信息，陈述利弊

这是基础。协商中造成看法不一致的一般原因，是各方掌握的信息不同。在协商过程中，先不必急于评论对方的看法如何，而应介绍有关的重要信息情况，客观地分析有利因素和不利因素。要尊重对方的意见，相信对方能合作，使对方感到我们的诚意。要虚心接受对方有益的看法，并提出我们的看法和意见。有些不同认识，在理解各种不同信息中会自然消失。在取得共同语言的基础上，分析利弊，促成问题的协商解决。

3. 调节利益，综合平衡

这是核心。千协调，万协调，离不开利益协调。这也难，那也难，难在各方利益的合理分割。要紧紧抓住各利益的共同点，晓之以理，动之以利。在利益协调上，允许做必要的妥协，但务必守住几道防线：一道是全局利益绝对不能损害；一道是老实人绝对不能吃亏；还有一道是"补偿原理"，即当势在所为而不得不为时，应设法给予一定补偿，包括精神补偿。

4. 沟通感情，融洽气氛

许多成功的协调都带有感情色彩。愈是难解之题，愈应在一种融洽、轻松、诙谐的气氛中进行，如果缺乏这种气氛，那就应想方设法加以创造。协调需要理智，理智是冷色的，但也需要感情，感情是暖色的，它可以软化情绪、减轻对立、消除戒备、缩短心距，取得好的结果。感情的融洽当然需要临场发挥，但更多的要靠平时的积累。这里需要指出的是，所谓感情不但包含柔性，也包含刚性。和风细雨、循循诱导，动的是柔感情；义正词严、慷慨激昂，动的是刚感情。刚也好，柔也好，要依具体情境而定。要取舍适当、因人而异、把握有度、用之得体。

5. 求同存异，迂回前进

这是策略。协商中难免存在各方意见分歧，这样就应求大同存小异，在大的原则问题上求得共识，对有差异的地方，可尊重各方存异自主。有时出现对方坚持己见，必要时应局部妥协或予以通融，以求得在大局上能合作，或局部协同，有时协商解决的条件还不成熟，双方距离达到和解还相当远，可以采取“冷处理”的方法，等待时机给予解决，或者通过时间的积累，留待实践本身逐渐加以调整，这也是推动工作的需要。

二、调查研究方法

调查研究是工会办公室工作的一种基本方法。加强调查研究是确定工会工作的思路和重点的重要前提。工会工作的思路、内容、重点和措施办法等的确定，必须以客观事实为根本依据，也就是必须建立在对客观事实深入调查研究的基础之上。同时，各项决策的实施和落实，也必须通过调查研究来指导和推动。

（一）调查研究要坚持“四个结合”

1. 全面撒网与重点调研结合

这可以全面深刻地认识一些重大事件、重要情况发生的背景和原因，有助于客观分析情况，真正找准症结，准确预测事件的发展趋势，为参谋和解决问题奠定基础。工会办公室事务繁杂，要使全面撒网与重点调研有机结合，必须研究调研方法，全面撒网用巧劲，以多为目的，夯实“材料库”基础；重点调研用实功，以精、深、新为出发点，组织人员从点到面、触类旁通、细线条地调研。

2. 随机调研与建立基地结合

随机调研即随时随地进行调研，是工会办公室工作人员必备的基本功。要做调研的有心人，随时随地注意观察，多问勤记，掌握情况，并把所了解的一些零碎的、局部的、表面的东西经过大脑“加工厂”的科学归纳与总结，准确预知即将发生的情况和问题，准确预知事物发展变化的趋势。此外，还应注意调研基地的建立，根据不同情况、不同侧面、不同范围，选择不同的基层单位作为调查研究、搜集材料的基地。建立调研基地是获得新鲜、典型素材的捷径，也是解决当前工作人员少、调研任务大、难以顾及全面等问题的好办法。

3. 热线调研与正常工作调研结合

对工会工作重点、领导关心的难点问题、职工群众反映的热点问题以及一些重要的社会动态，应组织人员不失时机、反复细致地进行调查研究，探索解决问题、促进工作的方法和途径，这叫热线调研。但是，仅仅做到这点是不够的，还必须与工作调研结合起来，经常不断地对一些重点工作的进展情况进行调查研究，发现和了解影响工作正常开展的情况和问题，发现和了解孕育在正常工作中的带有新的倾向和苗头性的问题。

4. 调查研究与解决问题结合

工会办公室工作人员，头脑中必须时刻装着职工、想着问题，立足于解决问题，通过每次调研，了解、掌握有关情况，并随着调研问题的深入和范围的扩大，不断探索寻求解决问题的最佳方法和途径。同时，带着问题深入基层、深入职工，可以增强调研的针对性，可以使调研工作按事前设计好的程序迅速地展开。

（二）把握调查研究的一般程序

调查研究程序实际反映调查研究活动的过程性和顺序性。其基本过程和程序大致分为三个阶段，即准备阶段、调查阶段、研究和总结阶段。

1. 准备阶段

准备阶段是对调查研究进行决策和准备工作的阶段，对调查研究绩效有着重要影响，必须认真行事，有关的主要工作有如下几项。

确定调研课题。确定课题是调查研究的起点，它是影响调查研究方向及其成果价值的首要因素。确定课题时，要注意以下几点要求：第一，要注意课题的价值。一般应是目前工会工作上的重点问题、难点问题和热点问题，同时，要注意超前研究，抓预测性、趋势性和初露苗头的问题，即现在“冷”、将来“热”的问题。第二，要注意处理好综合性课题与专题性课题、大课题与小课题的关系。一般说来，综合性课题和大课题宜少不宜多，并应“大处着眼、小处着手”，注意课题的合理分解和联合“攻关”。专题性课题和小课题也要“有所为有所不为”。第三，确定课题要集思广益，科学论证。

明确价值目标。所谓明确价值目标，是指要明确每项调查研究的预期成果。为此，一要判断课题的难度大小，二要明确客体的约束条件，包括时间、人力和物力条件，还要对目标进行定性定量分析，三要论证总目标和阶段性目标、小系统目标的协调性及其可行性。

掌握相关信息。要自觉认真学习政策法规，收集和掌握与调研课题相关的信息，包括学习相关理论知识、历史资料和调研动态，以便尽快进入“角色”，避免重复劳动。通过认真学习，武装思想，为提高调研水平做好充分准备。

制订调研计划。为了避免调研的盲目性和无序状态，制订调研计划要包括调研的目的和要求、调查对象的选定、调研的方式方法、调研的时间安排、调研人员的组织分工、调研经费预算等事项。对于开放式、协作式的“大调研”，制订好调研计划尤为重要。

拟制调研提纲。主要是初步设定所要调研的主要问题。其作用在于：一是对调研人员起统一指导作用，避免心中无数、打乱仗、走弯路的现象；二是在必要时可事先通知调查对象，使其接受调查有所准备，不至于“仓促上阵”。但是，调研提纲只对调研起指导作用，绝不能变成先入为主、一成不变的指令。如果在调研中发现调研提纲不妥，应按实事求是的原则及时调整修正。另外，在兼用问卷调查方法时，还要事先设计好调查问卷。

做好组织协调工作。对于较大的调研活动，特别是工会部门牵头组织的“大调研”，有必要在计划工作的基础上，召开专门会议，做好思想动员、统一认识、协调工作、落实人财物等方面的工作，使调研做到准备充分，行动统一。

2. 调查阶段

调查阶段是根据工会工作重点的要求而进行的深入实际、深入职工群众、收集客观材料的阶段。在调查阶段，应注意把握以下基本要求：

目的要明确。要搞好调查研究，不能在调查之前先有结论和框框，让调查为预先想要作出的结论作论证。但这并不是说在调查之前不要任何目的，不要制定任何调查计划、方案和安排。没有明确的调查目的，就无法驾驭丰富的调查材料；没有具体的调查计划和安排，调查研究就会不知从何入手，抓不住重点、分不清阶段。

态度要端正。调查工作，首要的不是调查的方法、技术问题，而是调查者的素质尤其是思想作风和工作作风问题。在调查中，工会干部必须具有认真负责、甘当小学生的精神，只有虚心向职工群众学习，不耻下问，才能获取真实情况，达到调查研究的目的。

作风要深入。要搞好调查研究，必须切实地深入到实际中去，直接了解情况，掌握第一手材料，而不能做官样文章，走形式，摆样子，而是真正脚踏实地到实际中去。不仅要“身入”，而且要“心入”，不仅要知，而且要真知、深知。

调查要全面。首先，调查对象要全面。即使是抽样调查和典型调查，也要注意各方面的代表性。其次，了解意见也要全面。既要倾听正面意见，又要听反面意见；既要听报喜，又要听报忧。既要听情况反映，又要听对策建议；既要注意典型材料，也要注意了解一般情况。

眼光要敏锐。调查要注意全面收集信息，更要注意搜集价值高的信息。为此，眼光必须敏锐。一是要善于发现和挖掘新情况、新问题、新动态、新经验；二是要善于发现知情敢言者。

方式方法要得当。调研的种类很多，调研必须根据课题的特点和实际需要与可能，有针对性地选用合适的调查方式和方法，并加以优化组合。对于调查了解的信息材料，要注意及时进行初步研究整理。一是要核实真伪；二是要筛选精当；三是要分类登记；四是要及时补充调查；五是要分析研究，加以条理化、系统化，形成初步的意见或建议。

3. 研究总结阶段

研究总结阶段是在调查基础上，运用科学思维方法，对调查来的丰富材料进行对比、选择、分析、综合、抽象、概括的阶段。在研究总结阶段，要把握以下具体方法：

进行分类研究。这是对信息材料按问题性质分门别类地进行研究，逐个得出科学结论的理性认识过程。

进行综合研究。这是对分类研究结论及其相关信息材料，进行相关联系和相关影响上的综合性整体研究的理性认识过程，以便从全局、整体上概括问题、分析原因、总结规律、提出对策性意见。

撰写调研报告。这是调研活动成果的集中体现，其关键是实事求是、写出新意，对领导决策有实际价值。

利用调研成果。其形式主要是供领导决策参考，同时也要考虑工会部门使用和发表交流。

总结调研工作。任何实践活动，都必须总结规律、积累经验、吸取教训，以便切实提高实践者的素质。

（三）调查研究必须把握的基本要求

1. 求深

要沉到基层，掌握症结所在，通过现象看本质，对调研素材进行去粗取精、去伪存真、由此及彼、由表及里的分析概括，从中提炼出符合事物本质的客观规律和内在联系，提出可操作的政策建议。

2. 求真

要敢于讲真话、报实情、不迎合、不附和，以对职工群众和工运事业高度负责的政治责任感，反映职工群众的愿望和呼声，向党和政府报送真实信息。

3. 求实

要有真知灼见，能够解决问题，推动工会理论政策研究成果转化，进入党政领导的决策领域，使工会参政议政取得实效，服务于改革发展稳定的大局。

（四）调研报告的写作要求

1. 深入调查，占有材料

调研报告的价值大小，首先不是写作水平问题，而是材料的占有和思想认识水平问题。因此，撰写调研报告必须以做好调查研究为前提。离开了实事求是的调研工作，调研报告的写作就成为无源之水、无本之木。

延伸阅读

跟习近平学调研：“身入”基层更要“心到”基层

2014年3月，习近平总书记在河南兰考调研时，深情地回忆起20多年前在寿宁县下党乡的调研往事。时任宁德地委副书记的钟雷兴亲身见证了习近平践行坚持群众路线的点点滴滴：“他上任时，没有烧新官上任的三把火，而是首先深入调查研究。”习近平到任时，适逢国家经济大环境治理整顿，宁德由于历史原因，还是相对贫穷落后，“但是，习近平没有急于求成，他很稳重，深入调查研究，从实际出发，他的战略目标：闽东撤地建市、通铁路、三都澳开发。”为了让群众过上好日子，习近平着力抓脱贫致富，抓农业综合开发、毛草房改造、连家船上岸，推动造福工程，还创办了赛岐开发区等。钟雷兴评价道，他是“舵手般把握着宁德的发展”。

2. 实事求是，确定主题

主题是调研报告的灵魂和主线，是调查者认识调研事物的基本思想。事实上，调研报告主题的形成是一个渐进过程。有的是领导机关提出的，有的是在调研准备阶段初步设计的，有的则是在调查阶段可研究阶段逐步产生的。但无论是哪种情况，都要本着实事求是的精神，随着调研工作的深入和认识上的深化，对原拟主题进行审核、补正以至重新确定。

3. 认真谋篇，拟定提纲

拟定写作提纲，实质上是解决调研报告的结构问题。在结构上，既要考虑每个部分的具体结构类型，更要考虑内容上的逻辑关系。在具体做法上，写作提纲可分为条目提纲和观点提纲两类。前者是从形式上列出调研报告的层次性条目，后者是在内容上列出相应的观点及逻辑联系。

4. 综合分析，合理取舍

调研报告必须“有材料、有观点”，要坚持材料与观点相统一。在确定主题和拟定提纲后，必须围绕主题和观点对材料进行合理的分配和取舍。首先是合理分类。即在鉴别材料真伪的基础上，将材料分为典型材料、综合材料、对比材料、排比材料和统计材料。其次是材料选优、对号入座。即将最生动、最有说服力的材料与相应的观念“联姻”，对已有材料进行合理取舍，尽量避免重复使用同一材料或者选用不当的问题，坚决杜绝材料与观点不相吻合的现象。在研究阶段，应在充分占有和认真研究材料的基础上得出符合逻辑的观点。在调研报告写作中，则应反过来考虑根据论证观点的需要如何取舍材料的问题。

5. 叙议结合，展开论述

调研报告的性质决定了它是有叙有议、以叙为主的应用性文体。因此，夹叙夹议、叙议结合是调研报告的主要表达方式。既然是“调查”，就必须对有关事实和情况进行叙述介绍，这种叙述性文字必然要占相当大的篇幅。但是，既然有“研究”，就必须运用议论的手法，展开论述。只议不叙，调研报告就会苍白空泛；只叙不议，调研报告就会缺乏深度和咨询价值。但是，叙述和议论又不宜在总体上分成两大块，而应边叙边议、有机结合。

6. 文风朴实，语言简洁

调研报告属于公文写作，因此文风必须朴实，切忌使用抒情和渲染等文学语言，也不宜使用深僻的专业术语。同时，语言必须简洁明快，可有可无的文字段落都应当坚决删去，力戒冗繁琐碎。但是，对于调查收集到的典型性职工群众语言，只要能说明问题，可以“原汁原味”加以引用，以取得语言生动、真实可信、印象深刻的效果。

三、工会信息收集和处理的方法

工会的信息工作是工会办公室的基础性工作，是工会履行社会职能、参与党和政府重大决策、反映职工群众意见和要求、维护职工合法权益的重要途径，是提高决策的准确性、预测的科学性和实施的可操作性的重要依据和前提。

（一）工会信息收集的方法

信息收集是指主体通过一定的程序，采取可行的方法和科学的手段，从外部大量的信息源中搜寻集聚适量信息的过程。做好信息收集工作，才能逐步产生系统的高层次、高质量的信息。

1. 工会信息收集的基本环节

确定信息收集目的。工会信息收集的目的是根据工会信息的需求决定的。工会信息收集的总目的是相对稳定的。即：收集职工群众的意见、呼声和要求，收集有关工人运动和工会工作的重要情况，为各级工会组织和党政领导提供科学决策的依据。

选择工会信息源。工会信息源是多方面的，选准了信息源可提高工会信息的质量。好的信息源必然是信息密度大、适用信息多。对工会信息来说，好信息源主要集中在两个方面，一是基层和职工群众，二是工会的外部环境。工会信息源的选择取决于工会信息收集的目的。不同的工会信息收集目的应选择不同的工会信息源。

制胜法则

工会信息收集的基本原则

◆目的性原则。收集信息时，首先必须明确信息服务的对象和所需信息的用途，然后进行有针对性、有的放矢的收集。只有这样，才能事半功倍，使收集的信息对路、有用。无用的信息收集上来，只会浪费信息工作人员的劳动和领导者的精力。

◆真实性原则。收集信息要尊重客观事实，不能先入为主，不能道听途说，而要准确反映事物的真实面貌。为此，信息源要真实可信，信息采集方法要科学，从而保证信息的本真面目。

◆系统性原则。事物的发生、发展本身具有连续性、系统性，因此，收集反映事物的信息亦应体现出连贯性和系统性。为此，在收集信息时，应遵循事物发展和运动的轨迹，进行有始有终的系统收集和反映，从而使收集到的信息脉络清晰，便于把事物的来龙去脉交代清楚。

◆全面性原则。事物的产生和发展，不是孤立的、无缘无故的，它既有外部的原因，也有内部的原因；既有表层的原因，也有深层次的原因。因此，收集信息时，要开阔视野，拓宽领域，在开发信息的广度和深度上下功夫，从整体上对事物进行考察，力求准确反映事物的全貌和本质，从而使收集的信息更易为处于驾驭全局位置的领导机关所使用。

◆多样性原则。世界是多样的，社会是多彩的，人们从事的行业是五花八门的，因此，我们收集的信息应当是多样性的。作为服从服务于党和国家工作大局的工会组织，收集信息时，就应当立足工会，跳出工会，从纷繁复杂的事物和五彩斑斓的社会中，选取有助于工人运动和工会事业发展、有助于社会健康发展的信息，以备开展各类工作的信息所需。

◆时效性原则。收集信息时，一是要注意信息本身的时效，看其是否过时、是否值得报送；二是采集信息要及时、快速，以免延误，从而保证收集的信息具有价值。

制定方法。正确的工会信息收集方法可避免在收集的过程中走弯路，收到事半功倍的效果。制定方法要力求经济有效，以最低的成本、最短的时间、最少的人力，收集到最高质量的工会信息为标准。

组织实施。组织实施是工会信息收集的重要步骤。在组织实施过程中，首先要把好选择人员这一关。即：从事工会信息收集的人员要具有强烈的责任心和实事求是的工作态度；要具有一定的文化知识和专业知识；具有一定的调查研究的能力和收集经验；熟悉工会信息源，能够运用不同的收集方法。其次，要按照计划开展有目的的收集，根据实际情况修正计划，调整工会信息收集的内容。

综合归类。收集上来的工会信息往往是零散的，及时地将收集上来的零散工会信息，按照一定的程序和目的进行综合归类，提交工会信息工作的下一个程序。综合归类是工会信息收集的最后一个环节，把握好这个环节，要做到两点：一是快，即工会信息收集到手后，不要拖延闲置；二是细，即不要把有价值的信息在分类时筛选掉，也不要将无价值的工会信息选出来提交下一个工作程序。

2. 工会信息收集的主要方法

观察法。就是信息工作人员凭借自身素质和能力或借助必要观察手段，来认识事物，收集、获取相关信息。

调查法。就是信息工作人员采取普遍调查、重点调查、典型调查、抽样调查、追踪调查等方式，或采取座谈会、讨论会、接待信访者等直接接触有关人员的方式，来收集信息，获取大量第一手材料。

阅读法。就是信息工作人员通过阅读文件、资料、报纸、书刊等现成材料，以及收听广播、收看电视等方式，从中收集需要的信息。

交换法。就是用自己收集和加工整理的信息资料，同有关地区、部门或单位达成临时交换或长期交换协议，进行资料交换，以互通有无，实现信息共享。

索取法。就是当面向有关部门、单位或个人做调查询问；或通过发函，请求其帮助收集和提供有关信息资料。

购买法。就是向信息服务单位或个人有偿地索取所需的信息资料。

委托法。就是对一些内部的和不易获取的信息资料，在用购买、交换等办法都得不到的情况下，委托有关单位或个人帮助收集。

（二）工会信息传递、接收和存储的方法

工会信息的传递和接收，是信息采编人员通过一定的载体把信息发送到信息使用单位的封闭运行过程，是同一过程的两个不同环节。工会信息的存储，则是把收集到的信息，将有价值的部分或经使用或直接加以系统地和有序地保存起来，以备需要时查找利用。

1. 工会信息传递和接收的方法

口头传递。如通过当面陈情、电话报告信息。这种方法简便快捷，但无记载易失真。

书面传递。这种方法的好处是便于长距离传递、多次传递而不失真，也容易存储，但把信息变成文字要保持信息的原汁原味有一定的难度。

音像传递。就是将信息变成语言和音像符号以一定载体加以传递。优点是直观形象、声情并茂，可以长距离、多次传递而不失真；缺点是要有一定的制作条件才能采编。

2. 工会信息存储的方法

登记。信息资料登记分为两类：一是总括登记，即分门别类地区分信息后，只登记门类和每类的存储总条数，以反映信息库内所存信息的全貌。二是个别登记，即对每类信息逐条按一定项目做规范登记，以便掌握各类信息资料的具体情况。进行信息登记，可为信息资料的保管和利用提

供可靠的凭证，便于对信息资料的查找和加工处理，也容易掌握已存信息资料的变化情况，如对有的借阅未还资料可以及时加以追回。有条件的，应同时搞好上述两类登记。

编码。对各式各样的信息资料按照一定的逻辑排列进行统一编码，可以满足计算机信息库和档案式保存的需要。编码有的如汽车牌照，其符号既可用汉字，又可用英文字母，同时亦可用阿拉伯数字；有的如身份证，只用阿拉伯数字。编码方案可根据本单位信息量多少、信息反映内容的复杂程度、报送单位的情况等因素来确定。编码既要方便信息管理和查找利用，也要便于操作，还要考虑不给今后发展留下障碍。编码是一门专门技术，要向有关专家和有经验的单位请教才能掌握。

存放排列。一是按时序排列。即按照接收到信息资料的时间先后顺序排列。这种方式的优点是简便易行，但缺点是分类不清，不容易根据内容来查找资料。因此，这种方法只适合信息数量少、存放量不大的单位。二是按来源单位排列。就是按信息报送的地区或部门依次排列。这种排列方法的优点是容易找到信息源，缺点是在同一来源单位的信息中，仍存在分类不清等问题。三是按信息资料内容排列。就是按信息反映的内容，如经济类、文化类、维权类、突发事件类等进行排列。其优点是便于按照内容找查，缺点是分类须科学，弄不好容易交叉混杂。四是按资料形式排列。如按图书、期刊、内部资料、录音、图片等不同形式做分类排列。五是综合排列。如可按报送单位——资料内容及形式分类——时间顺序来排列。这种排列方法比较科学，便于查找，适合各信息工作部门选用，但需工作人员具有一定的素质，也需要付出较大努力。

（三）工会信息综合处理的方法

信息综合处理是指信息工作部门收到原始信息或初始信息后，对其进行鉴别筛选、分析研判、核实事实，剔除滞后、重复、不准确信息，对一般信息进行汇总、提炼和综合，对不同类型的信息做相应加工处理，使编报的信息符合高层次信息要求的过程。

1. 工会信息鉴定的方法

核对。即对信息涉及的引文、数据、日期等，参考有关公文、权威部门发布的统计数据、相关内容的报道等，进行核对比照，剔除不真实部分，舍弃掺假和带水分的内容。

分析。即凭借信息工作人员的素质和水平，对信息提供的内容和所做的表述进行逻辑分析、判断，以发现其中的疑点和破绽。

调查。就是对信息的存疑之处，直接或委托有关部门向信息所涉当事人或有关单位进行调查，以检验其真实性和准确性。

2. 工会信息筛选的方法

一是对信息稿件本身进行剖析，如果不符合筛选标准，就不是有价值的稿件。二是与该信息稿件反映的事实同类的其他信息稿件相比，如果该稿件明显比较逊色，或是内容基本重复的，就不要选择该稿件。三是信息部门可以通过接触有关部门和人员，听取他们对某信息稿件的评价，如果基本持否定和负面评价的，就可考虑放弃该稿件。当然还有其他的分析判断办法，需在实践中不断探索创新。

3. 工会信息提炼的方法

提炼是进行信息加工处理的一种方法，它是对初始信息的内容进行去粗取精、去伪存真和对文字表述作推敲精炼的加工处理过程。提炼与鉴别、筛选的异同之处：提炼是针对某一条有价值的信息资料进行加工处理，而鉴别、筛选是对全部信息资料进行品鉴；提炼是对初始信息从内容和文字表述两个方面进行加工处理，而鉴别、筛选只重在信息的内容方面，基本不考虑信息的文字表述问题；提炼是在信息鉴别、筛选之后的加工，而鉴别、筛选是信息提炼的基础和预处理。

4. 工会信息综合的方法

阶段性综合归纳。就是截至一段时间内，对某方面的情况进行综合归纳，进而分析其发展趋势或动态倾向等。

专题性综合归纳。就是按照工作部署或重点工作领域，围绕某一重要问题，把来自四面八方的、分散的、彼此间没有直接联系的、反映同类事物的原始信息材料，加以归纳综合，形成专题性信息。

地域性综合归纳。就是按地域划分，将某地区报送的信息资料，按一定的目的和逻辑顺序，加以归纳分析，形成一份反映该地区工作或某方面情况的综合性信息。

此外，还可以围绕一个议题，收集一些事例，将它们编在一起，而不是写成一个文稿，让读者自己去联想判断。

（四）工会信息反馈的方法

所谓反馈，就是由控制系统把信息输送出去，又把其作用结果返送回来，并对信息的再输入发生影响，起到控制作用，以达到预定的目的。反馈的本质特征就是根据过去的操作情况调整未来的行动。掌握反馈信息是工会信息管理的重要方法。

工会信息反馈的渠道是多方面的。以个别面谈的形式，口头反映问题、汇报情况是信息反馈；通过召开各种类型的会议、搜集各方面的反映也是信息反馈；利用文件资料书面反映信息是信息反馈；开展调查研究获取情况也同样是信息反馈。但工会办公室工作中的信息反馈机制则主要依靠信息网络，一个完整统一、精于合理的信息网络是信息反馈的最有效、最可靠的渠道，通过网络循环往复地进行信息反馈，可以源源不断地获得反馈信息。可以说，没有一个有效和可靠的信息反馈网络，为领导提供科学决策依据就无法实现。

（五）工会信息资料编写的方法

工会信息资料的编写，与公文写作的要领大同小异，所不同的是，工会信息资料要更加言简意赅、短小精悍，用凝练的语言、极少的文字反映最大的信息量。一篇好的工会信息资料应做到以下几点：

一是主题集中。在编写工会信息资料时，要紧紧围绕主题加以提炼、浓缩，信息表达的意思高度凝聚。在一般情况下，一篇工会信息资料只能有一个主题、表达一个中心思想、论述一个观点。这样才能做到目的性明确、重点突出、把事情说深说透。

二是标题鲜明。标题是信息内容的概括。工会信息资料的标题要比文章标题更为简短。既要尽可能做到直截了当、言简意赅，又要力求形象、生动、鲜明、准确，起到画龙点睛的作用。信息的标题要以信息的具体事实为内容来命题，通常是一个完整的句子，而且较少文学色彩。

三是结构严谨。工会信息资料的结构安排，应该把最重要、最新鲜、最需要信息接受者先知道的事实或观点放在最前面，以精练的文字叙述主要事实、表达主要观点，然后按事实材料的重要程度、轻重缓急先后有序地排列，先讲概况，再讲细节；先讲主体，再讲陪衬；先讲事实再讲过程。内容安排要尽量减少层次和段落，凡能用一个层次、一个段落说明问题的，尽量不要搞多余的层次和段落。

四是语言凝练。编写工会信息资料，要尽可能做到删繁就简、凝练明快，语言要简明扼要、文辞精练不繁。遣词造句要通俗易懂，力求规范化。可以进行必要的概括，但不能过于抽象、言之无物。更不能任意拔高或故弄玄虚，使信息失真。

五是内容准确。信息的事实叙述必须清楚明白，每一细节、数字、地点、时间等都应经过核对，确保准确无误，不能模棱两可、含含糊糊。

四、提高工作效率的方法

工作效率是在一定时间内所获得的工作效果与所付出的全部投入之间的比例关系。在工会办公室工作中，要提高工作效率，有很多方法。其中，科学运筹时间、加快办公自动化建设是提高在工会办公室工作效率的主要方法。

（一）科学运筹时间的方法

时间是决定工会办公室工作有效性的重要因素之一，工会办公室工作效能的高低往往是看其工作人员对时间的利用率大小决定的。美国管理学家德鲁克认为“有效的管理者不是从他们的任务开始，而是从他们的时间开始”。这句话是很有道理的。科学地运筹时间是提高工作效率的重要途径，也是工会办公室工作人员提高工作效率必须掌握的基本功。

1. 分类安排工作法

在工会办公室工作中，常常是重要的、紧急的、关系全局的和次要的、不急的、事务性的工作混杂在一起，二者的比例是 20：80，抓住这 20% 的工作，集中精力去解决，就可以取得对整个系统来说 80% 的成功。所以工会办公室工作人员有必要把每天要处理的工作按轻重缓急分成 A、B、C 三类。一般来说，A 类是重要又急的事，是急件，是当天必须处理的事务，必须马上办；B 类次之，是优先件，尽量去办；C 类是普通件，可以缓一缓，有空去办。如果想方设法完成了 A 类和 B 类，也就完成了一天工作的 80%，这就可以算作高效率了。这种分类安排工作的方法，既能保证每天办好重要、紧迫的事情，提高工作效率，又能适当进行自我调节，使工作忙而有序。

2. 整时整用法和零时零用法

一般来讲，工会办公室人员的工作时间可以分为两类：一类是可控时间，一类是不可控时间。职位越高的人不可控时间占得越多。这部分时间不由自己左右，让他人他事占去了，但是，一个人不在于他在不可控时间内的表现，而主要在于他把不可控时间转化为可控时间的能力。只习惯于在不可控时间内处理事务，而让可控时间白白溜走的工作人员，是绝对不能获得高效能的。虽然不能全部左右时间，但可以减少不可控时间，增加可控时间，其办法是整时整用和零时零用。所谓整时整用、零时零用，就是要求工会办公室工作人员根据工作的重要性和所需时间，统一使用时间。对那些相对重要、费时、不好解决的问题应该用整时间，因为整时间比零星时间起的作用更大。对那些相对次要、细小、不费时、好解决的工作，尽量用零星时间。如要写一份报告，关起门来集中精力连续思考和写作，一气呵成，就需要整时间。

3. 生理节律法

每个人的生物钟的节律不同，在不同的节律下工作的效率不同。有的人上午精神状态好，办事效率高；有的人下午头脑清醒，喜欢做事；有的人晚上精神亢奋，善于挑灯夜战。必须力求使工作的进行适应生理节律，以提高工作效率。将工作按一天生理节律的阶段加以划分，例如，在创造阶段研究问题，在敏锐阶段研究信息，在恢复阶段进行谈话等。当然，每个人的工作习惯不同，生理条件和心理机制不同，最佳工作时间对每个人来说也就不同。

4. 时间记录法

人们要提高时间的利用率和有效性，就必须对时间进行定量支出和记录，从记录中分析出时间浪费的因素，对症下药地制定出节约时间的措施，达到管理时间的目的。时间的记录必须真实、准确，必须在处理工作的"当时"，立即加以记录，切勿相信自己的记忆。从心理学的角度讲，人的时间感觉最不可靠，即使在空间感觉仍然存在的情况下，也会丧失时间的感觉。工会办公室工作人员要有意识、有目的地改进和处理对时间的运用方式，使时间管理完成由放任管理——自发管理——自觉管理的逐步提高和转变，最大限度地提高时间的利用率和有效性。

（二）提高办公自动化水平

随着现代化信息技术以及计算机技术的快速发展，各个行业都产生了非常大的改变，传统的以纸作为信息介质的方式已经逐渐地向光介质和磁介质的方向转变，这种信息媒介的转变就要求工会办公室人员积极适应，熟练操作办公自动化设备。

1. 熟练操作办公自动化设备

计算机。对于计算机的 windows 操作系统、office 办公软件以及硬件的安装、软件的选择和使用都要熟练地掌握，同时也要学会处理网络的安全问题以及管理问题，常见的一些计算机故障也要能够解决。

传真机。传真机一般是与电话结合在一起进行使用，用来接收和发送图片或者画面信息，应具备利用传真机传递和接受文件的能力。

复印机。现代办公自动化的复印机一般都是多功能的，可以把所要复印的文件进行放大或者缩小，同时还可以调整文件的颜色，在现代办公自动化的环境下，应能够熟练地对这种多功能化复印机进行操作。

扫描仪。在众多办公自动化设备当中，扫描仪作为一种扫描输入设备一般是与计算机连接在一起的，可以把照片或者纸张进行扫描，从而输入到电脑当中，进行编辑以及其他操作。

除了上述这些办公设备，还有其他的一些办公设备，例如光学符号阅读器、自动盖章机、投影仪、自动装订机、录像机以及电子打字机，这些办公设备的基本操作要领都需要掌握。

2. 有效利用互联网

随着信息技术革命的兴起和信息时代的到来，网络的使用在全世界飞速发展。网络带来的是信息的高速传播、人与人之间交流的拉近，带来了知识的公平、信息的高速传播和处理、人类重复性劳动的降低、生产力的提高。网络的出现及进一步发展，为处理工会办公室日常工作提供了机遇，也提出了全新的挑战。

一是要提高信息素养，普及网络的应用范围。信息素养主要包括信息观念、信息意识、信息能力、信息知识和信息道德五个方面。其中，信息观念在信息素养中居于先导地位，它关系到对信息的接受和理解，是办公室人员主动接受信息的先决条件；信息意识就是对信息的敏感程度，决定着办公室人员对信息能否自觉敏锐地察觉，并主动与自己所关心的问题、需要解决的问题联系起来思考，从而更好地开展工作；信息能力是指在从事工作实践活动中所应具备的对于工作信息的搜集、理解、分析、处理的能力，集中表现在信息的运用上，为领导决策提供及时、准确、完整、连续、针对和有效的信息；信息知识是指对信息基本常识的了解，对各种信息源以及信息检索工具、检索方法等方面知识的掌握，是信息素养的重要组成部分，关系着办公室人员信息意识和信息能力的强弱；信息道德是指在获取和使用信息过程中，应遵循一定的伦理规范，不得危害社会或侵犯他人的合法权益，能自觉保护他人的知识产权、隐私权等，也不得向领导者和有关用户传递各种不良信息，是保证现代信息行为正确性的重要保证。

办公室人员的信息素养如何，直接关系到为领导决策服务的水平的高低，其重要意义显而易见。因此，办公室人员应该以宽广的胸襟、广博的知识、开放的视野关注世界变化，提升自身素质，并随着时代的变化不断提高和发展，为管理决策者“运筹于帷幄之中”提供支持。

二是丰富网络知识，提高网络信息处理能力。办公室人员不仅要随时随地丰富更新自己的网络知识，还要提高自己的网络信息处理能力。除了充分利用好组织建立的内部信息网络以外，还应及时、准确、全面地从外部网络上获取所需的信息。

在收集信息的过程中，对信息的选择是十分重要的。因此，必须学会对其进行筛选和分类，以达到去粗取精、去伪存真、为我所用的目的；学会准确无误地识别、理解所遇到信息的含义，正确判断所搜集到信息的价值与意义，全面把握所获信息对领导决策和工会工作产生的影响。

网络的发展带动了办公自动化系统的进步，办公自动化系统有助于提高办公室的工作效率，简化办公过程，及时、快捷地接收或发送信息。而在办公自动化系统中有一个非常重要的内容，是办公室人员必须掌握的，就是使用电子邮件和即时通信工具收发信息、信函或是各类办公文件。办公室人员要熟练运用这些通信工具，发送传递信息。

三是普及办公自动化，提高办公效率。随着计算机和网络技术的进一步发展，办公现代化、自动化已成为办公的主要方式。它是网络发展的必然产物，它的优越性是无法比拟的。现代办公室人员以计算机为中心，采用一系列现代化的办公设备和先进的通信技术，广泛、全面、迅速地收集、整理、加工、存储、使用信息，为科学管理和决策服务，从而达到提高行政效率的目的，即办公自动化。

提高网络技术，走办公自动化道路，最终实现无纸办公。掌握办公自动化软件、普及网络办公也成为办公室人员的必备素质。无纸办公即不用纸张而办公。在无纸化办公环境中，计算机、应用软件、通信网络是三个最基本的要素。

办公事务办公自动化中，最为普遍的应用有文字处理、电子排版、电子表格处理、文件收发登录、电子文档管理、办公日程管理、人事管理、财务统计、报表处理、个人数据库等。这些常用的办公事务处理的应用可做成应用软件包，包内的不同应用程序之间可以互相调用或共享数据，以便提高办公事务处理的效率。

此外，办公室人员还要懂得、熟知并灵活运用网络环境下各种经济和商业的模式及运作，比如：电子商务、网络信息供应商、网络传媒网络通信、网络设备供应商等，这样可以拓宽知识面，增强技能，掌握更多的信息和技术，有助于工作的开展，更好地完成任务。

延伸阅读

随着三大核心支柱技术——网络通信技术、计算机技术和数据库技术的成熟，世界上的办公自动化技术（OA）已进入新的层次，在新的层次中系统有四个新的特点：一是集成化。软硬件及网络产品的集成、人与系统的集成、单一办公系统同社会公众信息系统的集成，组成了“无缝集成”的开放式系统。二是智能化。面向日常事务处理，辅助人们完成智能性劳动，如汉字识别、对公文内容的理解和深层处理、辅助决策及处理意外等。三是多媒体化。包括对数字、文字、图像、声音和动画的综合处理。四是运用电子数据交换（EDI）。通过数据通信网，在计算机间进行交换和自动化处理。这个层次包括信息管理型OA系统和决策型OA系统。

第2章 工会组织工作方法

工会组织工作是工会自身建设的一项基础性工作，是工会开展各项工作的重要保证。它既包括工会章程的制定和完善、组织原则的确立、组织体制的建立等宏观方面的工作，也包括发展会员和壮大队伍、建立健全各级组织、建立完善各项组织制度、各级领导班子和干部队伍建设等具体工作，从而为工会组织发挥作用提供组织保证。

工会组织工作方法是实现工会组织工作任务的重要手段。所谓工会组织工作方法是指工会工作一般认识方法和工作方法在工会组织工作实践中的具体运用，是为提高工会组织工作水平、实现工会组织工作奋斗目标而采用的各种方式、手段、办法、措施、程序和步骤等的总称。工会组织工作方法受工会组织工作任务的制约，即有什么样的工会组织工作任务，就有什么样的工会组织工作方法。善于掌握和运用工会组织工作方法对于工会干部来说，具有特别重要的意义，它既是工会组织工作面临新形势、新任务对工会干部提出的根本要求，也是提升工会干部能力的重要途径，更是推进工会自身建设与改革、更好发挥工会组织作用的需要。

一、工会组建工作方法

把职工群众最大限度地组织到工会组织中来，是工会组织工作的首要任务，工会组织工作必须把建立工会组织，发展会员，作为头等大事来抓。建立健全工会组织，要把握好以下原则：

一是要按照《工会法》的规定和“哪里有职工，哪里就要建立工会组织”的原则，通过多种形式把基层工会组织建立起来。

二是适应我国经济结构和产业结构、企业组织形式和用工制度的变化，加强新经济组织、新社会组织，特别是非公有制经济单位和外商投资企业的工会组建工作，努力扩大工会组织的覆盖面。

三是积极探索与社会主义市场经济体制相适应，与不断加快的工业化、城镇化进程相协调的工会组织体系，加大乡镇（街道）工会、社区（村）工会和企业集中的开发区、工业园区的工会组建力度，加强对所辖区域内企业、事业、机关等单位工会组织的领导，提高工会的组建率和职工的入会率。

四是在县（区）以下针对规模较小、人数较少的企事业单位，特别是中小微企业，推进建立区域性、行业性基层工会联合会，采取工地建会、市场建会、楼宇建会、社区建会等多种形式，把大量分散就业、灵活就业的职工组织起来，把不同类型企业、不同就业方式的职工广泛凝聚到工会组织中来，建立全面覆盖的工会组织网络。

（一）基层工会组织的建立方法

依照《工会法》和《中国工会章程》的规定，企业、事业单位、机关和其他社会组织，有会员 25 人以上的，应当建立工会基层委员会；不足 25 人的，可以单独建立工会基层委员会，也可以由两个以上单位的会员联合建立工会基层委员会，也可以选举组织员或工会主席 1 人，主持基层工会工作。同时按有关规定建立工会经费审查委员会和工会女职工委员会。建立基层工会组织一般要经过以下步骤：

1. 成立工会筹备组，提出建会申请，发展会员

凡是已经建立党组织的基层单位由党组织提出工会筹备组的组成人选，报上一级工会批准。没有建立党组织的单位，由职工选出自己的代表，向上一级工会提出建会申请，或由上一级工会与相关单位和职工共同协商，成立工会筹备组，由工会筹备组提出建会申请。上级工会接到基层单位申请组建工会的请示后，一般应在十日内以正式文件下达同意筹备工会的批复。

工会筹备组经上一级工会审查批准后，即可开展工会组织的筹建工作，依此代行好基层工会委员会的职责。一是做好宣传发动工作。筹备工作组应广泛深入地向职工宣传工会的性质、地位、任务、作用以及会员的条件、权利和义务，使职工了解工会是职工利益的代表者和维护者，组建工会是职工的法定权利。二是发展工会会员。在发展工会会员时，对从未加入过工会组织的职工，要宣传动员他们加入工会，填写《中华全国总工会入会申请书》和《工会会员登记表》，经工会筹备组审查符合工会会员资格者，在正式成立工会后，统一发给《中华全国总工会会员证》。对原已加入工会的职工、下岗再就业的会员，应进行会员关系接转或重新登记入会。三是建立工会小组。按生产工作的行政建制如班组设立工会小组。人数多的同一行政建制内可以分设小组，人数少的可以将几个相近的行政建制单位合并设立一个工会小组。在小组内由会员民主选举工会小组长。四是建立分工会。行政建制职工人数多的单位如车间（科室），可在工会小组之上设立分工会。

2. 召开会员（代表）大会，民主选举工会委员会、经费审查委员会

会员100人以下的基层工会，应召开会员大会。会员100人以上的基层工会，一般应召开会员代表大会。

会员代表大会的代表应由会员民主选举产生。会员代表大会的代表一律采取无记名投票方式差额选举产生。会员代表候选人必须获得选举单位全体会员过半数选票，才能当选为正式代表；大型企业工会代表大会的代表，由所属单位工会代表大会选举时，其代表候选人获得应到会人数过半

数选票，方可当选为正式代表。

基层工会委员会和经费审查委员会由会员大会或者会员代表大会民主选举产生。工会委员会委员名额，应依据会员人数多少来确定：25 人以下的，可不建立工会委员会，设工会主席、副主席或组织员 1 人；25 ~ 200 人的，设工会委员 3 ~ 7 人；201 ~ 1000 人的，设工会委员 7 ~ 15 人。大型企业基层工会委员会，经上级工会批准，可以设常务委员会，常务委员会委员一般为 9 ~ 11 人。经费审查委员会委员一般为 3 ~ 7 人。

工会委员会和经费审查委员会委员的候选人，由工会小组或车间（科室）工会提名，经同级党组织和上级工会同意；未建立同级党组织的，经征得上一级工会同意后确定。工会委员会委员经无记名投票方式差额选举产生，差额比例为 5% ~ 10%。经费审查委员会委员可以实行等额选举。分工会一般要召开全体会员大会，选举产生分工会主席。

3. 选举工会主席、副主席，经费审查委员会主任、副主任

基层工会主席、副主席，经费审查委员会主任、副主任候选人，应由同级党组织和上级工会在充分听取会员意见的基础上协商提名。基层情况比较复杂，候选人提名应区别不同单位和企业的不同所有制性质加以把握。如国有、集体及其控股企业工会主席候选人，应由同级党组织和上级工会在充分听取会员意见的基础上协商提名。私营企业、外商投资企业、港澳台商投资企业工会主席候选人，由会员民主推荐，报经企业党组织和上一级工会同意提名；也可以由上级工会推荐。企业行政负责人、合伙人及其近亲属不得作为本企业工会委员会成员的人选。企业行政负责人（含行政副职）、合伙人及其近亲属，人力资源部门负责人，外籍职工不得作为本企业工会主席候选人。

工会主席、副主席可以由会员大会或者会员代表大会直接选举产生，也可以由工会委员会选举产生。工会经费审查委员会主任、副主任由经费审查委员会选举产生。

4. 向上级工会报告选举结果

按照《工会法》和《中国工会章程》《工会基层组织选举工作暂行条

例》《企业工会主席产生办法（试行）》的规定，国有资产管理委员会监督管理的企业，其工会会员大会或者会员代表大会选举出的企业工会委员会委员、常务委员会委员、主席、副主席，按干部管理权限，报同级党组织和上级工会审批；非公有制企业，其工会会员大会或者会员代表大会选举出的企业工会委员会委员、常务委员会委员、主席、副主席，报上级工会审批。经费审查委员会及其主任、副主任、委员的选举结果，应报上级工会审批。上级工会和党组织应在一个月内给予批复。

以上是工会组建和召开会员大会或者会员代表大会的一般程序。为推动非公有制企业工会组建工作，最大限度地把职工组织起来，非公有制企业工会可以结合实际，适当简化工会组建程序，但是必须坚持两条原则：一是组建工会必须报上一级工会批准的原则；二是工会委员会、经费审查委员会及主席、副主席和经审会主任、副主任必须民主选举产生，选举结果须报上一级工会批复的原则。只有坚持上述原则，基层工会组织才具有合法性，才享有基层工会的权利和义务，才能维护工会组织的团结统一。

（二）非公有制企业及其他新经济组织、新社会组织工会组建方法

非公企业建会既是推动企业普遍建会的重点，也是难点。近些年来，全总始终高度重视、大力推动非公企业建会工作。一是坚持党建带工建、工建服务党建、党工共建，为非公企业建会工作注入强大动力；二是推行“双措并举、二次覆盖”，通过建立区域行业基层工会联合会，聘用社会化工会工作者，推动解决中小微企业建会难、工会工作无人干事问题；三是开展建会集中行动，全国联动、形成声势、整合资源、合力推进非公企业建会；四是创新组织形式和入会方式，着力推进农民工、劳务派遣工入会工作；五是建立非公企业法人数据库，实现非公企业建会挂图作战、“按图索骥”。但是，非公企业工会组建工作在不断取得进展的同时，也存在着企业建会率偏低、发展不平衡等问题，各地工会组建工作仍有不少空白点，特别是企业建会率低，全国企业建会滞后于企业增长的状况没有改变，有相当数量的中小微企业未能实现工会组织覆盖。

1. 推动外商投资企业、私营企业工会的组建

（1）争取各方资源，借势借力推动建会。近年来，各地党委立足扩大党的执政资源、巩固党的执政地位，对非公企业工会组建工作给予高度重视。各级工会抓住机遇，借势借力，建立健全各级党工共建领导机构，把工会组建纳入党建工作规划和考核体系，做到党建与工建同步研究部署、同步检查考评、同步表彰奖励，不断推动企业同步建立党工组织。对具备一定规模的私营企业，各地工会积极争取党政支持，把是否建立工会作为私营企业主各种政治安排和评先评优的必备条件。积极争取人大、政协和工商联的支持，推动各级人大代表、政协委员和工商联执委、常委所在单位建会。争取党委组织部门的支持，大力推动已建立党组织的私营企业和老板是党员的私营企业建会。与私营企业协会联手推动其会员单位建会。

（2）发挥工会组织体制优势，实行全国联动。工会和劳动者的力量在于最广泛地联合。中国工会组织领导体制的鲜明特点和优势是团结统一。根据跨国公司普遍实行“总部经济”管理模式，其组织架构跨地区设立的特点，全总要求推动跨国公司建会。全总积极争取美国、欧盟、日本等商会支持，抓好跨国公司总部集中的北京、上海、深圳等地总部建会工作，与跨国公司总部直接会谈。各地工会通过互通信息、联手推动等方式，推动跨国公司在各地设立的下属法人公司建会。

（3）转变建会思路和方式，以职工为主体。即注重与雇主协商沟通，争取他们支持职工组建工会，重视做好宣传、组织职工的工作，坚持把职工作为建会的主体。全总先后总结推广了厦门太古公司、晋江沃尔玛店、武汉肯德基门店发动和依靠职工组建工会的做法和经验，极大地推动了全国工会建会思路和方式的转变。各地工会干部同聘用的社会化工会工作者一道，直接深入到企业，贴近职工，宣传工会的性质和作用，注意做好有建会意愿职工的工作，发现和培养积极分子。许多地方工会还实行了会员优惠政策，极大地激发了职工加入工会的内在动力。

（4）充分运用法律规章，依法依规建会。一些外商投资企业以职工没有建会愿望为借口阻挠建会。《工会法》规定，工会是职工自愿结合的群

众组织。只要职工有建会愿望，任何组织和个人都无权阻挠建会。沃尔玛建会就充分运用了《工会法》的规定，体现了“建立工会由职工说了算”的原则。此后，富士康建会的过程也充分证明了这一经验对如何在经营者不同意甚至阻挠建会的情况下建会具有重要借鉴意义。因此，依法建会的关键是要着力启发职工的建会入会愿望，帮助指导职工提出建会申请。对企业行政阻挠建会的行为，可以按照《劳动监察条例》的相关规定提请有关部门予以处罚。

（5）拓宽建会工作领域，完善组织网络。各地工会积极探索将组织领导体制向乡镇（街道）一级延伸，是乡镇（街道）工会发挥工会作用的重要环节。在一些经济较发达地区普遍形成了乡镇（街道）工会——村（居委会）工会——企业工会的“小三级”工会组织网络。在三级网络中间，不断健全楼宇、一条街、市场、产业链等区域性行业性基层工会联合会。

（6）创新集团公司工会组织形式。非公企业特别是外商投资企业中有许多集团公司总部，集团公司总部下属的子公司有生产型企业，也有服务型企业，总部和服务型企业一般组织结构复杂，分支机构多跨省市设立并呈辐射性分布。全总提出坚持在属地管理原则的基础上大胆创新。在集团公司总部和其下属各类法人公司单独建立基层工会委员会，实行属地管理；服务型公司以法人公司为单位建立工会委员会，接受所在地工会领导，其下属分公司建立工会分会或工会小组，异地设立的25人以上的分公司接受当地工会和其法人公司的双重领导。在集团公司层面可以建立其下属各法人公司工会联系会等联系制度，协调各法人公司工会，统一对集团公司层面涉及职工利益的规章制度和决策提出的意见和建议，形成工作合力。集团公司工会组织形式创新，调动了所在地工会推进建会和企业支持建会两个积极性，使工会组织的触角延伸到跨国公司及其下属公司、分支机构的每个角落。

（7）充分运用信息化管理手段，做实组织基础。2011年，全总完善了非公企业法人数据库，将10人以下外商、港澳台商投资企业、私营企业名录纳入数据库，并新建了全国小型非公有制企业工会联合会数据库。

实践证明，数据库的建立为各地工会推动非公企业工会的成立提供了重要信息，使建会目标更加明确，极大地提高了建会工作效率。同时，数据库的建立为全总及时掌握各地推进建会进展情况，实施统一指挥，实现上下协同、全国联动提供了重要条件。

2. 推动新兴产业、新社会组织建会工作

随着科技、经济和社会的快速发展，新兴产业和新社会组织也得到长足发展，民办非企业组织（如民办医院、学校，会计师、律师事务所等）、社会团体、社会中介组织等不断涌现。提高工会在这些产业和组织中的影响力和凝聚力，依法维护这些产业和组织内职工的合法权益，构建和谐劳动关系，促进和谐社会建设，对于密切党与职工群众的血肉联系、维护社会稳定、促进经济社会更好更快发展，具有十分重要的意义。

3. 组织农民工加入工会的方法

（1）加强村工会建设，组织村办企业中就业的农民工入会。随着农村经济产业化规模不断扩大，村办企业逐步增多，在村办企业就业的农民工急剧增加。在经济发达地区，一个村往往就有几十甚至上百家企业，亿元村比比皆是，经济形态与城市已没有太大差别。通过加强村工会建设，在村内各企业单独建立工会组织的基础上建立村工会联合会，组织在村办企业中就业的农民工加入工会，是组织农民工入会的一个重要途径。

（2）在劳务输出地组建工会，组织外出务工人员加入工会。组织外出务工人员加入工会又有以下三种具体的形式：一是在乡镇建立外出务工人员工会联合会，以各村为单位发展会员。对到外地务工的会员，本人提出转会员关系的予以接转；无法转走的，由联合会维护其权益。二是在有组织劳务输出时建立工会，组织农民工入会。工会在组织农民工劳务输出时对其宣传工会，组织其加入工会，为他们提供用工信息、就业培训、加入工会、会员转会、双向维权等“一站式”服务。三是输出地工会依托本地农民工集中务工地的常设机构建立工会组织，组织农民工入会。

（3）建立劳务市场工会，在农民工进入城市的第一站组织农民工加入工会。在农民工集中求职的劳动力市场组建工会，直接吸收农民工加入工会，既改变了以单位和居住地为依托的组织形式，也改变了以建立劳动关系为前提的入会方式，成为宣传、吸引、组织农民工加入工会的窗口，拓展了建会领域和入会途径。使农民工一进入城市就被工会组织所吸纳和覆盖，从源头上把“农民工进城入工会、遇到困难找工会、维护权益靠工会、提高素质到工会”的口号落到了实处。今后一个时期农民工流动就业的规模将继续扩大，必然推动与之相应的零工劳动力市场的存在和发展。因此，建立劳务市场工会的组建形式，具有客观必然性和可行性。

（4）以农民工集中的行业、企业、区域为重点组建工会，组织农民工加入工会。2015 年 4 月，全国总工会印发关于开展“农民工入会集中行动”的实施方案，正式启动这一集中行动。2015 年 4 月至 12 月，各级工会聚焦全国省级以上开发区（工业园区）、建筑项目、物流（快递）业、家庭服务业、农业专业合作组织等重点区域和领域，最大限度地把农民工组织到工会中来。集中行动以农民工现实需求为导向，围绕农民工最关心最直接最现实的利益问题、最困难最操心最忧虑的实际问题，不断扩大工会会员普惠化服务对农民工的覆盖。

延伸阅读

“农民工入会集中行动”的重点区域及行业

“农民工入会集中行动”的重点区域及行业包括：推动全国省级以上开发区（工业园区）全部建立工会组织，发挥农民工入会主渠道的作用；推动单项面积 2 万平方米以上大型在建项目规范建会，通过项目工会联合会等形式，实现工会组织对小型在建项目有效覆盖；推动在全国重点快递公司的总部及下属分公司、各网点（门店）规范建立工会组织，吸引一线快递员入会。此外，集中行动还将推动全国百强家庭服务企业、全国农业合作社加工示范单位等企业，规范建立工会组织，不断扩大工会覆盖面。

（5）加强对农民工入会的宣传发动工作，提高农民工对工会的认知度。切实为农民工办好事、办实事，维护其合法权益，增强工会组织对农民工的吸引力。企业工会不得以务工时间、用工方式等附加条件限制农民工入会。按照全总《关于切实做好农民工会员会籍管理的紧急通知》，做好农民工会籍管理工作，防止农民工会员流失。

4. 大力推动劳务派遣工加入工会

全总《关于组织劳务派遣工加入工会的规定》第一条规定："劳务派遣单位和用工单位都应当依法建立工会组织，吸收劳务派遣工加入工会，任何组织和个人不得阻挠和限制。劳务派遣工应首先选择参加劳务派遣单位工会，劳务派遣单位工会委员会中应有相应比例的劳务派遣工会员作为委员会成员。劳务派遣单位没有建立工会组织的，劳务派遣工直接参加用工单位工会。"

劳务派遣工加入工会难，其根本原因是"派遣单位不用人，用工单位无合同"，由劳动关系的扭曲而产生的派遣单位与用工单位职责不清，相互推诿。从派遣单位看，由于被派遣人员入会后工会经费来源不明确，并且其工作场所分散，组建工会也难以对会员进行管理，组建工会积极性不高，有的甚至认为没有必要。从用工单位看，由于劳务派遣工与派遣单位签订劳动合同、建立劳动关系，与本单位只是劳务关系，吸收其加入工会势必涉及经费提取、会员待遇、会籍管理等多方面问题，因此，往往以"不存在劳动关系"为由不吸纳劳务派遣工加入本单位工会。现在这样的规定，既有法律依据，又从实际出发解决了操作层面的问题，从而综合发挥法律和制度的作用，从根本上解决了吸纳劳务派遣工加入工会的问题，最大限度地把这部分职工组织到工会中来。

二、工会换届选举工作方法

（一）什么是工会换届选举

各级工会委员会和经费审查委员会每届都有一定的任期，任期届满应当召开工会会员（代表）大会，重新选举产生新一届工会委员会和经费审查委员会，这个过程即为换届选举。

换届选举的目的是，确保会员对工会领导班子进行考核、监督和重新选择的权力。这是工会组织的基本民主制度，也是调整、充实和加强工会领导班子的重要方法。各级工会委员会必须遵守这一制度。换届工作应当由工会委员会在同级党组织和上级工会的领导下筹备和组织开展。代表大会正式召开时，应当由大会选举出的主席团主持和领导。

根据《中国工会章程》规定，工会基层委员会每届任期三至五年，任期是从本次会员（代表）大会选举产生工会委员会当日起，至下次会员（代表）大会召开时止，具体任期由会员（代表）大会决定。任期届满应当如期进行换届选举，在特殊情况下，经工会委员会提议，报上一级工会批准，可以提前或延期。

（二）换届选举前的工作程序

基层工会组织在换届选举前，在同级工会委员会领导下，需要做好以下工作：

1. 成立筹备工作小组

成立筹备工作小组，在同级工会委员会领导下开展工作。向同级党组织和上级工会组织分别报送换届选举的请示。

2. 选举会员代表大会的代表

做好这项工作，一要制定好会员代表的基本条件；二要注意会员代表产生要做到比例合理，结构科学，程序合法；三是会员代表产生的程序一定要按规定执行。

3. 成立代表资格审查委员会（小组），做好代表资格审查工作

代表资格审查委员会应当由现基层工会委员会主席、副主席或者委员牵头，由各工会小组（分会）领导或者推举的人员担任成员。按照确定的会员代表大会代表条件，进行审查，提出审查报告。

4. 酝酿工会委员会和经费审查委员会以及大会主席团成员、秘书长候选人名单

酝酿大会监票人名单。酝酿工会委员会和经费审查委员会。会员人数

不多的基层工会，召开会员大会，不设主席团，由基层工会委员会主持会议和主持选举。大会主席团由代表小组（代表团）酝酿后，提出候选人名单，在代表大会的预备会议中选举产生。

5. 履行工会干部协管程序

候选人名单分别征求同级党组织和上级工会组织意见。根据酝酿工会委员会和经费审查委员会的情况，在协商沟通的基础上，确定工会委员会和经费审查委员会候选人初步名单后，按照党管干部的原则，应当将候选人初步名单报告同级党组织和上级工会审查同意。对已经协商提出工会委员会主席、副主席、委员和经费审查委员会主任初步人选的，在同级党组织确定具体人选前，由同级党组织以书面形式征求上级工会意见。根据各地实践情况，候选人初步名单，基层单位党组织健全的，由单位党组织负责审查；基层单位未建立党组织的，可以由该单位所在地方的党组织负责审查。

知识链接

关于工会会员（代表）大会的届期、届次

省、自治区、直辖市，设区的市和自治州，县（旗）、自治县、不设区的市的工会代表大会由同级总工会委员会召集，每五年举行一次。工会基层委员会和经费审查委员会每届任期三年至五年，具体任期由会员（代表）大会决定。任期届满，应当如期进行换届选举。在特殊情况下，由同级总工会委员会提议，经上一级工会批准，可以提前或者延期进行换届选举。基层工会的工会会员（代表）大会，每年至少召开一次，届期内的会议按次计算，如××公司工会第×届代表大会第×次全体会议，可简称为“××公司工会×届×次代表大会”。经基层工会委员会或者三分之一以上的工会会员提议，可以临时召开工会会员（代表）大会。工会会员在两百人以下的基层工会应当召开会员大会。

6. 起草有关会议文件

根据会议要求，要做好下列文件的起草工作，包括：工会委员会工作报告；经费审查委员会工作报告；财务工作报告（会员人数和经费较少的，可与“经费审查委员会工作报告”合并）；《选举办法（草案）》；选举工作主持词；工会委员会和经费审查委员会候选人简介；制作选票；大会各项决议的草案。

7. 确定工作人员

工作人员包括组织人员、主持人、计票工作人员等，并进行必要的培训。

8. 做好各项会务准备

会务准备包括会场安排、投票箱及计票工具、食宿安排等。

（三）召开会员（代表）大会进行选举

已建工会组织的基层单位，一般在召开选举大会时要经过以下两个阶段的工作：

1. 预备会议阶段的工作

（1）要清点到会人数。会议工作人员向工会委员会负责人报告实到人数，在确认到会人数达到应到会人数的三分之二以上，即可开会。

（2）宣读上级工会《关于对××（单位名称）工会委员会进行换届选举请示的批复》，或者是《关于对××（单位名称）工会委员会进行补选请示的批复》。表决通过大会主席团。

（3）审议通过大会代表资格审查结果的报告（进行届中补选时，不进行此项议程）。

（4）通过大会议程和日程安排。

2. 正式会议阶段的工作

（1）宣布大会开会，唱《国歌》。

（2）介绍参加大会的成员和嘉宾。

（3）作《工会委员会工作报告》《经费审查委员会工作报告》和《财

务工作报告》。

（4）通过批准各项工作报告的决议，通过工会委员会任期的决议。

（5）大会选举。

（6）宣布选举结果。

（7）新当选的工会主席（或者工会委员代表）讲话。

（8）上级工会领导讲话。

（9）本单位党政领导讲话。

（10）大会结束，唱《国际歌》。

（四）基层工会选举后的工作

选举是会员（代表）大会的重要内容之一。新建工会组织，在第一次会员（代表）大会上，通过选举产生第一届工会委员会和经费审查委员会，是完成新建工会组织的重要标志。已建工会组织，通过选举产生新一届工会委员会和经费审查委员会，是完成工会组织换届的重要标志。

1. 召开委员会第一次会议

新建工会组织选举产生工会委员会（经费审查委员会），或者已建工会组织完成工会委员会选举后，应当立即召开新一届工会委员会（经费审查委员会）会议。

（1）完成选举工作。如果工会主席、副主席由工会委员会选举产生，第一次工会委员会全体会议，首先应当完成选举任务。会员（代表）大会设主席团的，由主席团会议在新当选的工会委员会委员中，推举新一届工会委员会第一次全体会议召集人，主持主席、副主席的选举工作。会员（代表）大会不设主席团的，由同级党组织和上级工会组织在当选的工会委员会委员中，协商确定一位同志主持。如果工会经费审查委员会主任（副主任）是由经费审查委员会选举产生，亦按上述办法操作。

（2）进行工作分工。工会主席、副主席以及工会经费审查委员会主任（副主任）选举产生后，应当对各位委员的工作进行分工。委员会一般设组织、宣传、生产、生活、财务、文体、女职工委员。委员人数少时，可以一个委员兼任多项工作任务。工会委员会提出女职工委员会候选人名单。具备条件的，应当设立女职工委员会。根据选举前候选人推荐阶段，在女职工中酝酿女职工委员会委员候选人时，根据多数女职工的意见，由工会委员会提出女职工委员会候选人名单。

2. 请示和批复

选举结束后，应当在五个工作日内，将大会召开情况和选举结果以书面形式向上一级工会组织和本单位党组织报告。新建工会组织，由于会议前期准备工作和选举工作主要是工会筹备组负责组织落实的，因此可以由工会筹备组负责起草报告工作。

3. 选举或协商产生女职工委员会

根据《中国工会章程》第十四条规定："各级工会建立女职工委员会，表达和维护女职工的合法权益。女职工委员会由同级工会委员会提名，在充分协商的基础上组成或者选举产生，女职工委员会与工会委员会同时建立，在同级工会委员会领导下开展工作。企业工会女职工委员会是县或者县以上妇联的团体会员，通过县以上地方工会接受妇联的业务指导。"第二十五条规定："工会基层委员会有女会员十人以上的建立女职工委员会，不足十人的设女职工委员。"

4. 张榜公布

在完成选举和工会委员会委员分工，以及收到上级工会的批复后，应当及时张榜公布。工作地点比较分散的，应当采取适当方式向所有会员和职工告知选举情况和上级工会批复情况。在当前，网络传播非常快捷，是一种覆盖程度高、成本低的公布方式。

5. 基层工会法人资格登记

基层工会委员会收到上级工会对选举结果的批复后，即可着手办理《工会法人资格证书》及其副本和《工会法定代表人证书》。作为社团法人，工会依法享有法人应有的权利，如财产权、债权、知识产权、名誉权等，同时承担相应的民事义务。工会不仅可以依法进行民事活动，在诉讼中成为独立的诉讼主体，而且还可以代表职工与企业进行谈判、签订集体合同。基层工会具备法人资格，可以使基层工会的合法权益进一步得到法律保护。企业工会作为社团法人与企业法人是各自独立的法人主体。当工会的合法权益受到侵害时，工会可以独立法人主体资格诉诸法律，请求保护。

6. 刻章

基层工会委员会收到上级工会对选举结果的批复后，即应到公安机关申请刻制工会印章。印章规格和内容要求，按照1986年《中华全国总工会关于各级工会组织印章的规定》办理。

7. 建立银行账户

基层工会委员会收到上级工会对选举结果的批复后，即应向银行申请办理开户手续。工会经费应当由工会独立管理。

8. 拨缴工会经费

基层工会委员会收到上级工会对选举结果的批复后，即应在上级工会组织协助下，向本单位申请按照工资总额2%按月拨缴工会经费。

9. 做好文件资料归档和移交

会员（代表）大会结束后，应当及时安排专人，将有关文件资料归档。

三、工会干部队伍和积极分子队伍建设工作方法

（一）工会干部队伍建设工作方法

工会干部队伍建设是工会建设与改革的关键，是加强和巩固党对工会领导的重要保证，也是培养造就千百万社会主义和工运事业接班人的迫切要求。面对经济全球化和知识经济的冲击以及经济关系和劳动关系的日趋复杂，为适应复杂多变的情况，正确地履行工会的各项社会职能，维护职工群众的合法权益，实现工会工作的创新发展，重点在于建设和培养一支能够担当重任、职工群众拥护的高素质的工会干部队伍。

1. 工会干部协管的工作方法

工会领导干部实行双重管理，即以同级党委管理为主、上级工会党组协助管理。我们通常把这种管理方式叫作“工会干部协管工作”。工会干部协管制度是党管干部原则与干部分类管理原则有机结合的一种干部管理的重要形式，是工会协助党委（党组织）按照工会组织的性质、特点和工作要求，选拔好工会领导干部、配备好工会领导班子的一项行之有效的重要制度，是加强工会领导班子和干部队伍建设的一项重要工作。

协管工会干部的职责是：对工会领导班子的配备调整提出建议；协助做好工会领导班子思想作风建设工作；协助做好工会干部的考察、考核、政治审查和监督工作；推荐优秀干部，协助做好工会干部交流工作；指导、规划和组织工会系统干部岗位培训和各类业务培训；协助做好工会后备干部选拔培养工作。

为了做好协管工作，工会作为协管方，应与主管方密切配合，加强联系，互相尊重，互相支持，及时沟通情况，主动做好工会领导班子和领导干部的管理工作。在实际工作中，应把握好以下几点：

（1）主管协管双方可从实际出发，经协商后，将某些干部管理工作委托对方管理。

（2）主管协管双方要做好干部考察、考核工作。调整配备领导班子考察干部时，主管方要事先邀请协管方参加，协管方要积极配合，一般不作重复考察。考察干部时如协管方没有参加的，主管方在考察后应及时向协管方通报情况。

（3）凡任免调动工会干部，主管方须事先征求协管方意见。征求意见要正式行文，并附干部任免审批表，属于提拔任用的，应附考察材料。一般情况下，协管方应在接到征求意见函后一个月内，作出书面答复，逾期不复的，可视为同意。

（4）换届时，主管方应提前两个月发函征求协管方意见。

（5）工会领导干部经履行民主程序任免职后，协管方要将选举结果的批复抄送主管方。

（6）主管协管双方意见不一致时，不要仓促作出决定，要认真协商，充分听取和考虑对方意见。如果仍达不成一致意见，正职的任免报上级党委组织部门协调，副职的任免由主管方决定。

工会干部协管工作是一项政策性、原则性很强的工作，从多年来工会协管干部工作的实践看，做好工会干部协管工作应当注意把握以下几个环节：

（1）坚持按规定和制度办事。要按照《中共中央关于加强和改善党对工会、共青团、妇联工作领导的通知》《党政领导干部选拔任用工作条例》和《中共中央组织部关于干部双重管理工作若干问题的通知》等有关文件精神，明确干部主管方与协管方的职责、要求和工作程序，积极主动地与主管方密切配合，坚持按规定和制度办事，共同做好工会干部的管理工作。

（2）下级工会及时向上级工会报告信息。下级工会领导班子成员变动时，工会组织部门要及时向上级工会报告，并建议同级党委（党组）组织人事部门与上级工会沟通，以便上级工会及时了解和掌握情况，做好相应的工作。

（3）制定本地工会干部协管制度。地方工会要积极与同级党委（党组）组织人事部门联系，共同制定和下发工会干部管理制度的文件，就工会领导班子和领导干部的管理作出具体规定，按照干部管理权限明确主管方和协管方的职责、管理范围和相关程序等，推进工会干部协管工作的规范化、制度化。

（4）坚持联合考察制度。工会干部协管的实践证明，坚持主管方和协管方对干部联合考察制度，是搞好工会干部协管的重要环节。只有坚持联合考察，协管方才能全面了解干部的德才表现，才有调整配备工会领导班子的发言权，才能对工会干部的进退留转提出正确的意见和建议，发挥协管方的作用，真正协管到位。在联合考察过程中，要注意做到“三必考察”，即凡工会主席或工会主要负责人调整时必须考察；工会领导班子换届时必须考察；工会领导班子存在突出问题的必须考察。

（5）坚持主动向党委汇报干部工作情况的制度。各级工会要定期或适时向同级党委（党组）及其组织人事部门汇报工会领导班子和干部队伍建设情况，争取党委（党组）对工会领导班子和干部队伍建设的重视。上级工会要了解和掌握下级工会领导班子和干部队伍状况，及时向有关党委（党组）提出加强下级工会领导班子建设的意见和建议，并推荐后备干部。通过不断完善和加强工会干部协管工作，使各级工会领导班子和干部队伍建设得到进一步加强，从而保证工会各项任务圆满完成。

2. 培养和造就高素质工会干部队伍的途径和方法

工会干部队伍是工会赖以发挥作用的关键。培养和造就一支高素质的工会干部队伍，是工会自身建设的重要内容，是实现工会工作创新发展的内在要求和组织保证，也是全面履行工会各项职能、在党和国家工作大局中发挥作用的客观需要。

（1）要把工会干部的思想建设摆在首位。思想建设是干部队伍建设的根基。当前，随着我国对外开放的不断深入和对外交往日益频繁，各种价值观念、思想文化相互激荡，对一些工会干部的思想观念带来影响和冲击。面对复杂的国际形势和繁重的国内建设任务，进一步坚定广大工会干部的理想信念，忠诚于党的工运事业，坚定不移地走中国特色社会主义工会发展道路，比过去任何时候都更为必要和紧迫。要引导工会干部坚持用中国特色社会主义理论体系武装头脑，积极学习践行社会主义核心价值体系，增强政治敏锐性和政治鉴别力，善于从政治上认识和把握问题，坚持工会工作正确的政治方向。

（2）要加强工会干部作风建设。加强作风建设密切工会与职工群众联系的必然要求。良好的作风是我们党的优良传统和政治优势，也是做好新形势下工会工作的重要保证。要引导工会干部牢固树立群众观点，坚持群众路线，增强群众意识，站稳群众立场，始终把竭诚为职工群众服务作为一切工作的出发点和落脚点，不断增进与职工群众的深厚感情，时刻把职工群众的安危冷暖放在心上，把他们关注的难点和热点作为工会工作的重点。要努力克服形式主义、官僚主义和机关化、行政化倾向，坚持讲真话、报实情、求实效，坚持为基层工会和广大职工做实事、办好事、解难事。

(3) 要加强工会干部能力建设。当前，工会工作领域越来越宽，涉及范围越来越广，工作对象也有很大变化，对提高工会干部的理论政策水平和业务能力提出了新的更高要求。要与时俱进地加强工会干部能力建设，加大教育培训力度，努力使他们掌握市场经济条件下的工会工作规律，提高服务科学发展、服务社会和谐、服务职工群众的本领，增强运用科学理论和专业知识分析解决实际问题的能力，真正成为群众工作的行家里手。

(4) 要加强工会反腐倡廉建设。必须把加强党性修养、坚决惩治和有效预防腐败作为重大政治任务来抓。加强廉洁从政教育，增强工会干部党风党纪观念，严格落实党风廉政建设责任制，严格执行廉洁自律各项规定，使工会机关和工会干部置身于职工群众的监督之中，永葆党领导的工会组织的政治本色，永葆工会干部队伍的纯洁，努力建设一支政治坚定、业务扎实、作风过硬、廉洁自律的工会干部队伍。

(二) 工会积极分子队伍建设工作方法

工会积极分子，是指不脱离生产（工作）岗位，兼职从事工会工作的人员。建立工会积极分子队伍，依靠积极分子开展工作是由工会的性质决定的。在发展社会主义市场经济的过程中，工会专职干部大量减少，而协调劳动关系的任务日益繁重，工会工作力量与工作任务的矛盾十分突出，更加迫切需要努力培养和建设一支宏大的工会积极分子队伍，善于和充分依靠积极分子开展活动。

1. 工会积极分子的选拔

工会积极分子的选拔即工会积极分子的产生方式。选拔工会积极分子必须坚持发扬民主、注重质量、本人自愿的原则。一般可通过群众推荐、会员自荐、组织聘请或邀请等方式，选拔适宜人员。工会积极分子应具备以下条件：(1) 热爱工会工作；(2) 密切联系群众，热心为群众办事，在群众中有一定威信；(3) 甘于奉献，有某方面的特长和爱好；(4) 具有一定的组织能力、社交能力和活动能力。

工会积极分子的选拔是一项经常性的工作，要根据工作需要及时调整和充实。一方面，通过经常性的选拔，使更多的职工群众能够承担工会某个方面的工作，形成“会员办会”的良好氛围；另一方面，使更多的会员通过担任积极分子工作，亲身体验工会工作的重要，增强会员的责任感，在工作中更好地发挥作用。

2. 工会积极分子的培养

工会积极分子的培养是指采用脱产、不脱产、举办讲座等多种形式，对工会积极分子进行工会知识、工会理论业务培训和辅导，提高其素质，发挥其作用。通过培养，使工会积极分子熟悉工会工作基本知识、政策法规和业务技能，拓宽联系职工群众的渠道，学习掌握工作方法，不断提高利用各种方式开展灵活多样、富有成效的工会工作的能力。

3. 工会积极分子的管理

工会积极分子的管理是对工会积极分子选拔、培养、使用、待遇、考核、奖励等项工作的统称。这是基层工会组织的一项重要工作，基层工会应有专人负责和分管这项工作，并不断建立健全各项制度和措施，以更好地发挥积极分子的作用。

4. 加强工会积极分子队伍建设

加强工会积极分子队伍建设应着重抓好以下几项工作：

（1）政治上帮助提高。要教育工会积极分子认真学习马列主义、毛泽东思想、邓小平理论和“三个代表”重要思想，全面贯彻科学发展观，用党的基本理论、基本路线、基本方针武装头脑，牢固树立正确的世界观、人生观、价值观，树立远大的理想和无私奉献的精神，努力做好各项工作。

（2）业务上加强培训。要通过多种渠道、多种形式，对工会积极分子进行培训。根据工会积极分子所承担的不同任务，区别不同情况，采取脱产轮训、业余培训、结合工作一事一训、以会代训等灵活多样的方式，组织他们学习和交流，不断提高他们的业务素质和工作能力。

（3）工作上重视支持。工会组织要重视和帮助他们妥善处理本职工作与工会工作的矛盾。在安排积极分子工作时，可本着“一人一事，一事多人”的原则，不要使他们兼职过多、负担过重。特别是当积极分子兼做工会工作与本职工作发生矛盾时，工会组织要出面与行政领导协商解决。当工会积极分子遇到不公正待遇或遭到打击报复时，工会组织要及时给予保护。

（4）生活上关心爱护。工会组织要经常了解工会积极分子在工作、生活方面的困难和问题，从本单位实际出发，积极与党政协调，帮助他们解决实际困难，为工会积极分子开展工作创造良好的外部环境，使他们能够充分展示自己的才能，更好地发挥作用。同时，要按照全国总工会《关于进一步加强基层工会工作的决定》《企业工会工作条例》的规定，对基层工会积极分子，给予适当的经济补贴。

知识链接

社会化工会工作者是指县（含县）以上总工会从社会公开招聘、工资由工会承担发放，定向选派到县级行业工会联合会、乡镇（街道）总工会、乡镇（街道）工会委员会、县以下区域性行业性基层工会联合会专职从事工会工作的人员。为乡镇（街道）工会和县以下区域性行业性基层工会联合会招聘配备专职工会工作者，是目前解决这一层级工会无人干事问题的有效措施。

社会化工会工作者可以通过一定程序，从企业优秀工会干部中聘用，可以从大学毕业生中聘用，也可以聘用曾经从事过党群工作的人员，或利用社会公益性岗位等多种途径和方式聘用。

社会化工会工作者的聘用，既要统筹规划、大力推进，又要坚持从实际需要出发、按需聘用。《中华全国总工会基层组织建设工作规划（2014—2018年）》（总工发〔2014〕23号）对聘用社会化工会工作者的标准和社会化工会工作者队伍建设目标作出了规定：“所辖企业100家以上或职工2000人以上的乡镇（街道）工会、基层工会联合会至少要配备1名专职工会干部；不断扩大社会化工会工作者队伍，每年实现5000名增长目标。”

四、建设职工之家的工作方法

基层工会组织要有效地发挥作用，提高工作水平，增强工会组织的凝聚力，必须依托一定的载体作为开展工作和活动的平台。目前，综合考核、评价基层工会工作的主要载体是建设职工之家活动，要把它作为基层工会工作的目标和方向，力争把更多的基层工会建设成为职工信赖的职工之家。建设职工之家的主要方法和途径如下：

（一）建立完整、规范的工作体系

建立开展建家活动的工作体系，是指建家要有一套工作标准和工作要求，有一套考核办法，根据活动的内容、条件、标准，制定考核办法并进行评定和比较，定期对建家活动进行考核、检查、评比。基层工会要根据新的形势和新的要求，制订建家工作计划，调整工作部署，不断创新建家工作格局和运行机制。建家规划在兼顾全面工作的同时要突出重点，考核内容和标准不求全、不求高，每年或每个阶段都要有新的重点、亮点，使之与时俱进，富有新鲜感。

（二）形成党政工齐抓共建格局

基层工会要主动取得党组织的领导，把建家活动纳入党组织的重要议事日程；积极争取行政支持，为开展建家创造条件；工会内部要建立由领导负责、有关部门参加的建家工作领导机构，充实建家工作力量，努力形成党政工齐抓共建的格局。围绕发展这个第一要务，牢固树立建家就是建企业、就是促进劳动关系和谐发展、就是提高工会工作整体水平的思想，自觉围绕本单位中心工作开展建家活动，把基层的难点、热点作为建家活动的重点，使建家成为党政工工作的一个结合点，形成合力抓建家的工作氛围。

（三）坚持与时俱进、不断创新

要依据形势任务的发展变化，不断创新建家内容、形式和方法。当前要重点围绕实践中国特色社会主义工会发展道路，提高工会自身建设科学化水平，落实加强企业工会工作决定和建家意见，推动实现“两个普遍”，开展“面对面、心贴心、实打实服务职工在基层活动”等建设职工之家，推动重点工作的落实。在创新建家形式上，应在依托单位建家的同时，探索建立区域性联合职工之家、行业性联合职工之家、流动会员之家、社区职工之家，扩大建家对基层工会和职工群众的覆盖。

（四）建立健全激励和约束机制

要完善表彰激励机制，充分调动基层工会开展建家活动的积极性。评选先进、模范职工之家是表彰基层工会组织的综合性荣誉称号，应与表彰评选五一劳动奖状、奖章，文明单位和优秀工会工作者等结合起来，通过建家活动推动工会重点工作的落实，通过重点工作的推进为建家注入活力。要实行精神奖励和物质奖励相结合，对获得先进、模范职工之家称号的工会组织和工会主席，上级工会和本单位可以给予适当物质奖励。要强化考核约束机制，定期对获得荣誉称号的基层工会进行复查，对会员不满意的，应提出限期整改要求，逾期未改或经整改仍达不到要求的，撤销其荣誉称号。

（五）实行分类、分层次指导

分类指导应突出针对性，适应不同所有制、不同规模企业和不同类型基层工会的特点与实际，提出不同的建家标准，不搞一个模式。国有、集体企业工会，机关和事业单位工会要认真对照标准，查找差距，把工作重点放在提高建家水平和增强工会活力上；改制企业工会要着力抓好工会组织的整顿和重建工作，发挥职代会作用，切实维护职工合法权益；非公有制企业工会要适应企业特点，打好基础、规范起步，切实提高规范建设水平。推动开展“示范乡镇（街道）工会”“示范村（社区）工会”活动，并与建设职工之家活动有机结合，把不同类型基层工会的活力激发出来。

◆知识链接

什么是“双爱双评”活动

“双爱双评”活动是非公有制企业开展建设职工之家活动的主要内容，是推动非公有制企业提高工会工作水平的重要措施。在非公有制企业深入开展以“双爱双评”为主要内容的建设职工之家活动，是全国建设职工之家活动的重要组成部分，总体上应该以建设职工之家的基本要求为条件，但在落实建家基本要求的内容和标准上，可以与公有制企业有所区别，逐步提高建家水平，达到建家标准。全国总工会非常重视在非公有制企业开展“双爱双评”活动，每两年都评选表彰一批热爱企业的优秀员工和热爱员工的优秀经营者，评选一批开展“双爱双评”活动的先进企业，并把这项活动纳入全国评选表彰全国模范职工之家范围之中，被省级工会评为“双爱双评”先进单位的非公有制企业工会，达到全国模范职工之家标准的，可以申报“全国模范职工之家”，以激励更多的非公有制企业工会提高建家水平和工作水平。

实践证明，从非公有制企业的实际出发，开展“双爱双评”活动，可以教育和激励广大职工学习和掌握党的改革开放政策，遵守国家法律法规和企业的规章制度，爱国、爱厂、爱岗，努力完成企业的各项生产任务；教育和激励企业的经营管理者模范地遵守各项法规，尊重职工的合法权益，保护职工的积极性和创造性；推动工会组织积极开展工作，在维护职工合法权益，共谋企业健康发展中发挥积极作用，把工会建成职工信赖的“职工之家”。

（六）加强建家管理工作

职工之家分别设有“合格职工之家”“先进职工之家”和“模范职工之家”三种荣誉称号。各层次职工之家的考核条件都应尽量细化、量化，使之便于操作和考核。评选表彰各级模范、先进职工之家，创建合格职工之家，要坚持建家标准，不搞终身制，严格进行复查验收。同时，改进复查方式，可以实行分片交叉复查的方式，推动其严格约束自己；可以在不同层级的模范、先进职工之家中开展联谊活动，加强横向交流，强化其先进意识，不断攀登新的台阶。

第3章 工会宣传教育工作方法

工会宣传教育工作是党的宣传思想工作的重要组成部分，是服务党和国家工作大局、服务科学发展、服务职工群众、服务工运事业的一项重要工作，在工会组织加强和创新社会管理、全面履行社会职能、开展各项工作和活动中，起着重要的先导、促进和保证作用，为工会工作的创新发展提供理论指导、精神支柱、舆论力量、智力支持和文化条件。

工会宣传教育工作的对象是广大职工群众，其舞台是全社会，主要工作包括：全面实施职工素质建设工程；开展职工社会主义核心价值体系教育，加强和改进新形势下职工思想政治工作；提升职工群众科学文化素质；推进先进企业文化职工文化建设，指导与开展各类职工文化体育工作；坚持正确的舆论导向，大力弘扬工人阶级伟大品格和劳模精神，积极宣传工人阶级、工会工作和中国特色社会主义工会发展道路；及时监测、研判和应对各类有关职工和工会的网络舆情等，它是工会组织全面履行各项社会职能，突出维护职能，积极构建和谐劳动关系，在坚持维护职工经济、政治、文化和社会权益的前提下，有效维护职工精神文化权益，满足职工群众日益增长的精神文化需求，培养和造就具有崇高阶级理想、良好职业道德、先进科学文化知识和严格组织纪律的高素质职工队伍的重要途径。

一、工会职工思想政治教育工作方法

工会职工思想政治教育工作是党的思想政治工作的重要组成部分，是为团结动员广大职工群众积极投身于全面建成小康社会，实现国家富强、民族振兴、人民幸福这一中国梦宏伟目标提供思想保证和精神动力的一项重要工作。职工思想政治教育工作包括职工理想信念教育、职工日常思想政治工作、职工职业道德建设和群众性精神文明创建活动等。

工会职工思想政治教育工作，要着眼于以科学的理论武装职工，以正确的舆论引导职工，以高尚的精神塑造职工，以优秀的作品鼓舞职工，不断提高广大职工群众的政治素质和思想道德素质，努力培养有理想、有道德、有文化、有纪律的“四有”职工队伍，保护、调动和发挥广大职工群众投身全面建成小康社会的积极性、主动性和创造性。

工会职工思想政治教育工作，要以科学发展观为指导，坚持以人为本，紧密结合改革开放实际和根据发展社会主义市场经济条件下工会工作环境、任务、内容和对象发生的新变化，进一步开阔视野，积极探索新方式、新途径、新载体。

（一）充分发挥新闻媒体的导向作用

报刊、广播、电视、网络等新闻媒体，每天向社会提供大量信息，与职工群众的思想、工作和生活密切相连，对社会舆论乃至社会政治、经济、文化生活的各个方面产生广泛而深刻的影响，也是工会对职工进行思想政治教育的重要渠道。

新世纪新阶段，工会开展职工思想政治教育工作面临许多新的情况。随着工作环境更加开放，职工的视野更加开阔；社会阶层增多，职工思想政治教育对象的层次增加；职工的思想更加活跃，其思想观念更加复杂，自主意识、竞争意识、平等意识、效率意识明显增强。职工思想政治教育工作不仅要传授真理、解疑释惑，更要增加知识信息含量，增加时代气息和亲和力。因此，必须充分发挥新闻媒体，特别是工会新闻舆论宣传工具及网络等在引导舆论、统一思想、凝聚人心等方面不可或缺的作用，用鲜活的内容、生动的形式，吸引、感染和引导职工群众，通过平等、民主、双向、互动的交流，丰富职工思想政治教育工作的文化含量，有效扩大职工思想政治教育工作的覆盖面。

（二）开展形式多样的主题教育活动

职工主题教育活动是以活动为载体，在职工中开展的一种专题性教育实践活动。这类活动紧密围绕党的中心工作和重大任务，围绕工会工作的全局，具有鲜明的主题，组织职工群众参与其中，寓教于具体活动，寓教于职工实践，使职工在实践中深化对主题的认识和理解。主题教育活动直观、具体、生动、感性，是深化和创新职工思想政治教育工作的重要手段。

职工主题教育活动通过鲜明的主题和形式多样的活动，唱响主旋律，打好主动仗，以正确的舆论引导人，以先进科学的思想教育人，以正面的典型鼓舞人。在职工主题教育活动中，职工群众既是参与者，更是活动的主体，只有发挥好职工群众的积极性和主动性，主题教育活动才能够长久常新，才能发挥应有的作用和取得良好的社会效果，职工主题教育应选取职工群众喜闻乐见和行之有效的方法和形式开展。

1. 典型示范教育

注重运用先进典型影响带动职工群众。改革开放和现代化建设中涌现出来的先进集体和先进人物，体现了时代精神，是职工群众的楷模。要采取多种形式，大力宣传他们的感人事迹和高尚品质。要改进宣传方式，让职工群众感到他们可亲可敬可信可学。各行各业要注意发现和总结推广自己的先进典型，使职工学有榜样、赶有目标，在全社会形成崇尚先进、学习先进、争当先进的良好风气。

当前，全国总工会正广泛宣传“大国工匠”典型事迹，引导广大职工向“大国工匠”学习看齐，为实现“十三五”规划目标任务建功立业。

“大国工匠”是我国广大一线技术工人的杰出代表，中央电视台制作的《大国工匠》系列报道节目，讲述了“大国工匠”匠心筑梦的典型故事，唱响了以劳动托起中国梦的时代赞歌，在全社会特别是广大职工中引起强烈反响。要进一步弘扬“大国工匠”信仰坚定、矢志报国的爱国精神，争创一流、勇攀高峰的创新精神，艰苦奋斗、淡泊名利的奉献精神，勤奋学习、爱岗敬业的职业精神，激励广大职工勇担光荣使命，争创一流业绩。要加大宣传力度，深入挖掘先进典型，改进工会宣传工作，努力创作更多弘扬劳模精神、劳动精神的精品力作。要按照党中央对全总改革试点工作的部署和要求，着力打造和做强“大国工匠”等品牌，在充分发挥“大国工匠”的示范带动作用、推动建设一支高素质职工队伍、关心关爱“大国工匠”等高技能人才上下更大功夫，为夺取全面建成小康社会决胜阶段的伟大胜利充分发挥工人阶级主力军作用。

延伸阅读

什么是“工匠精神”

“工匠精神”，是指工匠对自己产品精雕细琢、精益求精的精神理念，是工匠在生产实践中凝聚形成的务实严谨、专注专一的可贵品质。

2016年的春天，工匠精神第一次正式写入政府工作报告：“鼓励企业开展个性化定制、柔性化生产，培育精益求精的工匠精神，增品种、提品质、创品牌。”

显然，经过30多年的发展，我国经济正摆脱低端竞争格局，“十三五”规划、“中国制造2025”、产业转型升级……推动中国成为制造业强国，技术工人承载着无可替代的作用。一个充满活力的创新中国，离不开天马行空的“磅礴才气”，也需要脚踏实地的“匠心独具”。倡导工匠精神、呼唤匠心归来，正在成为全社会的共识。

2. 现场经验交流

紧紧把握时代脉搏和职工思想状况，围绕企业生产实际，不断总结和探索职工思想规律和特点，树立职工主题教育活动的企业典型，适时召开有针对性的职工主题教育经验总结现场交流会，推广先进经验和做法，为取得更广泛的职工主题教育成果营造良好氛围，促进职工主题教育活动创造新水平，上新台阶。

3. 系列活动

紧密结合党和政府出台的政策法规和重大工作部署，进行大规模、集中性、自上而下的系列宣传教育，使党的方针政策和目标任务深入人心。各级工会结合企业生产实际，创造了许多简单易行、行之有效的教育方式方法，比如演讲比赛、知识竞赛、辩论赛、征文活动等形式，为开展职工主题教育积累了宝贵经验。2013 年 4 月，中华全国总工会下发意见，在广大职工中开展“中国梦·劳动美”主题宣传活动。各级工会积极响应，通过宣讲报告、媒体宣传、文化活动等方式，面向基层、面向职工，全方位、多层次、多角度深入开展中国梦的宣传教育活动，激励广大职工立足岗位、凝聚力量，自觉做中国道路的实践者、中国精神的承载者、中国力量的主力军，为实现伟大的“中国梦”努力奋斗。

4. 演讲活动

演讲活动是工会组织紧密结合工会工作实际和职工思想实际进行的一种行之有效的职工自我教育活动。全国总工会基本上每两年开展一次全国性的职工演讲比赛。从 2013 年 12 月到 2014 年 9 月，全国总工会组织开展了历时 10 个月的全国职工“中国梦·劳动美·我与改革创新”主题演讲比赛活动。据不完全统计，全国铁路、民航、金融、钢铁、能源、医疗、文教等 50 多个行业的一线职工参加了本次比赛，共开展演讲活动 5. 1 万多场，参加演讲的职工 106. 9 万人，听众超过 1. 16 亿人。演讲活动展示了职工的风采，调动了职工参与改革和社会主义现代化建设的积极性和主动性。

5. 知识竞赛

根据职工主题教育活动的内容，全国总工会组织编写知识竞赛试题并在大众媒体刊登，由基层工会组织广大职工群众积极参与，通过认真学习和答题竞赛，使职工从中受到教育，提高思想觉悟。

6. 辩论赛

辩论赛采取团体组队的方式，以正反两方进行辩论的形式进行，对一个问题的两个方面，运用辩论技巧，阐述本方观点，驳斥对方观点，从而加深对问题的理解。这种比赛形式，是近年来深受职工群众欢迎和喜爱的教育方式。

7. 其他形式

各级工会和企业紧紧围绕企业生产实际，围绕职工思想实际，开展符合时代特点、符合企业实际、符合职工要求的主题教育活动，达到坚定职工信念，统一职工思想，激发职工创造力，为企业发展和社会进步奠定坚实的思想道德基础。

（三）以群众性精神文明创建活动为重要载体

群众性精神文明创建活动是对职工群众进行思想政治教育、提高职工文明程度的有效途径。由于创建活动思想主题鲜明，能够较好地体现职工群众的共同理想、共同信念和共同利益，具有较强的号召力和吸引力；源于基层，贴近职工生活实际，能够较好地体现尊重人、理解人、关心人、帮助人，使职工群众在参与中得到实惠，感受到党和政府的温暖，使职工群众增强对党和政府的信任；具有职工喜闻乐见、丰富多彩的形式，能够吸引职工群众广泛参与，使职工在参与中实现自我服务、自我管理、自我教育。因此，它不仅是职工思想政治教育工作的新载体，而且也成为工会有效开展职工思想政治教育的重要方式。

（四）重视和发挥文化的教育功能

精神产品和社会文化生活对职工群众的思想观念、道德情操有着潜移默化的作用。先进文化承载着思想政治教育的基本内容，体现了思想政治教育的基本要求。图书、报纸杂志、音像制品、文艺演出等，都是实现以优秀的作品鼓舞人的重要方式。要充分发挥工会文化教育体育阵地的教育功能，弘扬主旋律，提倡多样化，促进优秀精神文化产品的生产，广泛开展丰富多彩、健康有益的职工文化体育活动。积极开展企业文化建设，通过普及企业文化知识、提炼企业精神、塑造企业形象，使企业文化的理念逐步渗入到职工的思想观念和行为习惯之中，推动企业的自主创新和加快发展。积极参与社区文化建设，把职工思想政治教育的基本内容融入创建文明家庭等社区群众性活动之中，陶冶职工情操，提高职工素质和文明程度，建立团结互助、平等友爱、共同前进的新型人际关系。

（五）不断创新工会职工思想政治工作新途径新方法

善于发挥各种媒体特别是新媒体作用，充分利用互联网特别是博客、微博、微信等手段和途径，依托基层，建立和健全职工思想动态信息网络，及时收集、分析和反映职工的思想动态，围绕职工关心的热点问题进行专题调研，有针对性地提出对策建议，协助党政组织做好职工思想政治工作。

加强源头参与，加大维权力度，畅通诉求渠道，把解决职工思想问题与解决实际问题结合起来、与维护职工权益结合起来、与造福职工群众结合起来。特别要在构建和谐社会过程中，进一步做好关心职工生产生活尤其是帮扶困难职工的各项工作，坚决纠正各种损害职工群众权益和利益的行为，使困难职工生产生活中的突出问题得到解决，使困难职工的基本生活得到保障，使他们切实感受到社会主义社会的温暖。

在解决实际问题的过程中，进一步强化思想政治教育的功能，借助思想政治教育把问题说清、把道理讲透，少一些简单的说教，多一点鲜活的实际，帮助职工群众提高对问题的认识，进而转化为一种觉悟，从而深化对党和国家有关方针政策的理解与认识，提高执行党和国家有关方针政策的自觉性。

二、工会开展职工文化技术教育工作方法

职工科学素质教育工作是我国职工教育工作的重要组成部分，是按照经济社会与企业发展的需要对在职职工、准备上岗职工、转岗再就业职工进行现代科学文化知识、岗位操作技能、技巧培养训练的一种教育活动。

职工科学素质教育工作的内容随着国家职工教育的任务、目标和领导管理体制的变化而有所不同。当前和今后一个时期，主要包括以下内容：一是参与职工教育管理和监督，维护和保障职工的学习权利；二是办好工会各类职工学校；三是深入开展全国职工素质建设工程。

工会开展职工科学素质教育工作必须从工会实际出发，既要继承发扬工会多年来形成的传统和优势，又要结合新时期的特点有所发展和创新，形成自己的特色。概括地说，参与、监督、配合、协调和维护是工会开展职工科学素质教育工作的主要方法和途径。

1. 把职工科学素质教育列入工会参与国家、政府社会政治事务管理的内容

工会通过与政府召开联席会议，利用工会在各级人大、政协的代表提案等渠道，直接反映职工教育中的热点、难点以及具有普遍性的问题。加强与政府有关部门的联系与合作，建立相互发送职工教育的文件资料、加强沟通协调的工作制度，共同研究解决问题的办法和措施。

2. 把职工科学素质教育纳入企业集体协商、民主管理的内容

主要是通过职工代表大会定期讨论、审议职工教育重大问题，建立集体协商、集体合同和职工代表监督检查等制度，保证职工教育工作及有关问题的落实和解决。

3. 办好工会各类职工学校

职工学校坚持为企业发展、为职工学习、为工会建设需要服务的指导思想，以职工和市场需求为导向，大力开展不同层次的文化技术教育，开展各种类型的岗位培训、继续教育和专业技能培训、实践培训。在开班设

课、学习安排以及教学方法上，增强适应性，突出实效性，以最大限度地满足不同职工多样化的学习需求。

4. 开展读书自学、岗位成才、技术创新、岗位练兵、技术比武等群众性学习培训活动

举办各种类型的技术创新成果比赛。发挥工人技师的作用。组织多种形式的练绝活、传绝招、献技能和技术表演、拜师学技活动。以建设学习型班组为突破口，开展班组达标竞赛活动等。

5. 配合行政部门开展岗位技能培训活动

职工岗位培训主要由行政业务主管部门负责，工会主要是协助做好组织发动和管理服务等工作。受基层行政委托或在行政力量难以顾及的情况下，工会可采取灵活多样的方法，以短期、业余、自学为主，组织与企业工作实践有关的现代科学文化知识教育，举办与生产工作实践紧密联系的业务知识培训，开展职业技能、岗位技能和经济技术创新活动，推广应用新技术、新材料、新工艺，提高广大职工的技术技能水平。

6. 积极协助政府和企业对转岗转业职工进行再就业培训和创业培训

积极协助政府和企业对转岗转业职工进行再就业培训和创业培训，并不断加大培训力度，帮助下岗、失业职工转变思想观念，振奋精神，为适应劳动力市场的需要，主动充电，优化自身素质，增强就业本领，努力实现再就业。

三、工会新闻宣传工作方法

工会新闻宣传工作作为党的新闻宣传工作的重要组成部分，承担着宣传党和国家各项方针政策，弘扬工人阶级伟大品格和劳模精神、扩大工会组织影响力，团结动员广大职工为实现党的目标而努力奋斗的重要职责和任务。

工会新闻宣传要在坚持和把握正确舆论导向，紧紧围绕党和国家中心工作、工会工作重点展开宣传报道的同时，整合新闻资源，拓宽宣传渠

道，打造宣传平台，不断提高舆论引导水平。

（一）工会新闻宣传工作的基本形式

1. 文字形式

包括三类：一是以消息、通讯、侧记、评论等形式，或以专题、专栏的形式在媒体上刊登工会新闻；二是利用包括公文、资料、书籍、广告、标语、口号等宣传形式；三是开办工会报刊，为广大基层职工提供新闻、信息、文化、娱乐服务。

2. 活动形式

包括四类：一是举办各类专题报告会、座谈会、现场交流会等；二是开展形式多样、切实可行、简便易行、符合实际需要的群众性主题宣传活动；三是开展各种形式的社会调查、专题采访等；四是组织集体或个人的谈心、对话和访谈等。

3. 广播形式

广播以其快捷、方便的特性在信息传递方面显示着巨大的优越性，在中国工会的成长史上，广播始终将话筒对准基层职工群众，始终是宣传工人阶级和工会工作的重要载体和主要渠道。

4. 影视形式

这是一种集声音、文字、画面于一体的宣传形式，具有生动、直观的特点。一是报道与工会重点工作、重大活动等相关的新闻、消息、简讯、快报等；二是组织各类专题采访和访谈；三是制作关于工会工作，职工生产、生活，劳动模范先进事迹等相关的电影、宣传片。

5. 网络形式

互联网、手机、博客、微博、微信等新兴传播方式作为跨媒体的数字化媒体，集广播、报纸、电视三大传统媒体的诸多优势为一体，具有传播即时、信息海量、多媒体互动等特点。开设专题网页、组织网络访谈、运用互联网、手机、博客、微博、微信等新兴传播方式等形式扩大工会组织影响力是探索新时期工会新闻宣传工作新途径的主要形式和重要内容。

（二）工会新闻宣传工作的基本分类

1. 重点工作的宣传

围绕党和国家工作大局、结合工会中心工作，着力宣传党的各项方针政策和战略部署，找准工会宣传工作的位置和角度，把握宣传切入点和着力点，结合职工关心、社会关注的热点，解疑释惑、积极引导广大职工正确理解中央精神，把思想和行动统一到中央的决策部署上来。

2. 重要时段和重大活动的宣传

在元旦、春节、“五一”、“十一”等重大时间节点，通过各类主题教育活动和重大典型宣传，大力宣传党的全心全意依靠工人阶级的指导方针，宣传工人阶级在国家经济社会发展中的主力军作用，体现工人阶级的主人翁地位，引导广大职工共建共享改革发展成果。

3. 重大典型的宣传

大力宣传各条战线的劳动模范、典型人物和优秀团队的先进事迹，大力宣传工人阶级伟大品格和劳模精神，倡导“勤奋劳动、诚实劳动、创新劳动”，努力营造“劳动光荣、创造伟大”的浓厚氛围，坚持以科学的理论武装人、正确的舆论引导人、高尚的精神塑造人、优秀的作品鼓舞人，引导全社会尊重劳动、尊重劳动者、尊重劳动创造的价值。

知识链接

什么是新媒体

新媒体，是信息互联网技术基础上出现的媒体形态，如数字电视、数字电影、数字杂志、数字报纸、数字广播、手机短信、互联网、移动互联网等。相对于报纸、杂志、广播、电视四大传统意义上的媒体，新媒体被形象地称为“第五媒体”。新媒体具有互动性、数字化、移动化、融合化、全天候、全覆盖等突出特征。

4. 新闻事件的宣传

对各类突发事件，以消息、言论、评论和网络跟帖等形式，反映新闻事实，阐述事件缘由、表达立场、观点和主张，加强网上正面引导，牢牢把握网上舆论引导主动权。

5. 新闻调查与采访

通过深入细致的调查研究，参与各类社会实践活动，掌握生动鲜活的一手资料，以生动的事件、鲜活的事例、确凿事实和精准的数据，有理有据地引导舆论、达成广泛共识。

（三）工会新闻宣传工作的组织实施

1. 工会新闻策划

工会新闻策划，是把“新闻策划”的内涵及要领应用到工会新闻宣传工作之中，围绕工会工作重点和宣传目标，制定相应的设计方案与实施攻略，力求达到最佳宣传效果。工会新闻宣传阶段性计划只能粗略地勾画一个阶段内新闻宣传的大盘子，具体到每个单项工作或活动的宣传时，必须有针对性地进行具体细致的新闻策划。大致说来，单项工作和活动的新闻策划有以下流程：

（1）策划主题与目标定位。一般来说，精心策划工会新闻报道是希望报道后能够引起舆论关注，形成社会热点。因此，在策划时就必须抓准问题，以引起社会的广泛关注。这就需要对拟宣传的工作和活动进行深入地了解和研究，分析媒体的关注点（即新闻点）所在，选准报道主题和角度。同时，对不同的策划内容要有不同的目标定位，在预测宣传效果时做到心中有数。

（2）拟订宣传报道方案。在选准报道主题之后，接下来的工作就是拟订宣传报道方案。宣传报道方案没有固定的写作模式，篇幅长短也没有统一规定，可根据具体情况而定。宣传报道方案通常包括以下基本内容：宣传报道的主要内容和重点、宣传报道进程、媒体选择、新闻发布方式、采访组织形式、发稿计划（发稿时间、稿件形式和篇幅、发稿规模等）。

（3）信息反馈与效果检验。任何策划活动在制订计划时都不可能预见一切，策划的目标定位以及策划的设计方案不可能一成不变。在策划方案执行和实施的过程中，需要不断收集信息，据以修订原有目标，对原有策划方案加以补充、修正和改进。在一项新闻宣传活动完成之后，可以通过报道的传播效果好坏对报道设计方案加以检验，吸取经验和教训，以增加下一次新闻策划成功的可能性。

2. 工会新闻发布

工会新闻发布会是工会发布新闻的主要方式之一，但一般只在有重要新闻发布时才采取这种形式。新闻发布会的工作环节包括：制订工作方案、确定发布主题、邀请记者、会前准备、会议进程控制、收集反馈信息等。

（1）制订工作方案。由新闻中心根据工作内容的重要程度和宣传需求，提出召开新闻发布会的意向，阐明召开新闻发布会的主题、内容、形式与规模，报分管领导审核批准后组织实施。

（2）确定发布主题。召开新闻发布会，一般是在举行重要会议或重大活动之前，向社会宣传其意义和内容；或是针对社会关注的热点问题或事件表明工会的态度。新闻发布会的召开，必须围绕明确的主题进行，不能泛泛而谈地介绍一般性的工作。

（3）邀请记者。新闻发布会的邀请对象首先是新闻记者。但是，不同的媒体会有不同的受众，也有不同的新闻宣传侧重面。因此，应该根据新闻发布会的主题，有选择地邀请有关的新闻媒体记者来参加。除新闻记者以外，凡主题内容涉及的其他单位、部门或公众群体，也在邀请之列。

（4）会前准备。会前准备包括印发请柬、布置会议场地、准备现场参观或实物、布置图片展览、编印文字材料等事项。布置会议场地时，应准备好录音、录像的辅助工具。为了便于记者自由采访，实地考察，还可以安排一些现场参观、实物、图片展览等。会上准备分发的新闻资料、新闻稿，要事先准备好。材料编写要系统简洁，以介绍事实为主，不加议论，仅供记者参考。此外，对会上记者可能提出的问题也应该事先设想，考虑好恰当的答案，并写成文字材料，供主要发言人参考。

（5）会议进程控制。新闻发布会一般由新闻发布和答记者问两个环节构成。为使新闻发布会成功召开，必须对会议进程进行科学控制，合理分配新闻发言人发布新闻及答记者问的时间。会议进程控制主要有会前控制和现场控制两种方式。会前控制指在会议设计时，限定新闻发言人发布稿篇幅（或限定发言时间），要求发布的内容是重要的信息，背景资料等信息可通过书面材料形式发布。现场控制由会议主持人根据会议现场情况及时协调，重点控制回答记者提问时间。

（6）收集反馈信息。新闻发布会召开过程中或结束后，应该注意会场气氛和动态，及时了解与会者对新闻发布会的态度和意见，掌握新闻发布会的效果，收集发稿情况与受众对信息的反馈意见，以便于设想下一步行动。

3. 新闻采访的策划

（1）会议、活动采访。会议、活动中往往蕴藏着大量的新闻信息和线索，有的会议和活动，本身就是具有新闻性的事件。对会议、活动的宣传报道规模需要根据会议、活动的内容和规模确定。采访的主要形式是组织新闻媒体记者现场采访，并向记者提供会议、活动中的文件、背景资料和典型案例。重要会议的宣传报道工作要独立进行周密策划，制订专门的宣传方案，精心组织实施。要在集中报道的基础上，以系列报道的方式，宣传报道会议各个侧面，要做好重点稿件的组织工作，综合运用上述的多种宣传手段，集中报道会议的重点、热点问题。

（2）人物专访。大力宣传报道先进模范、典型人物，需要组织新闻媒体对这些人物进行专访；一些重大的议题，有时需要邀请或安排有特别影响力的媒体对工会相关领导人进行深度采访。人物专访，一般需要预约，在充分尊重被采访人意愿的基础上，根据媒体和栏目的性质确定采访形式。

（3）专题采访。专题采访指围绕工会重点工作，组织媒体记者对典型事例、典型人物、热点问题进行专题采访报道，俗称“树典型”。专题采访报道具有规划性强、宣传声势大、宣传效果好的特点，在组织实施过程中需要精心策划，组织采访前要对拟采访的对象进行深入考察，最大限度地挖掘采访对象的典型性和示范性，保证典型的质量，力争使通过宣传树立的正面典型经得起实践和时间的考验。也可将拟采访的对象推荐给同级或上级党委宣传部门，纳入其宣传计划，由党委宣传部门和工会共同组织采访，统一安排报道规模和时间，达到最佳宣传效果。

对一些社会普遍关注的热点事件的报道，可以采用对事件或问题的发展变化进行追踪的方法，连续发出报道，反映全过程，取得及时、深入、扣人心弦的报道效果。热点事件的报道组织重点在于根据事态发展，不断调整报道计划。要及时通报每一个新变化、新进展，做到环环相扣、步步紧跟，充分体现出新闻的时效性，及时引导舆论，促进问题的解决和工作的开展。

（4）案例跟踪。案例跟踪指对尚处在发展过程中的新闻事件或在某一时间段内不能一次性完成采访报道的热点新闻，根据事件发展进程，多次组织新闻媒体进行跟踪采访报道，使新闻事件的全貌完全得以展现。案例跟踪采访报道的实施，需要对新闻事件的发展进程进行密切监控，及时了解，并对事件发展过程中每个细节的新闻性进行准确判断，以便及时组织新闻媒体采访报道，引导舆论。

4. 专题、专栏、专版的策划和实施

在重点工作和重大活动的宣传中，策划在新闻媒体刊播专题、专栏和专版是工会新闻宣传工作的重要形式。专题、专栏、专版具有主题突出、宣传集中的特点和优势，能在较短的时间内围绕宣传主题营造良好氛围，达到最佳宣传效果。专题、专栏、专版的策划和实施有以下要领：一是确定宣传主题。结合新闻媒体性质选择新闻媒体及相关栏目、版面。二是选择宣传方式。与相关媒体进行充分沟通，确定专题、专栏、专版的标题、内容、风格、规模和刊播时间等事宜。三是收集新闻线索。为确定的各类媒体制作专题、专栏、专版收集所需的素材并及时提供。

四、工会网络舆情工作方法

工会网络舆情工作是获取反映现实社会中职工队伍客观情况和主观意愿的一项重要工作，涉及工运理论、新闻传播学、新媒体应用技术等众多学科领域。

在通信技术飞速发展的21世纪，人们获取信息的手段不再局限于报纸、杂志、广播、电视等传统的传播方式，互联网等新媒体作为第四媒体的出现，不仅扩宽了人们获取信息的渠道，使人们感受到信息获取的快捷方便，而且信息在互联网中的交互式传播，还促进了官方舆论场和民间舆论场的相互影响和交融。互联网已经迅速地成为社会舆论的策源地，扮演着主要信息源的角色，广大职工群众对自身关切问题产生的看法和意见、情绪将越来越多地借助网络来释放。

工会网络舆情工作主要包括：全方位监测互联网信息并对相关工会网络舆情加以研判和报告；遵循网络宣传特点，合理有效引导和平衡网络舆论，发表权威观点和引导性评论；对外建立与网络管理部门及重点网站的协调、联系机制，对内建立会商联动和应急等工作机制，积极主动地应对突发事件等。

（一）工会网络舆情选题搜集方式

1. 论坛首页推荐

把重点推荐内容链接到论坛或重要版面首页的方式在各大网站都是普遍采用的处理方式。一般通过浏览当天的重点论坛首页和重要板块首页，可以在要闻区查找到涉及工会工作的重大舆情信息。

2. 门户网站新闻排行榜

一般各大论坛和新闻网站都有近期相关热点排行页面，在网络舆情监测中，为了迅速查找近期重大网络热点，我们应该关注新闻门户网站和论坛的热点排行榜。在新闻内容方面，涉及工会工作的舆情信息一般出现在国内、财经、社会等网站内容板块中。实际工作中，舆情报告往往是一项常规项目，这时还要注意浏览各大重点门户网站和论坛的即时新闻、热帖排行。

3. 微博话题榜

微博平台的用户群通过关注功能交织在一起，传播速度惊人。微博的转发功能直观反映信息的关注度，议程设置不再被管理后台完全掌控。通过微博可以及时了解公众关心的热点是什么，获知公众对于事件和现象的观点。国内各大微博平台均设有微博话题榜栏目，可通过浏览微博话题榜，为工会网络舆情提供选题来源。

4. 搜索引擎与百科热词

2010年，网民的“造词运动”推动“词媒体”登上互联网舞台。“词媒体”是指将词作为传递信息的载体，将特定时间、地点、人物、事件进行超浓缩，发布到网上或传统媒体中，以便于口口相传。如“富士康N连跳”、尘肺病患者“开胸验肺”等，这些热词便是与职工利益相关、涉及工会职能工作的舆情事件的浓缩载体。

5. 工会系统各级工人报刊和工会新闻网站

工会系统各级工人报刊和工会新闻网站是工会新闻宣传的主阵地和面向社会的窗口，其集中宣传了各级工会服务基层、服务职工的典型事例，重点反映了基层和广大职工群众关注的热点、焦点问题。

（二）工会网络舆情的研判和报告

网络舆情的研判和报告是一项高难度的统计、研究与编辑工作，对于工会舆情监测人员来讲，不仅要求具备基本的新闻传播学、统计学、法学、社会心理学和管理学等多学科知识，还要求对工运理论、工会工作有较深了解。工会网络舆情研判的手段分即时研判和深度研判。

1. 即时研判

即时研判是指在网络舆情的具体处理中，网络舆情监测人员根据本次舆情的具体内容以及运行的具体情况，对本次舆情产生的直接原因、本次舆情的“意见领袖”以及其他意见进行分析，着重对本次舆情的发展与相关部门的应对行为进行相关性分析，并在此基础上对本次舆情下一步的发展状况做出预判。由此可见，网络舆情的即时研判是网络舆情处理的重要手段，其作用主要表现在两个方面：首先对本次舆情的分析就是舆情处理工作应当具备的内容，少了舆情分析研究就说明这次舆情的处理是有缺陷的。其次对舆情的预判是接下来的舆情处理的基础，没有舆情预判的舆情处理肯定不科学。

工会网络舆情即时研判的内容包括：刺激本次网络舆情产生的中介性社会事项；工会、相关企业管理者或职工的响应状况；信息透明程度；工会、相关企业管理者或职工后续行为与舆情后续发展的相关性等。

2. 深度研判

深度研判是指在舆情处理完毕之后，舆情监测人员为了全面了解网络舆情发生发展的特点以及网络舆情运行过程中舆情主体所表现出来的社会意识，对所有舆情信息进行专门化和系统化的研究。由此可见，深度研判是在即时研判之后所做的一次更系统的研判工作，两者的目的不同，即时研判的目的在于能够及时处置网络舆情，深度研判则侧重于网络舆情运行规律性特征的把握以及对网络舆情主体思想状态的把握。

工会网络舆情深度研判的内容包括：中介性社会事项发生、发展的特点以及规律分析；职工网民的网络舆情表达方式；网络舆情中所显示的职工群体的思想观念。

3. 工会网络舆情报告

工会网络舆情的报告规范要求质量与效率并重，坚持形式为内容服务，总体上应遵循“言简意赅、美观整洁、深度解读、精益求精”的原则。

工会网络舆情报告按时间分类，可设计为日报、周报、月报等，这些报告是对预设时间范围内的涉及职工群众或工会工作的舆情按上报规则发掘、收集而成的信息热点摘报。

工会网络舆情报告按地域分类，可设计为反映全国、某省（市）等地域概念信息为主的报告，这些报告是对预设地域范围内的涉及职工群众或工会工作的舆情按上报规则发掘、收集而成的信息热点摘报。

工会网络舆情报告按主题分类，可设计为以某一核心内容为主题的专题报告、多专题报告、同主题连续性报告等，这些报告是对与预设主题相关的涉及职工群众或工会工作的舆情按上报规则发掘、收集而成的信息热点摘报。

（三）工会网络舆情的应对

1. 工会网络舆情应对指标

一般情况下，工会网络舆情事件一旦爆发，就应积极处置，并把握以人为本、高速高效、依法处理、党政支持的原则。具体可以通过以下六项应对指标进行评估：

（1）工会组织响应情况。工会组织响应情况是指各级工会组织对于涉及职工群众的突发公共事件和热点话题的响应情况，包含响应速度、应对态度和响应层级等，如是否有当地工会主要领导人、相关业务部门发声等。

（2）信息透明。信息透明是指相关工会组织新闻发布或信息披露的透明度、官方媒体报道情况以及对外媒体的态度等。信息透明作为重要的舆情应对指标的同时，还成为平息舆情危机最有效的举措，其中主要原因就在于信息透明可以帮助工会组织迅速取得舆论的话语权，并及时树立阳光负责的公众形象。

（3）工会组织公信力。工会组织公信力即涉及职工群众的突发公共事件和热点话题发酵前后对相关工会组织的信任度、满意度，以及由此引发的对工会形象的综合影响。工会组织公信力是工会网络舆情应对的核心指标，工会组织公信力的维护和修复也是各级工会组织舆情应对措施紧紧围绕的核心目标。

（4）动态反应。动态反应即工会组织随着舆情的发酵、矛盾的激化或转移，迅速调整立场、更换手法。动态反应要求舆情应对首先要判断舆情走势所处的不同发展阶段，并根据其结论制定不同的应对原则。

（5）网络技巧。网络技巧即相关工会组织积极、主动、及时和熟练地运用官方网站、媒体网站、网民留言板、官方机构与个人微博等互联网新媒体手段，进行信息发布和意见沟通的舆情应对技巧。其有助于及时倾听职工群众意愿，疏导职工群众负面情绪，促进和谐劳动关系的建立，也有助于工会组织维护公信力和提高舆情应对效果。

（6）善后处理。善后处理就是处理工会网络舆情事件的后续问题，一般情况下，突发事件的舆情高涨期过去以后，为尽快恢复正常社会秩序，就必须适时协调运用善后处理机制，弥补舆情危机所造成的损害，及时修复工会组织公信力。

延伸阅读

靖江市总工会与靖江市政府网管中心建立联动工作机制，借助其庞大的网络监控系统，第一时间了解职工网络舆情最新动态。2012年4月1日，靖江市马桥镇怡新服装有限公司工会主席韩汉根在西祠胡同、新靖江论坛等网络媒体上发布了一篇名为《跪求靖江市政府救救一个被逼上绝境的“工会主席”》的帖子，陈述其“遭遇跑路老板，为维护企业正常经营和职工权益背负80万元债务”的遭遇。靖江市政府网管中心发现情况后立即反馈，靖江市总工会迅速与马桥镇党委、政府及市相关部门沟通协商，力促事件尽快妥善解决，并通过召开会议、到基层走访调研等形式，要求全市各级工会组织进一步加强法治宣传教育，完善劳动关系预警机制，畅通职工利益诉求表达渠道。在事件处理过程中，靖江市总工会还指派专人在网上跟帖，实时发布事件最新进展，赢得了广大网民的支持和欣赏。短短几天，此事经网络迅速传播，《现代快报》、凤凰网、搜狐新闻等媒体相继刊发报道，在报道中都对靖江市总工会的及时介入给予了较高的评价。有网友跟帖：“靖江工会确实是在帮工人维权。”

2. 工会网络舆情应对技巧

工会网络舆情应对技巧是指在舆情事件中，为及时有效地化解舆情危机、平息舆论质疑、积极疏导网络舆论、维护和修复工会组织公信力，在舆情工作实践基础上获得的正面评价的技巧和一般性策略。

（1）遇到涉及职工群众或工会工作的网络舆情事件，相关工会组织应第一时间发声，做舆情事件的“第一定义者”。舆情事件发生后，应坚持“信息公开是原则，不公开是例外”的原则，速报事实，慎报原因，既不失语，又不妄语，避免谣言流布，同时防止新老媒体交互放大负面情绪。

（2）第一时间积极回应网络议题，必要时主动设置议题，巧妙引导舆论视线，放大工会组织的正面声音，疏导网络负面声音，务求对舆情事态进行客观、公正、全面、平衡的分析评论。

（3）熟练运用网络技巧也是工会应对网络舆情普遍而重要的经验。有不少省市级地方工会组织正是由于熟练运用了微博、网络论坛、官方网站等媒介，及时和网民直接深入交流，一方面使得舆论疏导工作开展更加有效，另一方面还树立了密切联系网民和职工群众的阳光负责形象。

五、职工文化体育工作方法

职工文化体育工作是工会组织为满足职工群众日益增长的精神文化需求、全面提高职工队伍素质的工作。职工文化是中国特色社会主义文化的重要组成部分，职工体育工作是国家群众体育工作的重要组成部分。

职工文化体育工作的内容主要包括：坚持走中国特色社会主义文化发展道路，发展具有时代特征和工会特色的先进职工文化，开展丰富多彩的职工文体活动，倡导积极向上健康文明的生活方式，满足职工群众日益增长的精神文化需求，提高职工的健康意识和体能素质；精心培育和打造先进职工文化、体育品牌，扩大工会职工文化的社会影响力和社会覆盖面；推动职工文化体育阵地建设，积极探索职工文化体育事业发展的新路子，增强职工文化体育事业的整体实力和市场竞争力，推动中国特色社会主义文化体育事业的发展与繁荣。

职工文化体育工作肩负着提高职工群众的整体素质，强健职工群众的体魄，不断满足广大职工群众日益增长的精神文化需求的重任。职工文体活动具有鲜明的特征，这就是活动时间的业余性；活动对象的群众性；活动内容和形式的多样性；活动心理的自娱性；活动方式的自愿性和社会性。职工文化体育工作的途径和方式主要有以下几个方面：

1. 建立职工文化体育工作体系

以中国职工文化体育协会为龙头，整合工人文化宫（俱乐部）、各类职工文化体育组织和团队、各种职工文化体育活动节、奖、赛和各类职工文化体育活动积极分子及工作力量，以及可借用的社会文化体育资源，形成工作体系。建立全国职工文化体育活动网络和协调各方的有效工作机制，制定职工文化体育发展规划，有计划地推进各项活动。加强对基层文化体育活动的指导，活跃和丰富基层职工文化体育生活，逐步形成通过社会化市场化运作组织开展职工文化体育活动的机制，充分借用社会文化体育资源指导基层文化体育活动，提升职工文化体育工作水平。发现、培养和创建不同门类、各具特色的职工文化体育示范基地，培养职工文化体育专门人才。

2. 开展丰富多彩的职工文体活动

职工文体活动的开展，分为全国、地区和基层等不同层次。

（1）全国性活动。主要是大型示范性职工文体活动，如五一晚会、全国工人运动会、中国职工艺术节、城市职工歌手邀请赛、全国职工小品比赛以及全国职工艺术健身操舞大赛等，都是凝聚职工、团结职工、教育职工，激发职工斗志、体现职工自我价值、检验职工文体工作成果、展示职工群众精神风貌，并具有重大社会影响和指导示范作用的活动。一般采取工会主办、与相关部门合办、企业支持、多方参与等市场运作方式进行。

（2）地方性活动。主要是省、市、县（区）级工会结合当地经济社会发展的需要和职工的需求，围绕不同阶段的中心任务所开展的职工文体活动。由于这些活动能够结合当地的实际，贴近职工，贴近企业，并采取职工喜闻乐见的活动形式进行，因此，能够在当地长盛不衰地开展下去。

（3）基层活动。主要是基层单位开展的职工文体活动，其特点为参与的广泛性、经常性和形式的多样性。活动形式主要有本企业的职工运动会、职工艺术节等综合性项目和各种职工兴趣小组、业余文体团队开展的各种单项活动。它是职工文体活动广泛开展的基础，也是培养职工文体骨干的重要渠道。

3. 加强调查研究

调查研究是推进职工文化体育工作的重要方式。要针对形势的变化以及工作中出现的新情况、新问题，围绕职工的精神文化需求，职工文化体育事业改革发展现状，各级工会的新经验、新思路、新探索等，采取走访基层、问卷调查、个案访谈、召开座谈会等多种形式，进行调查研究，掌握第一手资料。在此基础上，把职工和基层需要解决的问题弄清楚，有针对性地提出推动工会文体事业改革发展的思路和措施，提出加强和改进工会文体工作的意见和办法，及时发现、总结、推广先进经验和先进典型，以点带面，推动工会文体工作的改革与发展。

4. 进行命名表彰

命名表彰是促进职工文体工作的重要手段之一。其核心是通过命名表彰，调动基层开展职工文体活动的积极性，推动优秀精神文化产品的创作和生产，逐步增加职工文化体育精品在国家品牌奖项中的份额，从而扩大工会文体工作的社会影响，促进工会文体工作整体水平的提高。

第4章 工会集体合同工作方法

在集体合同工作中，工会既是集体合同制度建设的参与者和推动者，又是集体合同制度实施必不可少的实践者，具有不可替代的法定地位，发挥着积极而又重要的作用。

在集体合同工作中，不同层级的工会由于工作的侧重点不同，职责也不尽相同。各级工会应当从实际出发，按照自身职责要求，积极主动推动集体合同工作。

上级工会在集体合同工作中的职责如下：一是加强源头参与，推动制度完善；二是加强外部协调，整合社会力量；三是加强组织领导，统筹安排部署；四是加强内部协调，形成工作合力；五是加强分类指导，做好对下服务；六是加强队伍建设，提高能力素质；七是加强理论研究，做好提炼总结；八是加强监督检查，增强工作实效；九是加强理念宣传，营造良好氛围。

企业工会在集体合同工作中的职责如下：一是学习宣传；二是发出要约；三是选派代表；四是充分准备；五是正式协商；六是提交审议；七是备案公布；八是监督执行。

一、开展集体协商的工作方法

（一）开展集体协商的程序

《集体合同规定》对集体协商程序所作的规定，是集体协商双方都应当严格遵循的。工会应在按照法定程序产生协商代表的基础上，着重抓好提出要约、开展协商、妥善处理协商结果等工作。工会在集体协商前，还要会同企业和有关部门做好充分的准备工作。

1. 前期准备

工会在集体协商前应该做好充分的思想准备，收集、熟悉和研究与集体协商工作相关的资料，确定协商议题、协商策略和工作步骤，以取得最佳的协商效果。

（1）思想准备

一是开展宣传工作。工会要通过各种会议，举办培训班，组织知识竞赛等多种途径，充分运用广播电视和网络媒体，报刊、橱窗等宣传阵地，向广大干部和职工群众宣传国家有关集体合同制度的法律法规和政策规定，深入宣讲集体合同制度的内容、形式、作用，宣传和引导职工关注自身权益，提高维权意识，懂得依法享有的权利和应尽的义务，知晓兼顾各方利益、实现双赢目标的道理。通过宣传进一步提高思想认识，激发职工群众积极参与的内在动力，为集体协商奠定思想基础和群众基础。

二是做好企业方的协调工作。工会要主动与企业领导沟通思想，宣传国家的法规政策，传达上级部门的具体要求。在推行行业性区域性集体合同的地区，工会组织还要向相应的行业协会或雇主组织及企业主进行宣传，以取得企业方的理解、支持和合作，就进行集体协商和签订集体合同达成共识，为推进工作创造良好的工作环境和氛围。

（2）议案准备

一是收集信息资料。工会和职工方协商代表在协商前必须熟悉与集体协商内容有关的法律法规和规章政策，了解与协商内容有关的情况资料。

收集相关的信息资料，一般分为企业外部和企业内部两个方面：

企业外部的信息资料。包括国家和地方有关集体合同工作的法律法规、规章政策、上级的要求；国家和地方有关经济社会发展的目标措施、劳动和社会保障方面的政策规定，如企业改制的政策规定和要求，劳动就业和工资报酬、安全生产和社会保险等涉及协商内容的各项劳动标准和劳动条件；国家和地方有关物价指数、最低工资标准、劳动力市场价位和当地的职工生活消费价格指数等信息资料；地区和行业的职工平均工资、工资增长水平和其他劳动标准、劳动条件的情况。

企业内部的情况资料。包括企业的生产经营状况、目标任务和具体的计划指标、劳动生产率和人均收入水平、企业的各项规章制度和管理办法。对于外资企业特别是跨国公司还要注意其企业文化和企业理念、不同国家的习惯做法、公司在其他国家企业的经营状况和职工收入等情况，并研究这些因素可能会对集体协商带来的影响。

工会应该通过正常渠道和程序，以书面形式要求企业方提供相关资料，并列出索取资料的明细表。企业方应按照《集体合同规定》，有义务和责任向工会方协商代表提供与集体协商有关的情况资料，工会方协商代表对企业经营情况有保守秘密的义务。

二是确定协商议题。工会在确定协商议题时，要抓好 3 个环节：

调查研究的环节。工会要深入基层通过召开座谈会、问卷调查或直接听取意见等方式，广泛征求职工的意见和要求，掌握职工最关心、最直接、最现实的利益问题，使协商议题在形成时就充分体现多数职工的意愿。

议题筛选的环节。工会不可能将职工所提出的意见和要求都提交协商会议，要有所选择，将职工的意见归纳整理，结合现行政策和企业情况进行分析研究，提出协商议题。

情况沟通的环节。工会应就协商议题征求企业职能部门的意见，对议题作进一步的修改、完善或调整。再由工会负责人与企业领导人进行沟通，协调双方的立场和意见，尽可能将职工的要求同企业方的意见统一起来，使议题更加切合实际。

在确定议题的过程中，工会与企业方的沟通很重要，尤其是对有些重要的敏感性问题或可能会产生分歧意见的问题，通过会前的非正式协商，坦诚交换意见，有利于形成共识。在建立党委的企业，工会提出的协商议题还必须主动向党委汇报，取得党委支持，有些问题要借助党委与行政进行协调。如果是企业方主动提出协商要求，工会对企业方提出的协商议题要认真研究，并通过一定的途径和方式，充分征求职工的意见，使工会在协商中更好地表达民意，维护好职工的合法权益。有的企业协商议题确定后，还应报送上级工会，取得上级工会的指导和帮助。

三是拟定协商方案。协商议题确定后，就要着手拟定协商方案。协商方案应包括以下内容：协商的时间、地点、参加人员等事项；协商议题及其说明；协商的原则和程序；其他需要明确的事项。拟定协商方案要具体明确，突出重点，量化指标，具有可操作性。最后，协商方案还要附上相关的法律法规和政策规定、信息资料和数据分析，作为提出协商理由的依据，以备协商时查阅。

工会在拟定协商方案时要明确协商的目的性：为签订综合性集体合同而进行的集体协商，协商的内容应以确定劳动标准为主；为签订专项集体合同或专项协议的，协商的内容应针对该专门问题；为解决与职工具体利益方面相关的其他问题而进行的集体协商，协商的内容应以多数职工最关心、要求最迫切的问题为主。在协商的内容上应区分重点和一般，以便在协商过程中把握好轻重缓急，重点问题重点谈，着力解决主要问题。在方案的目标设定上应确定底线和上线。底线是在协商中退让的保底线；上线是在各种信息资料和数据分析测算的基础上得出、通过力争所要达到的最大值，从而为职工争取尽可能多的权益。

（3）制定协商策略

工会在协商前不仅要做好充分的思想准备和议案准备，也要在策略上进行整体运筹谋划，包括确定协商议题的先后顺序和达成意向的步骤，明确协商代表的分工配合与各自发挥的作用，研究协商中可能出现的意外情况和避免陷于僵局的方法，营造和谐的协商氛围。

延伸阅读

许多工会在协商中总结和积累了一些行之有效的做法。比如：在协商中做到无据（法律根据）不纠缠，无理不取闹，原则不放过，小节不计较。职工该得的“必伸手”，可得可不得的“伸伸手”，不该得的“不伸手”，做到得之有道、失之大度。有的工会在协商中做到“四谈”，即职工关心的热点问题重点谈；涉及职工切身利益的问题坚持谈；有争议的问题耐心谈；僵持不下的问题放后谈，使工会在平等协商中既有原则，又有一定的灵活性。还有的工会在商谈工资分配条款时总结了“五谈”，即谈底线，持公平原则；谈系数，讲能力原则；谈增幅，看效益原则；谈目标，比贡献原则；谈福利，按需求原则，收到了很好的效果。

2. 提出要约

按照规定，工会或企业均可以书面形式向对方提出集体协商的要求，另一方在收到协商要求之日起 20 日以内给予回应，无正当理由不得拒绝进行集体协商。提出集体协商要约，是开展集体协商和签订集体合同的法定程序。在实践中，一般情况是由工会方向企业方主动提出要约。企业工会提出协商要约有困难的或在其他特殊情况下，其上级工会可依法代替基层工会向企业提出协商要约。工会提出协商要约后，企业方不按期回应或拒绝进行集体协商的，上级工会应依法下达“整改建议书”，提出整改建议；对逾期不改的企业，工会可提请劳动行政部门责令其改正，直至追究其行政或法律责任。

当前工会开展集体协商要约行动重点在以下企业进行：没有开展集体协商和签订集体合同的；集体合同已经到期需要续签或重新签订的；企业职工工资长期不增长、低增长，或 50% 职工工资低于当地职工平均工资 50% 的；实行年薪制的国有和国有控股、集体企业。开展集体协商要约行动应随着企业经济效益和劳动生产率的提高以及城镇居民消费价格指数的增长，把重点放在支持基层工会开展集体协商要约行动上。要坚持集中要约与动态要约相结合，单个要约与行业性区域性要约相衔接，与政府相关部门密切配合，推动形成“工会主动要约——提出整改建议——责令改正——执法追究”的工作链。

3. 正式协商

开展协商是集体协商法定的、必经的、关键的环节，应当高度重视，认真实施，建立起规范有效的协商机制。一般来说，集体协商主要采取协商会议的形式，由双方人数对等的正式代表参加，协商会议由双方首席代表轮流主持。

工会参加协商会议应按以下程序进行：（1）宣布议程、协商规则和会议纪律。（2）要约方的首席代表介绍集体协商的准备过程、协商的具体内容和要求、提出协商议案的理由和依据。受约方首席代表就对方的要求做出回应。（3）协商双方就商谈事项发表各自的意见，开展充分讨论。（4）双方首席代表归纳意见，就达成一致的意见提出共同确认的表述方式。（5）形成集体合同草案。

协商会议一般按照双方商定的协商议题进行，视商议的具体情况，进行一轮或多轮的协商。在协商过程中双方均可提议增加新的协商内容，但应在原定议题协商完毕后，再就新增内容进行商议。每次协商会议的结果都要记录在案，由双方首席代表签字确认。集体协商的结果有以下两种情况：

一是工会与企业协商一致，签订集体合同或专项集体合同。实践中，许多企业在正式协商前就准备了集体合同草案，以便在协商时有一个基本的方案，双方围绕集体合同草案展开讨论，对具体条款进行修改、补充和完善，协商一致后签订集体合同或专项集体合同。集体合同草案也可以在正式协商后进行，将双方达成一致意见的议题形成正式的集体合同草案。起草集体合同草案可以由双方指派代表组成起草小组共同完成，也可以委托工会或企业方起草。通常情况是由工会主动承担起草工作，这样做有利于工会方掌握工作的主动权，可以在起草过程中充分吸收广大职工的意愿和要求，也有利于在职工代表大会或职工大会上审议通过。

二是平等协商未能达成一致意见或出现事先未预料的问题时，经双方同意，中止协商。中止期限及下次协商的时间、地点、内容由双方商定。《集体合同规定》没有规定中止协商的期限，按惯例中止期限一般最长不超过60天。在中止协商期间，工会要多做调查研究，加强各方的磋商与协调，找准突破口，寻求结合点，积极创造条件恢复集体协商。双方对不能确定的问题，可以向劳动行政部门、上级工会、企业主管部门和企业组织等进行咨询，取得指导帮助，或申请协调。

（二）开展集体协商的策略与技巧

在开展集体协商过程中，了解掌握实际操作过程中常用的策略与技巧，对于增强集体协商的针对性和实效性，具有重要作用。

1. 开展集体协商的策略

策略的谋划和运用，是开展集体协商的重要因素，对于依法合规开展集体协商，并确保取得成功具有助推作用。从一般意义上讲，通常运用的策略有以下几个方面：

（1）双赢策略。在集体协商过程中，要取得双方都满意的结果，既要考虑职工方的利益目标，也要兼顾企业方的利益目标，从企业的实际出发，通过有效的协商谈判，使双方实现互利共赢。

（2）进攻策略。在集体协商中，职工方协商代表应明确：若劳动力市场求大于供（供不应求），根据“物以稀为贵”的交易原则，在集体协商时，要借助有利条件抬高要价，逐步推进。若企业对人工成本投入的获利高于对实物成本或技术成本投入的获利时，职工方协商代表也可以采取进攻策略。

（3）退让策略。若劳动力市场供大于求，本企业经济效益低下，而且无论增加何种成本投入，经济效益预期仍难预料，此时，职工方协商代表应当采取退让策略，以暂时的让步，换取未来的回报。

（4）坚守策略。若劳动力市场供求关系处于不稳定状态，企业内部人工成本投入和其他成本投入之间的效益比不稳定，此时，职工方协商代表宜采取坚守策略，坚持不降低原有工资标准，并力争有所提高。

（5）迂回策略。各项劳动标准之间有着内在联系，即存在此消彼长的关系。对此，职工方协商代表可采取相应的迂回策略。例如，当企业方协商代表要求降低工资增长幅度时，职工方协商代表可要求降低劳动定额，或要求提高加班加点工资标准；当企业方提出裁减人员时，职工方协商代表可要求缩短工作时间，实行带薪年休假等。

（6）包容策略。在集体协商过程中，要允许对方提出不同的观点、意见，认真倾听，理性思考，正确对待，求同存异，保证集体协商在和谐有序的气氛中进行，从而最大限度凝聚共识。

当然，在开展集体协商过程中，以上策略一般不会单独运用，很多时候需要根据协商的具体情况加以综合运用。同时，开展集体协商运用的策略包括但不限于以上所列内容，只要有利于协商顺利进行、实现设定的协商目标的策略，都可以大胆运用、积极实践。

在实践中，为了运用好这些策略，应注意把握好以下问题：

（1）把握关键，善于坚持。牢牢把握广大职工群众经济利益不受损、少受损这一核心，始终围绕确定的协商目标不动摇，通过合理运用集体协商策略来实现维护广大职工合法权益的目的。

（2）明确目标，循序渐进。在开展集体协商过程中，应当坚持大目标与小要求有机结合，宏观大势与微观现状平衡调节。在具体操作过程中，应以涉及职工实实在在的利益为突破口。在协商点的选择上，应当先易后难，逐步扩展协商的内容，防止和克服急躁冒进情绪。

（3）因情而异，灵活运用。开展集体协商是劳动关系双方相互博弈的过程，各种情况的动态变化决定了协商过程中策略的运用并无定势，应随着情况的变化做到因情而异、灵活运用。比如运用退让策略，并不是全部丢掉或不去努力争取设定目标的实现，而是争取主动，让对方感到诚意，从而使职工一方在另外一些利益点上占据主动成为可能。运用迂回策略，一定要在设定目标时留有一定的浮动空间，有可行性、合理性、灵活性。

（4）相互衔接，综合使用。集体协商中的策略是综合的、系统的，在使用过程中应当着眼开展集体协商全局、全过程的需要，从实际出发，通盘考虑综合运用，而不能机械地生搬硬套。同时，还需要在掌握基本策略技巧的前提下，根据不同的发展阶段、不同的境况，在运用过程中积极探索创新。

2. 开展集体协商的技巧

技巧在开展集体协商中，是一种辅助性的使用方法，在实际运用中，既不能喧宾夺主，又不能弃之不用，如何合理、巧妙地运用，需要在实践中不断摸索积累。从实践情况看，集体协商常用的技巧有以下几个方面：

（1）攻心术。一般人都喜欢和自己投缘的人协商，如果认为对方诚实、公道，就会愿意退让一两步。为此，在协商过程中，应当营造和谐的协商氛围，把握好对方心理的微妙变化，处处表现出对对方的尊重，做好必要的了解、沟通、交流工作，增进彼此之间的信任度。

（2）声东击西。在协商过程中，可以通过转移对方的注意力的方法，以求实现自己设定的协商目标。可在无关紧要的问题上大做文章，分散对方对自己要解决的问题的注意力，在对方无警觉时，巧妙实现自己的协商意图。

（3）黑白脸交替。通俗地讲，就是采用软硬兼施战术。使用这一技巧，就需要有两名协商代表分别扮演“白脸”和“黑脸”。两名协商代表不一同出席第一回合的谈判。第一位出现的协商代表唱“黑脸”，他的责任是激起对方“这个人真不好惹”的反应。第二位协商代表唱“白脸”，扮演“和平使者”的角色，使对方产生“总算松了一口气”的感觉。二者交替出现，轮番上阵，直到达到目的。

（4）留有余地。在协商谈判时，向对方提出的要求应当高于自己所期望的要求，为自己留有一定的退步空间。而当对方提出某些要求时，即使能够满足，也不必立即表示接受，而应留有余地，以备对方讨价还价。

（5）学会让步。应体现对我方有利的原则，不做无谓让步；确有必要让步，应当掌握火候，让得恰到好处；在重要问题上要力求使对方先让步，而在较为次要的问题上，根据情况需要，自己一方考虑先让步。

（6）善于运用事实和数据说话。应当在协商准备阶段做好有关资料、数据的收集和分析工作，学会用事实和数据说话，如本地区、本行业职工的平均工资水平、当地政府发布的工资指导线、本地区城镇居民消费价格指数、本企业劳动生产率、本企业职工平均工资水平等，以增强自己设定目标的说服力。

通常情况下，运用集体协商技巧应注意把握的问题有以下方面：

（1）扬长避短。在运用技巧中，工会应当发挥联系职工群众密切、善于借助外部资源形成合力、在职工群众中具有较强的号召力及影响力等优势，注重扬长避短，发挥优势，转化劣势，争取主动。

（2）进退有据。协商过程中双方观点不一致在所难免，当对某个问题僵持不下时，可以调整思路，避开锋芒，换一种表达方式。在协商重点和时机的把握上，应当灵活决断，把握好整个协商进程的速度、节点和重要的突破方向。

（3）重在沟通。集体协商中往往出现双方意见分歧较大，谁都不肯轻易让步的现象，使得协商陷入僵局。在这种情况下，可以提出休会、暂停的建议。同时，利用这一时机，积极与企业方沟通交流，力争在分歧点上达成一致，为继续进行协商创造条件。

（4）有的放矢。在开展集体协商前，应对对方协商代表心理、个性进行细致地分析，较好地把握对方代表的心理倾向，从而在实际协商中，有针对性地运用协商技巧，做到有的放矢。

（5）沉着应对。在协商过程中遇到激烈的争论时，会使人的情绪产生波动，思维发生变化，在这种情况下，应当尽可能稳定情绪，保持冷静，也可适当转移话题，缓和紧张气氛。

（6）适当施压。在运用技巧过程中，有时通过适当施压的办法可以取得良好的效果。比如，通过宣传营造声势和舆论；及时向职工通报协商进展情况，把职工群众的力量用好用足；用好与企业方直接对话的机会，通报职工的反应和工会的态度，对企业方形成强大压力。

总之，在协商技巧的使用上，不仅在协商过程中要用好，而且在协商之外运用技巧也很重要。比如，应当尽可能了解掌握企业方参与协商人员的详细资料；事先与企业经营者及人力资源部门负责人沟通；投入大量精力统一职工群众内部不同利益诉求等。

二、签订集体合同的工作方法

基层工会在签订集体合同工作中，必须严格按照《集体合同规定》的程序进行，尤其要充分体现职工的协商主体地位和合法权益，并通过相应的民主渠道和形式，切实保障职工群众的知情权、参与权、审议权和监督权，上级工会也要加强指导，使集体合同的签订和实施具有坚实的基础。

（一）提交职代会审议

职工代表大会审议通过集体合同草案是法定程序，是《劳动法》《劳动合同法》等法律赋予职工代表大会的职权。工会代表职工与企业开展集体协商和签订集体合同，关系全体职工的切身利益，集体合同草案理应提交职工代表大会审议通过。

1. 职代会审议的程序

根据规定，职工代表大会审议集体合同草案，不能以职工代表团长联席会议、主席团扩大会议或其他小范围的协商形式代替，必须严格按程序规定进行。工会在组织职代会审议集体合同草案时应按照以下程序进行：

（1）审议前的准备工作。工会要在召开职代会前一周将集体合同草案发到全体职工代表手中，使之提前熟悉和研究集体合同草案的内容，并听取所在单位职工意见，事先准备好修改意见。

（2）向职代会报告。说明集体合同草案的产生过程，集体合同草案的内容及其制定的依据，进行协商的情况。

（3）组织职工代表讨论。请职工代表进一步修改和完善集体合同草案。

（4）职代会表决通过。在审议集体合同草案的基础上，职代会以无记名投票方式对集体合同草案进行表决。《集体合同规定》明确规定："职工代表大会或者全体职工讨论集体合同草案或专项集体合同草案，应当有三分之二以上职工代表或者职工出席，且须经全体职工代表半数以上或者全体职工半数以上同意，集体合同草案或专项集体合同草案方能获得通过。"

2. 其他审议和决定的方法

当前，大量的非公有制企业还没有建立职工代表大会制度，与职代会审议集体合同草案的程序出现了制度性障碍。为此，各地工会在新建企业积极探索多种形式的职工审议和决定办法。目前通行的办法是召开全体职工大会进行讨论，采取无记名投票表决的方式。有的是实行"公示制"，在规定时间内向全体职工进行公示，广泛征求职工意见。有的企业通过厂务公开制度，将集体合同草案全文公开，广泛宣传，让全员参与，多方征求意见。

经协商一致的行业性区域性集体合同草案进入职工审议程序时，各地工会一般采取 3 种方式解决：

（1）对于行业性区域性集体合同覆盖范围内的企业已经建立职代会制度的，应将集体合同草案提交企业职代会审议通过。

（2）对于未建立职代会的企业，通过全体职工大会讨论通过，或张榜公布，或印发小册子等宣传材料发给职工，直接听取职工的意见和建议，取得职工的认可。

（3）适应非公有制企业民主管理制度的发展要求，积极探索建立行业性区域性的联合职代会制度或企业集群职代会制度，解决本地区的行业性区域性集体合同草案的审议通过办法和途径，使职代会制度和集体合同制度互为促进、协调发展。

（二）审查备案

按照规定，集体合同的签字、备案都是必须履行的法定程序。工会方要与企业方积极配合做好相关工作。

（1）集体合同草案经职代会表决通过后，工会主席代表职工与企业方的首席代表在集体合同文本上签字。

（2）自签字之日起 10 日内，工会方要积极协助企业方将集体合同文本一式三份报送劳动行政部门，由其对集体合同签约主体资格、合同内容、签订程序进行合法性的审查备案，在 15 日内未提出异议的即行生效。如果劳动行政部门提出异议，工会方要积极会同企业方按照协商和签约的程序规定，对异议部分依法进行修改后重新报送劳动行政部门审查备案。

（三）生效公布

根据《集体合同规定》第四十八条规定："生效的集体合同或专项集体合同，应当自其生效之日起由协商代表及时以适当的形式向本方全体人员公布。"工会组织可通过公示栏、网络、会议等适当形式向全体职工公布。双方还应对集体合同的履约情况进行监督检查。

集体合同主要通过内部的广播电视和网络系统等宣传媒体制作专题节目，或运用报刊和宣传栏等进行公布并广为宣传。有的采取张榜公布、下发文件，或者单印成册，发给职工人手一份，进行学习宣传。

实践中，有些地方和企业，在集体合同草案签字前，送上级工会进行预审，由上级工会帮助基层工会把住关口，保证质量，加强指导。

（1）把住关口。就是把好集体合同的合法关，保证集体合同内容及其协商和签订程序符合国家和地方的法律规定和政策要求。通过预审工作，将"关口前移"，防止出现无效合同。

（2）保证质量。就是把好集体合同的质量关，保证集体合同内容具体实在，针对性强。通过预审工作，促使基层工会依据法律规定、政策要求和企业实际，尽可能细化量化集体合同条款，形成企业的劳动标准和劳动条件，防止集体合同内容过于原则，或照搬照抄法规条文，缺乏可操作性。

（3）加强指导。就是通过预审及早发现问题，有针对性地提供相关信息资料，进行政策咨询，或直接帮助企业工会研究和修改集体合同草案，避免在集体协商和签订集体合同过程中发生意外情况，影响集体合同工作的顺利进行。

三、集体合同变更、解除、终止、续签或重签的工作方法

（一）集体合同变更、解除和终止的工作方法

集体合同的变更，是指集体合同没有履行或没有完全履行之前，因订立集体合同所依据的主客观情况发生变化，原合同内容已不适应变化的情况时，双方当事人依照法律规定的条件和程序，对原合同中某些条款进行补充和修改的行为。

集体合同的解除，是指集体合同没有履行或没有完全履行之前，因订立集体合同所依据的主客观情况发生变化，致使集体合同的履行成为不可能或不必要，双方当事人依照法律规定的条件和程序，终止原集体合同法律关系。

《集体合同规定》明确了集体合同期满或双方约定的终止条件出现，即行终止。同时，有下列情形之一的，经双方协商一致，可以变更、解除集体合同或专项集体合同：

（1）用人单位因被兼并、解散、破产等原因，致使集体合同无法履行或无法完全履行的。企业兼并，其隶属关系发生了变化，工会组织状况随之发生变化，履行集体合同失去了客观基础，集体合同需要做相应的变更。企业解散和破产，企业已不复存在，集体合同必然要解除和终止。当企业停产和转产，企业失去了全面履行集体合同的能力和条件时，集体合同也需要做必要的变更或终止。

（2）因不可抗力等原因致使集体合同无法履行或部分无法履行的。不可抗力是人力无法抗拒的某种外部力量，如自然灾害、战争等，集体合同可以变更或解除。也可以根据情况，双方协商决定部分不履行或延迟履行。

（3）集体合同或专项集体合同约定的变更或解除条件出现的。双方事先约定的变更或解除集体合同的条件出现时，可以解除或终止集体合同。

（4）法律、法规、规章规定的其他情形。

集体合同的变更和解除是企业与职工之间的一种法律行为，涉及双方的权利和义务关系，关系到集体合同的法律效力。因此，集体合同的变更和解除必须由双方代表协商一致，并经职工代表大会或全体职工大会审议通过，报送劳动行政部门审查备案后才能生效。基本程序是：

（1）提出建议。当双方约定的变更、解除条件出现时，任何一方都可以提出变更或解除集体合同的建议，并说明需要变更和解除的条款与理由。另一方应及时做出回应。

（2）召开协商会议。双方经协商一致，达成变更或解除集体合同的协议。经协商没有达成一致的，或在协议书或原集体合同修正案尚未生效前，原集体合同仍然有效。

（3）召开职工代表大会或全体职工大会。经职工代表或全体职工讨论通过变更或解除集体合同协议书，并报送劳动行政部门审查备案。如劳动行政部门提出异议，由双方重新协商。

（4）备案。变更或解除集体合同协议书，在报送劳动行政部门的同时，企业工会应同时报送上一级工会备案。

（5）协议生效。原集体合同或原集体合同中有关条款即行终止。

（二）集体合同续签或重签的程序

集体合同期满终止或变更和解除后，工会要认真做好续签或重新签订集体合同的相关工作。目前，签订集体合同期限一般为1至3年。当集体合同期满或双方约定的终止条件出现，即行终止。《集体合同规定》第三十八条规定，集体合同或专项集体合同期满前3个月内，任何一方均可向对方提出重新签订或续订的要求。工会作为职工方代表，应在集体合同期满前3个月，主动向企业方提出续签或重新签订集体合同的要求，并做好相应的准备工作。

在集体合同变更和解除后，应根据变更或解除集体合同的具体情况，适时做好集体合同的续签或重签工作。比如，企业被兼并后，原集体合同失去了履约基础后被解除，应按新企业的隶属关系在组建工会的同时与企业方签订新的集体合同。企业停产或转产时，失去了全面履行集体合同的能力和条件，工会应在变更部分内容后与企业方续签集体合同，或签订新的集体合同。企业遭遇重大自然灾害，导致集体合同无法全面履行时，应就部分不履行或延迟履行集体合同条款的内容重新与企业方签订专项协议，作为原集体合同的附件，同样具有法律效力。

集体合同续签或重签的具体步骤如下：

（1）全面检查和总结上期集体合同的履行情况。对集体合同履行情况、续签或重签工作要广泛听取职工的意见。

（2）提出续签或重签的建议，确定协商的内容，或起草新的集体合同草案。起草新的集体合同草案工作可以由工会或企业方承担，也可以同企业方共同起草。

（3）双方召开协商会议。在充分协商的基础上，对原集体合同加以调整、充实和完善，也可以订立新的集体合同。双方确定新的集体合同内容要符合国家和地方法律法规和政策规定，充分体现职工的合理要求，能够反映企业发展变化的实际情况。合同的内容要具体细化，量化标准，增强可操作性，提高集体合同质量。

（4）依照法定程序，新的集体合同草案提交职工代表大会或全体职工大会审议通过。

（5）报送劳动行政部门审查备案，生效后即予公布。

四、工资集体协商的方法

工资集体协商的程序与集体协商的程序大致相同，在此着重介绍工资集体协商的策略技巧。

（一）解决突出问题的策略技巧

在开展工资集体协商过程中，往往面临着许多矛盾和困难。解决这些矛盾和困难，不仅需要坚持和遵循开展工资集体协商的基本立场和原则，而且需要一定的智慧、策略和技巧。

1. 解决资料收集困难的策略技巧

在开展工资集体协商的过程中，由于法律法规对企业和相关部门提供信息资料缺少强制性规定，工会缺乏有效的制约手段，加之信息不对称等原因，工会向企业相关部门提出了解工资集体协商涉及的相关资料时，对方往往以“商业秘密”等其他各种理由搪塞和推托，致使工会难以收集到全面的、真实的信息资料。同时，政府相关部门发布信息相对滞后，难以满足工会开展工资集体协商的需要。

针对这一问题，工会首先要有积极主动的精神，通过各种渠道和办法，收集相关信息，同时，应善于采取迂回策略，运用网络、媒体等载体，获取相关信息资料。还应注重与企业行政方和相关部门的沟通，宣传相关法律规定，并在增进友谊和感情中，了解真实的信息资料。

2. 发挥政府相关政策文件作用的策略技巧

从实际情况看，在落实政府相关政策文件中，一些企业执行力不够，特别是在外商投资企业和私营企业表现更为突出。比如高温费的发放标准、工资增长指导线、带薪休假、增加工资比例等。

针对这一问题，可以采用如下策略方法解决：切实把握相关政策文件的精神实质，善于抓住利好信息，在借势借力中把有关规定要求落到实处。对一些颁布较早的政策文件中的规定要求，应从有利于维护职工权益的高度，结合新的形势具体分析运用。当遇到对政策文件规定理解不一致、存有较大分歧时，要本着有利于有序推进工资集体协商为原则，暂时搁置，不去纠缠，避开分歧点，另寻其他途径。

3. 协调职工不同利益诉求的策略技巧

由于职工家庭背景、工作经历、学历、年龄、岗位技能、用工方式等差异，在价值取向和工资诉求方面可能会发生分歧，这就需要深入到职工群众中，了解不同群体之间的诉求差异，分析原因，有针对性地做好引导工作，达到求同存异的目的。

4. 借势借力的策略技巧

工资集体协商顺利实施的一个重要因素就是善于借势借力。在协商过程中应当把争取包括党的重视支持等资源手段列入思考范畴之内。除企业、行业区域行政方外，还要想方设法争取上级工会的指导以及劳动、工商、税务等部门的理解和支持，借助新闻媒体和社会舆论的导向和影响，为工资集体协商营造良好的社会环境。

5. 应对企业拒绝协商的策略技巧

对于一些企业以各种理由拖延、不回复甚至拒绝接受要约的问题，应采取的策略主要是：通过持续不懈地努力，不间断地依法据理力争，使企业提高认识，产生危机感，不要计较态度等细枝末节的问题，能把企业方推到工资集体协商的平台上是第一位的，只要能坐下来协商，就实现了目的。

6. 处理企业拒绝增加工资的策略技巧

在开展工资集体协商过程中，企业经常以生产经营亏损等理由拒绝为职工增加工资。对此，必须认真分析，谨慎应对。在协商前，应做好基本分析，甄别真亏损、假亏损。真亏损需要掌握和了解亏损亏在企业生产经营活动中的哪些环节和造成亏损的真正原因。同样，假亏损也有多种情况，有的是虚构的，有的是资金周转不灵造成的。如果企业真亏损，应提出符合企业实际的工资诉求。如果企业假亏损，应用事实和数据据理力争，使职工工资得到合理增长。

7. 破解企业以最低工资标准作为工资标准问题的策略技巧

在工资集体协商中，一些企业提出以当地政府公布的最低工资标准作为企业工资标准。解决这一问题的策略技巧是：首先应使企业了解最低工资制度的适用条件和提高企业工资标准对促进企业发展的重要作用；企业工资标准绝不能与当地最低工资简单地画等号，要与企业经济效益相适应；不仅如此，还要关注职工合法权益与合理利益之间的关系。在具体实施中，应当在不低于当地最低工资标准的基础上，协商确定企业最低工资标准和职工工资合理增长幅度。

8. 打破僵局的策略技巧

在工资集体协商过程中，往往会形成分歧和对立，处理不当就会导致协商破裂。为了使协商能够顺利进行下去，应善于分析协商僵局产生的原因。在坚持原则的前提下，不纠缠于枝节问题，不使用情绪化的言辞。应当审时度势，提出建设性的观点和方案，既不要为一时出现的僵局所困扰，又要用积极的态度有理有节推进协商进行。

9. 把握利益平衡点的策略技巧

工资集体协商的核心实质就是要寻求双方利益的平衡点，把握平衡点既是重点又是难点。在实践中，应当宏观着眼，微观入手，在法律规定标准的基础上，坚持促进企业发展、维护职工权益的原则，找准企业与职工互利共赢的结合点，既要为职工利益据理力争，又要着眼企业长远发展，把握适当的“度”。

10. 提高规范化水平的策略技巧

针对工资集体协商运作不规范、随意性比较大、忽视事后监督等问题，应当增强法律意识和规则意识，建立健全相关制度，善于借助和发挥职代会、厂务公开等民主管理、民主监督的作用，学习和借鉴有益的经验做法，不断提高工资集体协商的规范化水平。

（二）语言技巧的把握

工资集体协商是通过语言表达和沟通达成结果的过程。因此，把握语言技巧，显得非常重要。

1. 协商语言的特点

（1）客观性。协商语言的客观性，主要表现在协商双方介绍情况要真实，提出要求要恰当可行，既要努力谋取己方利益，又要不损害对方利益，要充分考虑到双方都能接受、双方都能满意的结果。注重协商语言的客观性，就能使双方自然而然地产生“以诚相待”的印象，从而促使双方立场、观点相互接近，为取得协商成功奠定基础。

（2）针对性。协商语言的针对性，是指语言要始终围绕主题，有的放矢。具体地说，协商语言的针对性包括：针对某次协商的具体内容，针对某个具体协商代表，针对对方的不同要求等。不同的协商内容和协商场合需要使用不同的协商语言；对于同一协商内容，由于对方协商代表的文化程度、知识水平、接受能力、个性习惯不同，也要求使用不同的协商语言。

（3）逻辑性。协商语言的逻辑性，是指参与协商者的语言要符合逻辑规范，表达概念要明确，判断要准确，层次结构清晰，推理严密，论证有说服力。

（4）规范性。协商语言的规范性，是指工资集体协商过程中的语言表达要文明、清晰、严谨、准确。坚持文明礼貌的原则，符合工资集体协商的特点和职业道德要求；语言表达通俗易懂；注重协商语言的艺术表达，做到抑扬顿挫、轻重缓急有度。特别是在商讨的关键时刻，更要注意语言表达准确。

2. 协商语言的技巧

（1）发言掌握时机。对方发言时，尽量保持沉默倾听，这样不仅可以促使对方在本方发表意见时也会耐心倾听，而且可以使你了解对方的看法，感受对方的情绪，掌握对方的真实意图。如有不清楚的地方，应当在对方代表发言结束后提问，不要中间插话。在对方发言时，尽量不要去构思你的答辩，要从对方的立场去了解对方的看法、需求和顾虑，然后从正面的角度叙述对方的观点，表示你已了解或理解对方。

（2）表达方式婉转。协商中应当尽量使用委婉语言，这样易于被对方接受。比如，在提出自己的意见之前，应当用委婉的方式，先问对方的意见，让对方有被尊重的感觉，这样容易达成一致。

（3）准确表达。发言应尽可能简短、清晰、把握重点，避免含混不清和转弯抹角。要适时、准确地传递本方掌握的信息资料，以增强本方的协商实力。并与本方代表沟通一致，查缺补漏，互为支撑，做到有理有据，不卑不亢。特别是要采取宽容的态度，避免使用对抗性语言。

（4）灵活应变。协商形势的变化是难以预料的，往往会遇到一些意想不到的尴尬事情，在这种情况下，要求协商代表使用灵活应变的语言缓和气氛。同时利用休会的方式搜集有力的辅证材料，增强说服力，掌握协商的主动权。

（5）恰当使用肢体语言。在协商过程中，可以通过姿势、手势、眼神、表情等肢体语言表达自己的情绪和意图，在有些特殊环境里能够取得意想不到的效果。

3. 学会运用说服技巧

协商开始时，先讨论容易解决的问题，后讨论难以达成共识的问题；注重强调对对方有利的条件、条款，从而激发对方在认同自身利益的基础上接纳本方的意见和观点；协商过程中，对不易达成共识的问题，要有重点地陈述本方的观点，用事实、数据说话，以法、以理服人，这样可以引导对方接受本方的观点。

五、集体合同监督检查和争议处理的工作方法

健全的监督检查和争议处理制度是集体合同工作的必要保障。在企业内部建立相应的制度和监督检查组织，在企业外部健全监督约束机制，是依法保障和推进集体合同工作发展的重要措施和有效途径。

（一）集体合同监督检查的工作方法

集体合同监督检查可分为企业内部的监督检查和外部的监督检查，二者监督检查的主体不同，但又互相衔接，共同促进集体合同的有效实施。企业内部的监督检查主体是企业行政、工会和职工。企业外部监督检查主体是政府的劳动保障行政部门，以及与之相应的劳动法律执法检查和集体合同监督检查组织。

加强对集体合同的监督检查，要建立相应的监督检查组织，制定和完善监督检查的各项制度，形成上下结合、内外互动的工作体系。

1. 组织形式

要从实际出发，采取适合本地区和本企业实际的监督检查组织形式。

（1）企业集体合同监督检查委员会。企业委员会或监督检查小组由企

业行政和工会共同组成，并制定相应的制度和实施细则。委员会（小组）根据企业的管理体制和治理结构分级设立，由企业行政和工会负责人及职工代表组成，工会和行政负责人兼任正副主任，工作机构设在工会。委员会（小组）对本企业集体合同履行情况进行定期检查和专项检查，并及时将检查情况向企业行政和工会报告。通过检查，督促有关部门落实集体合同的各项条款，对存在的问题提出整改意见，并具体落实到责任部门；对拒不履行集体合同的行为提出追究违约责任的意见和建议。

企业党组织在集体合同履行过程中发挥着重要作用。工会要积极主动取得党委的领导和支持。有的企业由党委负责人担任监督检查委员会主任，效果很好，有利于加大对集体合同履约的监督力度、协调和解决监督检查中发现的问题，从而保证集体合同的有效实施。

（2）职工代表大会专门工作委员会。职代会制度是集体合同工作的重要载体，依托职代会制度加强对集体合同履约的监督检查是职工民主监督的主要任务。企业职代会可以建立集体合同工作专门委员会，由职工代表选举产生，负责组织职工代表参与集体合同履行情况的监督检查和巡视活动；对职工群众普遍关注的问题和劳动关系中的突出矛盾进行专题检查，对职工代表大会负责并报告工作。

（3）行业性区域性集体合同监督检查组织。适应我国行业性区域性集体合同制度的发展要求，由区域或行业工会和区域企业组织或行业协会有关人员，吸收企业和职工代表组成，对行业性区域性集体合同所覆盖的企业履行集体合同情况进行定期和不定期的检查，及时发现和协调解决集体合同履行中的问题，加大行业性区域性集体合同的履行力度，督促集体合同所规定的劳动标准和劳动条件在其所覆盖的各企业的落实。

（4）三方联合监督检查组织。由相应一级的劳动行政部门、工会组织和企业代表组织三方共同组成联合监督检查组织，有针对性地开展集体合同工作联合检查活动，形成三方协调联动机制，推动企业建立健全集体合同制度，提高建制率，扩大覆盖面，增强实效性。重点是加强集体合同的履约监督，保障集体合同的有效实施，充分发挥集体合同的作用。

2. 保障制度

加强集体合同监督检查要有相应的制度保证，实现监督检查工作的制度化、规范化、法治化。当前，要着重建立以下制度：

（1）履行情况报告制度。企业行政是履行集体合同的主体，有义务将集体合同实施情况定期向职工代表大会报告，接受职工群众的监督。

（2）履约责任制度。企业要把集体合同内容和履约责任逐项分解落实到企业有关职能部门和分厂（车间）、班组，使之与经济责任制、岗位责任制和目标管理责任制相结合，纳入企业管理制度之中，进行严格考核，并建立奖惩和责任追究制度。

（3）信息通报制度。加强集体合同履约的监督检查，要求畅通信息渠道，及时通报情况，沟通信息，交换意见。

（4）整改建议制度。在监督检查活动中，对集体合同履行中存在的问题提出整改意见，下达整改建议书，督促企业限期整改，并反馈整改情况。对拖延不改的，应追究其违约责任。

（5）职工举报制度。职工群众的监督是最直接最有效的监督，工会要依靠职工群众加强对集体合同履行情况的监督检查，做好职工举报材料的分析、整理、调查、处理工作，并建立档案管理制度。

3. 企业工会集体合同监督检查工作方法

重视并注意妥善处理集体合同监督检查中的一些问题，有助于提高监督检查的质量和效果，工会应予以认真研究和积极对待。

（1）重在建立机制。建立集体合同制度，关键是建立平等协商机制。协商是基础，要把集体协商贯穿于签订和履行集体合同的全过程。签订集体合同前要协商，履行集体合同中遇到问题也要通过协商加以解决。要明确集体协商机制的内容、程序和办法，形成制度，加以规范，并在实践中不断加以充实和完善。

（2）坚持因企制宜。选择适合本企业的监督检查方式，因企制宜，灵活多样。注意同企业的改革改制相衔接，有利于促进建立和完善现代企业管理制度。对于生产经营困难的企业要统筹兼顾企业发展和职工权益、近期利益与长远利益，既不过高要求，也不迁就企业推脱责任，有利于促进集体合同的履约兑现。

（3）强化职工参与。加强和组织职工的民主监督，最大限度地提升职工群众的关注程度，建立以职工满意度为根本标准的职工评价体系，通过建立职工对集体合同违约行为的举报制度、设立职工代表监督岗、开展职工代表质询和巡查活动等，形成职工广泛参与、专兼结合、全方位全过程的集体合同履约监督制度。

（4）采取多种形式。做好集体合同的监督检查工作，形式方法可灵活多样，做到定期检查与不定期检查相结合、专项检查与全面检查相结合、集中检查与抽查相结合、上级检查与自查相结合；要将人大的执法检查、劳动行政部门的劳动监察和工会的劳动法律监督相结合，综合运用行政的、法律的、经济的、民主的手段，以及社会舆论监督等多种途径，保证集体合同的法律严肃性和权威性。

（5）借助舆论力量。工会要重视舆论宣传工作，加强与新闻媒体的协调沟通，利用多种方式和渠道，为集体合同工作广泛造势，宣传推广典型经验，不断扩大集体合同工作的社会影响力，提高社会的认知度，形成全社会关心集体合同工作的氛围。同时，可以有选择地对拒不签订集体合同或拒不履行集体合同的典型案例进行曝光，形成强有力的舆论压力，推动集体合同制度在所有企业的建立和有效实施。

（二）集体合同争议处理工作方法

集体合同争议是指集体协商、签订集体合同的双方当事人因签订和履行集体合同发生的纠纷，可分为两种：一是在协商阶段的争议，即双方当事人就确定集体合同的劳动标准和条件方面产生的分歧。这种争议是利益之争，处理方式是协商和协调解决。二是在协商前和集体合同履行阶段发生的争议，即一方当事人无正当理由拒绝集体协商或双方当事人对集体合同是否履行或完全履行，应当由哪一方承担责任和承担多少责任产生的分歧。这种争议是权利之争，处理的方式是调解、仲裁和提起法律诉讼。

1. 集体合同争议处理的程序

根据《集体合同规定》，在集体协商过程中发生的争议和因履行集体合同发生的争议，应按照以下方式进行：首先由双方当事人协商解决；双方当事人不能协商解决的，当事人一方或双方可以书面向劳动行政部门提出协调处理申请；未提出申请的，劳动行政部门认为必要时也可以组织同级工会和企业组织方面的人员进行协调处理。

协调处理集体协商争议应当按照以下程序进行：受理协调处理申请，调查了解争议的情况，研究制定协调处理争议的方案，对争议进行协调处理，制作《协调处理协议书》。根据规定，协调处理集体协商争议，应当自受理协调处理申请之日起三十日内结束协调处理工作。期满未结束的，可以适当延长协调期限，但延长期限不得超过十五日。按照《集体合同规定》，因履行集体合同发生的争议，当事人协商解决不成的，可以依法向劳动争议仲裁委员会申请仲裁。

2. 集体合同争议仲裁程序

集体合同仲裁是当事人双方在履行集体合同过程中发生争议，调解不成时，可以由任何一方或双方提请劳动行政部门进行争议裁决的法律行为。集体合同争议仲裁按照三方性原则，由政府劳动行政部门、工会组织和企业代表组织三方组成的仲裁委员会裁决，仲裁机构一般设在劳动行政部门。当事人对裁决不服的，可以自收到裁决书之日起十五日内向法院提起诉讼。

知识链接

集体协商争议处理实行属地管辖，具体管辖范围由省级劳动行政部门规定。中央管辖的企业以及跨省、自治区、直辖市用人单位因集体协商发生的争议，由国家级劳动行政部门指定的省级劳动行政部门组织同级工会和企业组织等三方面的人员协调处理，必要时，国家级劳动行政部门也可以组织有关方面协调处理。

3. 企业工会集体合同争议处理工作方法

正确处理集体合同争议，既是保证集体合同顺利签订和有效实施的需要，也是促进劳动关系和谐稳定的需要，工会应予以认真研究和积极对待。

（1）加强工会组织建设。特别是要做好工会社团法人登记，依法取得社团法人资格，明确其具有独立承担民事责任能力，有权代表职工行使提请争议调解和仲裁。工会作为社团法人，代表职工行使诉权，必须依法办理社团法人资格证书、代码证、建立独立账号。

（2）签订规范的集体合同。集体合同是争议调解、仲裁的基础和依据。集体合同内容和签订程序必须符合法律法规和政策，符合企业实际，做到程序规范，内容具体、标准量化、权责明确，一旦发生集体合同争议就有进行调解和裁决的依据。例如对于企业多年来累计拖欠职工的工资和医药费、欠缴的各项社会保险费、企业内部的集资款、失业并轨后的经济补偿金等都要理清底数，在集体合同中明确规定具体的偿还计划、时限和措施等；对职工的招用和待遇，企业富余职工的下岗分流、安置、辞退或者解除劳动关系等，亦都要在集体合同中有明确的约定，并按规定做好集体合同的送审和登记备案工作。

（3）代表职工提请仲裁。工会要积极督促企业履行集体合同。当发生争议时，主要通过协商来解决，协商不成时，要主动向劳动行政部门和上级工会申请调解。必须提请劳动行政部门仲裁时，工会应召开职工代表大会讨论，充分听取职工群众的意见，形成共同意愿，通过民主程序做出提请仲裁的决议。同时，准备好提请仲裁所需的法规依据、相关文件，提供翔实的情况资料、法律文书和说明等。必要时可以提请上级工会进行指导帮助或法律援助，以保证集体合同仲裁的合法性、准确性，提高仲裁的胜诉率。

第5章 工会职工民主管理工作方法

在企事业单位实行民主管理，是我国企事业单位管理的一项重要原则。鉴于事业单位的改革尚在进行中，且大量事业单位将转为企业或实行企业化管理，其实行民主管理的理论和规则与企业并无本质上的不同，故本书所称“企业民主管理”原则上也包括事业单位。

企业民主管理是指中国境内的企事业单位职工依照法律法规和政策规定，参与本单位决策、管理和监督，企事业单位的经营管理者尊重、支持和保证职工行使知情权、参与权、表达权、监督权等民主权利的有组织的制度性、规范性活动。企业民主管理的主体是企事业单位的经营管理者和职工，涵盖了企事业单位中经营管理人员、技术人员和生产工人等全体人员。我国企业民主管理的基本形式是职工代表大会（或职工大会，下同）。职工代表大会是职工行使民主管理权力的机构。企业工会是职工代表大会的工作机构，负责职工代表大会的日常工作。

企业民主管理是全心全意依靠工人阶级指导方针的具体体现，是加强基层民主政治建设的重要途径，是建立中国特色企业管理制度的题中应有之义，是构建社会主义和谐社会的重要内容，是依法促进企业决策合理、管理科学的基本保证，是加强企业党建工作、预防腐败建设的重要手段。

一、职工代表大会工作方法

职工代表大会制度，是指包括经营管理者与劳动者在内的全体职工通过职工代表大会实行民主管理所必须共同遵守的一整套运行规程和活动准则。职工代表大会（或职工大会，下同）是职工行使民主管理权力的机构，是企业民主管理的基本形式。

职工代表大会的会议制度是职工代表大会工作制度的核心内容。开好职工代表大会的预备会议、正式会议和临时会议是发挥职工代表大会作用的基本途径。

（一）职工代表大会的预备会议

1. 职工代表大会会议筹备

筹备召开职工代表大会的核心是征集和确定职工代表大会的议题、议案。职工代表大会的议题应当紧紧围绕企业的改革发展规划、生产经营的重大事项、职工群众的切身利益等重要问题提出，议案的内容则应当详细具体，有一定的可操作性。确定职工代表大会议题的一般程序是：

（1）由企业工会发出征集提案的通知，通过各种途径广泛征求、充分听取职工群众的意见和建议，征集职工特别是职工代表的提案，全面了解职工对企业生产经营重大问题、重要规章制度和涉及职工切身利益重大问题的意见和建议。通过召开职工代表团（组）长会议、召开职工代表团（组）长和职工代表大会专门小组负责人联席会议等方式进行讨论，初步形成本次职工代表大会议题和议案的草案。职工代表大会议题和议案应以书面形式提出，内容包括提案的理由、依据、具体要求和解决的办法，并由提案人和附议人署名。

（2）将拟定的职工代表大会议题和议案的草案与企业行政协商，根据行政的意见和建议补充修改，确定职工代表大会议题和议案的正式意见。职工代表大会设立提案审查委员会（或小组）的，还应当经过提案审查委员会（或小组）的审查，主要是看提案是否符合有关政策、法规；是否属于职工代表大会职权范围，有没有实施的价值和可能。经审查符合条件即可确定，不符合条件的应予以说明。

（3）向职工代表大会预备会议提出大会议题和议案的建议稿，由预备会议进行审议，通过后作为职工代表大会正式议题和议案。《企业民主管理规定》第十八条同时规定，职工代表大会议题和议案应当“在会议召开七日前以书面形式送达职工代表”。这一规定的目的是确保职工代表关于提出和决定职工代表大会议题和议案的权利行使，如有不同意见或建议还可以在预备会议上加以修改。之所以强调书面形式也是为了保证这一程序的严肃性和规范性。

2. 职工代表大会的预备会议

召开职工代表大会前应当先召开预备会议。职工代表大会预备会议是在职工代表大会正式召开前为做好各项准备工作而召开的会议。预备会议只就组织和程序事项作出决定。预备会议一般由企业工会主持召开，全体职工代表参加。

职工代表大会预备会议的职责主要包括：（1）选举产生大会主席团。（2）听取本届（次）职工代表大会的筹备情况汇报，提出大会议题和议程的建议。（3）通过代表资格审查委员会（小组）作的代表资格审查情况的报告。（4）通过本届（次）职工代表大会的议题和议程。（5）决定大会其他准备事项。

为了开好预备会议，应将职工代表大会的有关事项事先向代表通报，以便他们有充分的考虑和酝酿，也便于代表就某些问题进一步征求职工群众的意见。在预备会议上，应让代表充分发表意见，根据需要，也可安排职工代表在会上发言，就如何开好职工代表大会统一意见形成认识，保证职工代表大会顺利进行。

根据相关规定，企事业单位首次召开职代会前应当成立筹备机构，由党组织、行政、工会等方面人员组成。筹备机构主要任务是：起草本单位职代会实施办法（细则）；组织选举职工代表；起草职代会筹备工作情况报告；研究确定本次职代会主要议题和议程；听取职工的意见和建议；等等。

（二）职工代表大会的正式会议

1. 职工代表大会的程序

召开职工代表大会，行使职工代表大会的各项职权，是职工依法行使民主管理权力的重要保证，是职工代表发挥作用的基本途径。因此，职工代表大会必须严格按照预备会议通过的议程，依照规定的民主程序，严格认真、严肃规范地进行。

召开职工代表大会的主要程序包括：

（1）大会执行主席或者主持人核实出席大会的职工代表人数。到会职工代表超过代表总数的三分之二，方可宣布开会。会议主持人应首先简要讲明本次大会的目的、意义、中心议题和主要任务，宣布大会议程。

（2）由企业主要负责人作工作报告。报告主要内容应包括企业生产经营管理情况、存在的问题及改进措施，发展计划、基本建设和重大技术改造方案，有关改善职工生活福利的情况等。如果工作报告已事先发给代表进行过充分讨论，可针对职工代表提出的意见，作出说明。

（3）由企业有关负责人作专题议案的情况报告。凡应提交职工代表大会审查或审议的方案，均应由行政有关负责人向大会报告，说明制定的依据、目的和具体实施办法；也可针对职工代表对议案的意见，作出具体说明。

（4）由工会主席及职工代表大会专门小组负责人就上次职工代表大会决议落实情况、职工代表提案处理情况、集体合同执行情况等向大会作出报告。就职工代表大会闭会期间，职工代表团（组）长和专门小组负责人联席会议处理的重大事项，向大会作出说明，提请大会确认。

（5）以职工代表团（组）为单位，就以上报告、议案分组进行讨论。同时对大会的各项决议草案和需经大会选举的候选人进行酝酿。大会主席团成员分别参加本代表团（组）的讨论。各代表团（组）应指定专人认真记录职工代表的讨论发言，整理归纳后，将讨论意见向主席团汇报。

（6）大会发言。会议应安排时间让代表在大会上发言，可由各代表团（组）推选代表，在大会上陈述本团（组）讨论审议的意见和建议，也可让职工代表自由发言。

（7）进行选举。根据有关决定和实际需要，选举参加董事会、监事会的职工代表，以及根据授权选举企业领导人员等；根据大会主席团的提名，表决通过职工代表大会专门小组的人选；表决通过其他需经职工代表大会选举的人员。

（8）对大会决议、决定草案和有关各项议案进行表决。

（9）致闭幕词，宣布大会结束。

2. 职工代表大会的选举和表决

《企业民主管理规定》第二十条规定："职工代表大会选举和表决相关事项，必须按照少数服从多数的原则，经全体职工代表的过半数通过。对重要事项的表决，应当采用无记名投票的方式分项表决。"职工代表大会选举和表决需要最大限度地保证其结果是职工代表真实意愿的表达。因此必须遵循一定的原则和规则。

（1）表决原则。职工代表大会选举和表决任何事项时，由于职工代表是由各基层单位选举产生的，根据职责应当如实反映和代表本单位职工的意见和建议，职工代表可能会有不同意见。为能够形成选举结果、作出决定，必须按照少数服从多数的原则进行表决。按照大多数人的意见办就是民主。当职工代表大会按照少数服从多数的原则作出决议以后，无论是否符合本单位每一位职工的意愿和要求、是否符合职工代表的个人意愿，职工代表和职工都应积极拥护和认真贯彻执行，不应消极对待，更不能拒绝执行，这是职工代表大会依法审议通过的决议和事项具有约束力的内在要求和具体体现。

（2）表决方式。职工代表大会选举和表决时，理论上其方式可以有口头表决、鼓掌或举手表决、无记名投票和有记名投票等方式，但只有无记名投票的方式，才能真正体现职工代表的真实意愿，保证结果的公平公正。

对重要事项的表决应当采用无记名投票的方式，在企业民主管理实践中已被广泛应用，是职工代表大会制度的完善和发展。当然，这并不是要求所有的表决都采用无记名投票方式进行，对于简单的、程序性的问题，可以采用口头表决、鼓掌或举手表决。而职工代表大会进行选举和对实质性问题形成决议进行表决时，则应当采用无记名投票方式，并且要分项进行表决。因为职工代表大会有时需要对多个事项进行表决，而对不同事项，职工代表的意见并不一定是一致的。如果不采取分项表决的方式，职工代表则无法准确表达自身对各项重要议题的意见和决定。因此，除职工代表大会表决的事项是单一的内容外，都必须分项进行表决。

（3）表决效力。《企业民主管理规定》第二十一条规定："职工代表大会在其职权范围内依法审议通过的决议和事项具有约束力，非经职工代表大会同意不得变更或撤销。企业应当提请职工代表大会审议、通过、决定的事项，未按照法定程序审议、通过或者决定的无效。"这一规定体现了职工代表大会的权威性、严肃性，表明职工代表大会的决议对企业和企业的全体员工均具有约束力，决议所涉及的相关人员必须按照决议的要求执行。

职工代表大会审议通过的决议和事项，首先必须是在其职权范围内的决议和事项，超出其职权范围审议通过的决议和事项并不具有约束力；其次必须是依照法定程序审议通过的决议和事项，违反法定程序，如职工代表参会人数不足全体代表三分之二的，应当无记名投票而以举手方式进行表决的等，这样审议通过的决议和事项也是不具有约束力的。

职工代表大会审议通过的决议和事项具有合法的约束力，职工代表大会以外的任何组织和个人都是不能够变更或者撤销的。如确实需要变更或者撤销职工代表大会审议通过的决议和事项，只有再次召开职工代表大会，按照法定的程序，对原审议通过的决议和事项重新进行审议。

3. 职工代表大会的临时会议

根据相关法规规定，职工代表大会闭会期间遇有重大问题需要通过职工代表大会讨论或决定，可由企业行政、工会或三分之一以上的职工代表联名，提议召开职工代表大会，并按照规范程序进行，即职工代表大会临时会议。

企业行政、工会都可以提出召开职工代表大会临时会议的建议，相对一方如果没有特别合理的理由应予以配合，具体时间和议题需双方协商；三分之一以上的职工代表联名提议召开职工代表大会临时会议的则必须召开，这是职工代表的权利。召开职工代表大会临时会议的程序等要求与正常召开职工代表大会的规定是一致的。

（三）职工代表大会的工作制度

职工代表大会工作制度是为保证职工代表大会有章可循、规范运行而制定的各种实施规则、具体程序和办法。

（1）组织召开会议的工作制度。包括职工代表选举会议、职工代表大会预备会议、代表团组长会议、主席团会议、职工代表大会全体会议、代表团组长和专门委员会（小组）联席会议、专门委员会（小组）会议等各项会议都应建立相应的工作规则和程序标准。

（2）征集和确定提案的工作制度。包括提案征集制度、提案审查制度、提案反馈制度等。

（3）选举和表决的工作制度。包括职工代表的选举规则、程序事项的表决规则、重大事项的表决规则、职工代表的辞职、罢免规则。

（4）职工代表的工作制度。包括职工代表巡视、检查、质询等监督制度，职工代表申诉、保护制度，职工代表培训制度，职工代表大会工作档案管理制度等。

二、厂务公开工作方法

厂务公开是指把关系企业发展的重要事项、涉及职工切身利益的有关问题以及与企业领导班子建设、党风建设、廉洁从业密切相关的情况，根据有关法规和制度，通过职工代表大会（或职工大会，下同）、厂务公开栏等多种形式，有序向广大职工群众公布、告知，接受职工群众监督的行动或行为。

（一）厂务公开的原则

《企业民主管理规定》第三十三条规定："企业实行厂务公开应当遵循合法、及时、真实、有利于职工权益维护和企业发展的原则。实行厂务公开应当保守企业商业秘密以及与知识产权相关的保密事项。"这说明企业在实行厂务公开时应遵循以下原则：

1. 依法公开的原则

企业要依法进行厂务公开，这是对公开依据的要求。要按照《宪法》《工会法》《公司法》《劳动合同法》《全民所有制工业企业职工代表大会条例》等国家法律法规和相关地方性法规，依照《关于在国有企业、集体企业及其控股企业深入实行厂务公开制度的通知》（以下简称《两办通知》）和《企业民主管理规定》《国有文化企事业单位职工代表大会实施办法（暂行）》等政策规章的具体规定，以合法的方式和程序实行厂务公开。

2. 及时公开的原则

企业必须及时进行厂务公开，这是对公开时间的要求。厂务既要事前公开，让职工了解公开事项的背景、相关政策和实施方案，广泛征求职工意见建议，不断完善实施方案，争取职工的理解和支持；又要事中公开，让职工知道公开事项的实施进展情况，方便职工监督实施过程中的每一个环节，动员职工积极参与；还要事后公开，让职工知道实施结果，接受职工对实施结果的评议监督。

3. 真实公开的原则

企业必须确保实事求是地公开，这是对公开内容的要求。既不能假公开，人为隐瞒公开事项的真实情况，误导职工对公开事项的判断，给日后实施过程和结果留下隐患，给企业改革发展和职工队伍稳定留下不安定因素；也不能半公开，只将无关痛痒的小事公开，而对企业的重大决策、重要人事任免、重大项目安排和大额度资金运作情况，企业领导人员廉洁从业情况，涉及职工切身利益的重要规章制度、重大事项的决策及执行情况等，进行暗箱操作。

4. 科学公开的原则

厂务公开要坚持有利于维护职工合法权益和促进企业可持续发展，这是对公开目的的基本要求。一方面，要通过实行厂务公开，尊重职工的主体地位，树立以职工为本的经营管理理念，培育先进企业文化，增强职工对企业的归属感，支持职工参与管理，畅通职工利益表达渠道，依法监督企业遵守国家有关劳动法律法规情况，充分保障职工对企业经营管理中的重大决策和涉及职工切身利益的重大事项的知情权、参与权、表达权和监督权，推动解决职工生产生活中的实际困难，维护好职工劳动经济权益、民主政治权利和精神文化需求。另一方面，要通过厂务公开，发展和谐劳动关系，为企业经营管理营造良好、稳定、和谐的环境，充分调动职工投身企业改革发展的积极性和创造力，依靠职工、组织职工解决企业技术创新、技术攻关和技术改造中的难题，进一步完善经营管理制度，提高经营管理水平，提高企业自主创新能力和市场竞争力，促进企业可持续发展。

（二）厂务公开的主要内容

根据《两办通知》和《企业民主管理规定》等相关规定，企业实行厂务公开的内容主要涉及企业经营管理的重大事项、劳动关系的具体情况，重点是涉及职工切身利益的规章制度和经营管理人员廉洁从业相关情况。厂务公开的内容，在不同的法律法规规章中也有直接或者间接的要求，梳理概括为以下四个方面。

特别提示

实行厂务公开，并不是要求企业对所有的经营管理事项都百分之百的公开，而是根据不同企业的实际情况，按照法律法规和政策的要求公开，一些事项要全面彻底公开，一些事项在一定的范围内公开，而涉及企业商业秘密以及与知识产权相关的保密事项则不但不公开，而且知情的职工还应当保守秘密。

1. 企业重大决策和企业生产经营管理的重要问题

主要包括：投资和生产经营管理重大决策方案等重大事项，企业改革、改制方案，兼并、破产方案，重大技术改造方案，职工裁员、分流、安置方案等重大事项；以及企业中长期发展规划；年度生产经营目标及完成情况，企业担保，大额资金使用、大额资产处置情况，工程建设项目的招投标，大宗物资采购供应，产品销售和盈亏情况，承包租赁合同履行情况，企业内部经济责任制落实情况，重要规章制度制定等重大事项。

2. 企业涉及职工切身利益方面的问题

主要包括：招用职工及签订劳动合同的情况；集体合同文本和劳动规章制度的内容；奖励处罚职工、单方解除劳动合同的情况以及裁员的方案和结果，评选劳动模范和优秀职工的条件、名额和结果；劳动安全卫生标准、安全事故发生情况及处理结果；社会保险以及企业年金的缴费情况；职工教育经费提取、使用和职工培训计划及执行的情况；劳动争议及处理结果情况。

除此以外，公有制企业的公开内容中涉及职工切身利益方面的问题还包括：职工提薪晋级、工资奖金收入分配情况和专业技术职称的评聘情况。

3. 与企业领导班子建设、党风建设和廉洁从业密切相关的问题

主要内容包括：中层领导人员、重要岗位人员的选聘和任用情况，企业领导人员薪酬、职务消费和兼职情况，以及出国出境费用支出等廉洁自律规定执行情况，职工代表大会民主评议企事业领导人员的结果；依照国家有关规定应当公开的其他事项。这是对公有制企业、企业单位的更高要求。非公有制企业也可以公开上述事项，但是不作强制性要求。

4. 在深化国有企业改革、分类推进事业单位改革中坚持和拓展厂务公开的问题

一是厂务公开要在深化国有企业改革中坚持巩固。深化企业改革过程中，要坚持职工代表大会评议企业领导干部、企业领导干部贯彻执行党风廉政建设准则的情况向职工代表大会报告制度，加大对企业领导干部监督

的力度。凡是向本企业管理层转让国有产权的，应该做到受让者名单、离任审计结果、资金来源及交款情况四公开。经职工代表大会评议不称职的，或在厂务公开中反映有严重问题没有搞清楚的经营者不能参加收购国有资产。改制企业解决拖欠职工的工资、医疗费和挪用的职工住房公积金以及企业欠缴的社会保障基金等问题的政策规定、具体办法及解决情况要向广大职工公开，接受广大职工监督。改制后的企业要按照有关规定按时足额缴纳社会保障基金，及时为职工接续养老、失业、医疗、工伤、生育等各项社会保险关系，其情况要向职工代表大会报告，如实公开。

二是厂务公开要不断向企业经营管理领域延伸。当前厂务公开已经进入到许多经营管理领域，但有的进入还不够深入，有的领域还没进入。要注意总结企业重大决策、工程建设项目招投标、大宗物资采购供应、产品销售和盈亏情况、劳动安全卫生、民主评议企业领导人员等方面厂务公开的经验，使这些领域的公开继续深入。同时要积极推行在财务预决算，企业担保，大额资金使用，企业中层领导人员、重要岗位人员的选聘和任用，企业领导人员工资（年薪）、奖金、兼职、补贴、住房、用车等与领导班子建设和党风廉政建设密切相关的问题，以及职工养老、医疗、工伤、失业、生育等社会保障基金缴纳情况，职工招聘、专业技术职称评聘，安全生产和劳动保护措施，职工培训计划等领域的厂务公开。

三是厂务公开要不断伴随事业单位改革拓展。厂务公开应当与事业单位改革同步推进。要监督事业单位将改革的目标任务、进展情况和人事制度、收入分配制度、社会保障制度的方案草案等及时进行公开，提交职工代表大会审议；重大事项或方案等应争取提交职工代表大会审议通过后实施。职工代表大会制度健全的，应严格履行相关民主程序；职工代表大会制度不健全的，如未及时换届、职工代表人数不符合法定要求的，应在完善职工代表大会制度后，再履行相关民主程序；未建职工代表大会制度的事业单位应当建立健全职工代表大会制度或召开专题职工大会。召开职工代表大会时，出席职工代表大会的职工代表应不少于全体职工代表的三分之二；对重要事项的表决，应采用无记名投票的方式分项表决，经全体职工代表的过半数通过方为有效。事业单位工会要切实承担起职工代表大会工作机构的职责，努力推动健全和完善职工代表大会制度，严格按照召开职工代表大会、实行厂务公开的要求履行民主程序，在事业单位改革中充分发挥民主管理的作用。

（三）厂务公开的实现形式

1. 基本形式

职工代表大会是企业民主管理制度的基本形式，也是厂务公开的主要载体。实行厂务公开后，企业经营管理的许多重大事项和问题需要通过职工代表大会这一制度平台告知广大职工，职工代表大会审议通过各种决定或者事项，本身就是对职工知情权的制度化、规范化的保障。因此，职工代表大会是厂务公开的基本载体，也是厂务公开的主要实现形式。

2. 专用形式

包括专门用于公开厂务的厂务公开栏、厂情发布会、厂务公开网络，以及为公开某些事项而召开的各种会议等。这些形式的特点是直接面向广大职工群众，及时、直观，方便职工随时了解相关情况。其缺点是单向性，本身不具备反馈机制。因此，应当注意通过意见箱、监督电话等及时收集和了解职工的反映。

3. 特有形式

职工董事、职工监事参加董事会监事会制度，工会参加党委和经理办公会制度，以及党政工联席会制度等，这些既是职工参与企业管理的重要制度，也是职工间接了解企业经营管理情况的有效渠道。这类公开形式的特点是公开的范围小，参与人数少，对公开事项可以深入讨论研究。对一些还处于酝酿阶段、需要听取各方面意见的事项，特别是在一段时间内需要保密的事项，比较适合。这种形式的缺点也在于参与人数少，因此职工董事、职工监事和工会主席在代表职工参加相关会议前，应注意广泛听取职工意见，会后要在遵守有关规定的前提下，采取适当形式向职工传达。

公司制企业除了职工董事、职工监事制度外，还有信息披露制度的公开形式，主要是指物资采购供应和基建项目的招投标，人才公开招聘、选任，上市公司依照有关规定公开披露财务报表等。这种公开形式比较规范，公开的范围广，适用于需要向社会广泛公告的事项，这也是广大职工知情的一个渠道。这种公开形式的主要缺点是滞后性。采取这种形式应事先向职工公开有关的政策和制度，方便职工监督，事后要注意听取职工意见，改进工作中存在的问题。

4. 媒体形式

包括企业的广播、电视、厂报、墙报等。经职工代表大会审议通过的，或经过其他形式公开以后需要在更大范围宣传的厂务公开事项，都可以通过媒体形式进一步公开。

在厂务公开后，应注意通过意见箱、接待日、职工座谈会、举报电话等民主形式，及时了解职工的反映，将厂务公开的监督结果也进行公开，使厂务公开贯穿于企业经营管理活动的全过程。

三、职工董事、职工监事工作方法

（一）职工董事和职工监事

职工董事，是指依照法律规定，通过职工代表大会民主选举产生，作为公司董事会正式成员进入公司董事会，代表职工行使决策权利的职工代表。

职工监事，是指依照法律规定，通过职工代表大会民主选举产生，作为公司监事会正式成员进入公司监事会，代表职工行使监督权利的职工代表。

职工董事、职工监事以职工代表的身份进入董事会和监事会，具有双重身份。作为职工代表必须要向全体职工负责；作为董事监事，则必须对公司负责。职工董事、职工监事在代表职工利益的同时，必须维护公司的整体利益，公司的发展与职工根本利益是休戚相关的，维护公司利益与维护职工根本利益并不矛盾。职工董事、职工监事在享有与公司其他董事监事同等权利和承担相应义务的同时，还应履行反映职工合理诉求、代表和维护职工合法权益的特别职责。职工董事、职工监事通过职工代表大会选举产生、受职工的委托参与公司的决策管理和监督，职工代表大会也要承担职工董事、职工监事参与公司决策、监督失误的风险。职工董事、职工监事应经常或定期深入到职工群众中听取意见和建议；在董事会、监事会研究决定公司重大问题时，应认真履行职责，代表职工行使权利，充分发表意见。特别是涉及职工切身利益的问题，应事先听取职工代表大会的意见，属于职工代表大会职责范围内的事项，必须先提交职工代表大会审议、通过或决定。

（二）职工董事、职工监事的任职资格

职工董事、职工监事必须依法由职工代表大会选举产生。职工董事、职工监事的候选人应当由公司制企业工会在充分听取职工意见的基础上提名，经职工代表大会全体代表过半数通过方可当选，并报上一级工会组织备案。公司制企业应当依法在公司章程中明确职工董事、职工监事在董事会、监事会中的具体比例和人数，并明确工会主席、副主席作为职工董事、职工监事候选人人选。职工董事、职工监事候选人应当来自本公司，应当与公司有劳动关系。因为，职工董事、职工监事与公司有劳动关系，更有利于其充分代表和维护职工的合法权益。

根据有关法律法规政策的规定，职工董事、职工监事人选应当具备以下几方面条件：

（1）具有较高的政治素质和较好的群众基础，有一定的权威性和影响力，能够代表和反映职工群众的意见和要求。

（2）具有一定的经营管理知识，掌握相关的法律政策、专业知识和工作经验，对本公司的生产经营管理的各个环节比较熟悉，有较强的参与决策和实施监督的能力，有一定的协调沟通能力。

（3）公道正派，坚持原则，敢于为职工群众说话办事，能够抵制违纪

行为和不正之风，在职工意见与企业管理层意见不一致时，能够从企业发展和职工利益双赢的角度出发，坚持正确的意见和主张。

（4）为本公司制企业的职工。

特别提示

因公司工会的主席、副主席无论专职还是兼职，作为职工权益的代表者、维护者都是最符合上述条件的人选，所以公司工会的主席、副主席应作为职工董事、职工监事候选人的当然人选。这符合设立职工董事、职工监事全面真实地反映公司制企业职工的利益诉求和意见建议的初衷。

（三）职工董事、职工监事的提名与产生

依据有关法律政策规定，职工董事、职工监事应当从公司同级工会负责人和本公司其他职工代表中产生。职工董事、职工监事候选人的产生，应当在广泛听取职工群众意见的基础上，由公司工会提名，公司党委（党组）审核并报告上级工会，没有党组织的公司可由上一级工会组织审核。

职工董事、职工监事应当依照相关法律法规和工作程序，由公司职工代表大会民主选举产生。公司应建立健全职工代表大会制度，尚未建立的，应组织职工或职工代表选举产生职工董事、职工监事，并积极筹建职工代表大会制度。职工董事、职工监事由本公司职工代表大会以无记名投票方式选举产生。职工董事、职工监事选举产生后，应报上级工会、有关部门和机构备案，并与其他内部董事、监事一同履行有关手续。

职工董事、职工监事的选举一般可参照下列程序进行：

（1）由公司工会根据公司章程中关于职工董事、职工监事的规定比例和任职条件制订出选举、产生方案。

（2）由本公司的职工自荐或者推荐参选职工董事、职工监事人选，公

司工会根据自荐、推荐的情况组织职工进行讨论，可以采用投票测评方式，在广泛征求职工意见的基础上，由公司工会委员会提出候选人名单，并经公司党委（党组）审核，报有关部门。

（3）召开职工代表大会，介绍候选人简历，采取无记名投票的方式进行选举。

（4）候选人必须获得全体职工或职工代表大会职工代表过半数通过方可当选。

（5）职工董事、职工监事选举产生后，应报上级工会、有关部门和机构备案，并与其他内部董事、监事一同履行有关手续。

（四）职工董事、职工监事工作方法

掌握科学的工作方式方法，是职工董事、职工监事发挥作用的重要保障。

1. 群众路线法

群众路线法是我们党的基本工作方法，也是职工董事、职工监事的基本工作方法。群众路线法的内容就是一切为了群众，一切依靠群众，从群众中来，到群众中去。职工董事、职工监事在掌握和运用群众路线法时，要努力做到尊重、信任和服务职工群众，全心全意依靠职工群众。职工董事、职工监事掌握和运用群众路线法，就是要在工作实践中，发扬密切联系群众的优良作风，努力实现工作目标。

代表和维护职工群众的利益，为职工群众服务是职工董事、职工监事工作的宗旨。这就要求职工董事、职工监事当好职工利益的代表者和维护者，想职工群众之所想，为职工群众谋利益，向职工群众负责，牢固树立为职工群众说话办事的理念。一位称职的职工董事、职工监事，首先要摆正职工群众的位置。职工董事、职工监事要把履行代表和维护职责结合起来，在代表中体现维护。

2. 充分准备法

根据有关规定，董事会、监事会开会，一般应提前10天通知董事会、

监事会成员。接到通知后，职工董事、职工监事应当广泛收集资料，多方进行论证，做充分的准备，不打无把握之仗。

高度重视，严肃应对。职工董事、职工监事在参加董事会、监事会前必须事先做好充足的准备，了解会议的主要议题，熟悉会议的相关事项，深入思考和研究会议的议题，提出有价值的意见与建议。即使职工董事、职工监事提出和反映的意见与建议是职工代表大会的决议，是工会组织经过调查研究后的结论性的意见，事先也应该充分熟悉相关的方案与内容，对职工代表大会与工会的意见有全面准确的认知与把握，掌握相关的数据与材料，让人觉得可以信服和理解。

3. 争取支持法

职工董事、职工监事要学会借助外力，主动与公司党委领导、董事长、工会沟通，积极争取他们的支持。要坚持向职工代表大会、工会汇报工作。

要积极取得党委领导的支持。职工董事、职工监事工作是企业民主管理工作的重要组成部分。职工董事、职工监事要主动向公司党委领导汇报工作，一是因为这项工作由党委领导，职工董事、职工监事进行汇报责任与义务。二是公司党委领导一般也是董事会成员，有助于加强他们对职工董事、职工监事工作的了解。

要积极取得经理层的支持。经理层是公司决策的执行机构，负责公司的日常运营管理。经理层应支持职工董事、职工监事的工作，接受他们特别是职工监事的监督。职工董事、职工监事也要尊重经理层的管理权威，同时要认识到，与经理层接触、了解情况的过程，也是调查研究的过程、参与决策与监督的过程。

要积极取得工会的支持。职工董事、职工监事是工会职工民主管理工作的重要形式，工会应对职工董事、职工监事工作给予有力的支持。职工董事、职工监事要积极主动地向工会组织汇报参与决策与监督的情况，从工会组织方面及时了解职工群众的意见与建议，向董事会反映职工群众及工会的意见与呼声。

要积极取得职工代表大会的支持。职工董事、职工监事是职工（代表）大会选举产生的，要对职工代表或全体职工负责，代表和反映职工的意见，接受职工的评议与监督。职工（代表）大会期间，职工董事、职工监事一般应通过民主程序进入大会主席团，参与大会研究与解决一些重大问题，以更准确地反映职工的意见，也为参与公司高层决策与监督做好基础性、辅助性工作。职工（代表）大会闭会期间，职工董事、职工监事应主动参与职工代表大会联席会议和专门工作委员会的活动，以便了解和掌握公司的实际情况及职工群众的真实想法，接地气，底气足，在参与公司决策与监督过程中做到心中有数。

4. 知己知彼法

职工董事、职工监事准备提出意见时，要在集思广益的同时，首先了解一下其他董事、监事的意见和想法，以便知己知彼，有针对性地做准备。

“知己”包括三层含义：了解与会议议题相关的情况、职工群众的意愿、工会和职工代表大会的意见，明确要达到的目标，准备好相关材料、数据与信息。“知彼”就是通过主动与董事、监事沟通，了解董事、监事的意见，对企业外部相关信息的了解与掌控。

5. 主动让步法

职工董事、职工监事肩负着职工的重托，担负着维护职工群众合法权益的神圣使命。职工群众与企业的利益根本上是一致的，是利益共同体。职工利益无小事，职工群众的利益毫无疑问应该受到重视。但也要兼顾企业的利益，这与职工的利益是紧密联系在一起的。应当在职工利益和企业利益之间把握好度，通盘考虑各方利益与诉求，寻找一个各方都能接受的方案。职工董事、职工监事在董事会、监事会上经过据理力争，如果某一方案或者意见仍没有被采纳，应该适当作出让步，重新思考，提出新的方案，争取得到董事会、监事会的认可。

6. 缓议复议法

职工董事、职工监事在参与董事会、监事会决策时要注意讲究策略。对于有些议题，特别是涉及职工切身利益的议题，若职工董事、职工监事准备不足，或者职工代表大会与工会的意见没有最终形成，或者是职工代表大会、工会与经理层对某项涉及职工切身利益的议案有较大分歧，可以向董事会、监事会负责人提出暂缓上会，以便争取时间做好充分准备。

缓议案的提出应尽量合情合理。要说明暂缓上会的理由，暂缓的时间，完成准备工作的日期，以及要抓紧进行的工作。缓议案得到董事会负责人同意后，职工董事、职工监事应该会同工会与职工代表大会相关机构抓紧进行调查研究，查找相关的数据资料。在形成意见或者职工代表大会的意见确定以后，向董事会领导汇报，提请董事会安排再行研究处理有关事项。

四、民主管理的其他形式

完善基层民主制度，首先要求企事业单位要健全以职工代表大会（或职工大会，下同）为基本形式的民主管理制度，同时要积极推进开展多种形式的基层民主协商，不断丰富协商民主形式，探索和完善劳动关系双方协商合作的途径，既保障职工参与管理和监督的民主权利，又促进企业发展，实现劳资两利共谋发展。

（一）班组民主管理

1. 班组民主管理的基本形式

班组民主管理，是班组全体职工依照法律规定，通过一定的组织形式，对班组权限范围内的事务，进行自主管理、自我监督的活动。班组民主管理的基本形式是班组民主管理会。班组民主管理会由班组全体职工直接参加。

班组民主管理会的主要职责：一是贯彻落实企业、车间职工代表大会决议中涉及本班组的有关事宜。二是讨论班组生产作业计划，通过班组的经济责任制方案，提出并组织落实完成生产（工作）任务的具体措施。三是讨论制定和修改落实班组各项规章制度。四是讨论决定班组奖金分配办法和有关职工生活福利事项。五是听取班组长的工作报告，民主讲评班组工作。六是根据企业、车间行政和职工代表大会的部署民主选举班组长、职工代表；民主评选、推荐先进生产（工作）者，对职工的晋级和奖惩提出建议。

2. 班组民主管理的其他形式

（1）班组民主管理员。班组民主管理员是工人直接参加班组管理的一种形式。班组可设宣传员、技术质量员、经济核算员、安全设备员、材料工具员、考勤员和生活福利员等。班组职工少的，可以“一员多职”。班组民主管理员在班组长的领导下，负责专业管理任务，同时从事班组民主管理工作，把专业管理、民主管理两种职能集于一身，是专业管理的群众化。班组民主管理员可由班组长、工会组长与职工协商，民主推选产生，也可由班组职工民主选举产生。

（2）班组民主评议会。它是班组职工对班组某项工作进行评论的一种形式。一般每季度召开一至两次，由工会组长或职工代表主持。职工可以围绕生产流程、质量效率、规章制度、分配奖惩乃至企业各项工作进行评论，畅所欲言。

（3）班组民主生活会。这是职工自我教育、自我管理的好形式。一般每季度召开一至两次，由工会组长主持。每个职工可以围绕班组的各项工作及自己的表现，开展批评与自我批评。

（二）民主恳谈会

民主恳谈会，指企业经营者与职工通过对话、协商的方式，对一些焦点、难点问题在平等、互信的诚恳交谈中形成双方都能接受与认可的意见的一种民主协商形式。这种着眼于维护职工的合法权益，促进企业健康发展的民主恳谈会的形式，能够较好地沟通企业经营者与职工双方的关系，适用于规模小、人员少、流动性大的企业，也是在实践中积极探索产生的职工参与民主管理的一种有效形式。

1. 民主恳谈会的主要内容和形式

（1）民主恳谈会的议题。民主恳谈会通常围绕企业发展和维护职工权益两大主要议题，就工资报酬、劳动保护、生活福利、企业效益、综合利用、节能降耗等问题，企业经营者与职工面对面、心平气和地协商解决，不仅可以维护职工的合法权益，也可以减少双方的对立情绪，营造平等合作的良好氛围。

企业可根据实际情况就企业的重大决策、长远规划、年度计划、企业生产经营管理情况、企业重要规章制度、集体合同履行情况等较为固定的项目定期召开恳谈会议；对于职工关心的热点、难点问题以及临时出现的问题，也可根据情况不定期召开恳谈会议。

（2）参加民主恳谈会的人员。民主恳谈会的参加人员一般由企业经营管理方和职工方两方面的人员组成，具体参加人员因恳谈会议题而定。企业工会组织职工或职工代表推荐出参加恳谈会的代表，职工通过恳谈会直接参与讨论和决策企业重大事项。

（3）恳谈会的议题、时间、地点、主持人等，由双方商定，工会要指定专人做好会议记录。恳谈会应形成会议纪要，并向全体职工公开恳谈内容和落实情况。

2. 民主恳谈会的程序和方法

（1）公示议题。民主恳谈会召开之前，企业和工会要认真地进行调查研究，听取经营管理人员和职工的意见和要求，确定民主恳谈会的议题。民主恳谈会主要议题确定后，应在民主恳谈会召开前7至10天将恳谈会的议题通过适当形式通知全体职工，广泛听取职工的意见和要求。

特别提示

民主恳谈会不能替代职工代表大会。恳谈会的主题应根据职工代表大会上提出的职工关心的热点、难点问题来确定，恳谈会议的情况要向职工代表大会汇报。上级工会要帮助、指导企业开好民主恳谈会，加强对企业建立民主恳谈会制度情况的监督检查，注意做好保护、调动和发挥职工积极性的工作，使恳谈会成为职工参与企业管理有效机制的同时，也成为提升职工主人翁地位的好形式。

（2）自愿报名。对公示的议题职工可以自愿报名参加，也可以由工会组织职工或职工代表推荐出参加恳谈会议的人员。

（3）参会人员。根据民主恳谈会的议题，由工会与行政方协商确定双方参加会议的人员。

（4）召开会议。恳谈会的主持人可根据议题确定，也可以采取经营管理者与工会负责人轮流主持的方式进行。

参加民主恳谈会的双方围绕恳谈议题心平气和、开诚布公、畅所欲言地平等对话。能当场答复的，当场予以答复；不能当场答复或解决的，要说明情况，会后抓紧落实。

（5）公开结果。恳谈会结束后，要及时公开会议的内容与结果。工会要整理出会议纪要，并注意保存和建立健全恳谈会档案。

（三）值班厂长制度

值班厂长制度，指普通生产一线职工通过自荐、推荐等民主程序，经过有关知识的培训，进入企业领导机构担任值班厂长，上岗任职三个月或半年时间（也有的任职一周，称为值周厂长），被赋予知情权、管理权、监督权和工作处置权等权限的民主管理形式。

1. 值班厂长的任职条件及产生程序

值班厂长是在本单位职工代表中经自荐、工会和职工代表大会职工代表推荐的基础上产生的，具有较高的思想政治觉悟，知厂情、会管理、有维护职工合法权益的意识，能办实事的优秀科技人员和生产一线的职工。值班厂长的人选要经过征求职工意见、职工代表大会专门委员会的讨论、本单位党组织的审核同意、向全体职工公示，还要经过有关知识的培训并取得培训合格证方可上岗。

2. 值班厂长履行的职权

根据各地基层单位的实践，值班厂长通常履行以下职权：

一是监督行政贯彻党的方针、政策和国家的法律法规及本单位各项规定的落实，参与企业的各项管理和决策活动，特别是对涉及职工切身利益的问题发表意见，提出意见和建议。

二是宣传、推动企业的发展规划和生产计划的实施与落实。值班厂长通过源头参与，了解经营决策的全过程，对企业作出的决定及时向广大职工宣传，让职工理解、知晓企业目前的状况，并把职工的愿望和要求带到管理决策层，成为管理者作出决策的依据。

三是监督检查企业经营管理者对企业的规定和本单位各项决议的贯彻落实。值班厂长作为优秀的职工代表，在参与企业管理中，从生产的需要出发，主动监督、检查企业和本单位的各项规章制度的执行情况，使推动企业发展成为职工的自觉行动。

四是咨询和处理执行有关决定不力和违反规定的行为。在生产现场，值班厂长及时解答职工咨询的问题，检查和处理在岗的违规行为，行使工作处置权的同时承担指挥企业正常生产的责任。

五是主持攻关活动，解决生产质量、销售等环节中的难题。值班厂长是现场经验丰富的生产、维护和技术骨干，对生产中出现的问题能够及时、有效地处理，主动组织职工对自己熟悉的岗位、工种的技术难点进行攻关，解决生产经营中的难题。

六是参与及处理日常事宜。值班厂长作为厂长的助手，有参与企业管理的实权，这种权利包括：在厂办公会上的投票权；在生产经营中的咨询权、审议权、监督权；在工作上的协调权和指挥权。总之，在日常管理中享有与厂长相近的权利和义务，工作的着眼点是生产经营领域和职工群众共同关注的所有热点、难点、疑点问题。

值班厂长制度是联系企业管理者和职工群众的纽带，是职工群众与决策层上下互动、有效交流的便捷渠道，是职工群众参与民主决策、民主管理、民主监督的新平台。

（四）经理（厂长）联络员、接待日、信箱

经理（厂长）通过聘请联络员、设立接待日、信箱等方式与职工建立联系，了解职工群众对企业管理等各个方面的意见、建议和要求，以增进

互相交流、互相理解、互相支持，为企业科学决策提供依据。这也是企业民主管理的一种形式。

1. 经理（厂长）联络员

经理（厂长）聘请一些具有较高群众威信、较强敬业精神和工作责任感并具有一定政策理论水平和工作能力的职工，主要承担向职工宣传企业不同时期的经营思想、发展策略及中心工作，向经理（厂长）反映职工对企业工作的意见、建议和要求等任务。

联络员由企业组织推荐，经工会与行政研究、考评后聘任。联络员的职责、权利、义务由企业制定相应的工作制度作出规范。联络员可以列席企业职工代表大会、职工代表团（组）长和专门委员会（小组）长联席会议。

2. 经理（厂长）信箱

企业设立的专门用于征集职工对企业经营管理意见建议的信箱，信箱定时定人负责开箱取信，由经理（厂长）对职工提出的问题以书面形式进行答复并张贴在公布栏。这种民主管理的形式拉近了职工与高层管理人员的距离，有利于高层管理人员了解职工的想法，促进企业经营管理的改进和提高。

3. 经理（厂长）接待日

经理（厂长）接待日是由经理（厂长）、副经理（副厂长）在固定时间、地点接待来访职工，听取职工的意见和建议、接待处理来访反映事宜和进行相关咨询等。对来访者反映的各类问题、意见、建议均做记录，现场进行解答，一时不能答复的问题在与有关部门研究商定后给予回答。对职工提出的有关生产经营中的合理化建议应尽快落实，并给予职工一定的物质和精神奖励。

五、政府与工会联席会议制度

政府与同级工会联席会议，是指各级政府与同级工会定期或不定期，按照一定程序组织召开，相互通报相关重要工作情况，研究解决职工群众和工会工作中重要问题的专门会议，是各级政府与同级工会加强联系和沟通的重要渠道，是工会组织从宏观和源头上参政议政、协调劳动关系的重要形式。

（一）联席会议的运作程序

召开联席会议是一项政策性强、综合性强的工作，需要建立相应的会议筹备和工作运行制度，促进联席会议制度化、规范化。

1. 联席会议的出席人员

出席联席会议的人员必须是政府和同级工会的主要负责人或其委托的负有相当职责的负责人；政府和同级工会的综合部门的负责人；与议题相关的职能部门负责人。其他需要出席会议的人员由双方协商确定。

2. 联席会议的召开时间

联席会议每年至少应当召开一次，如遇特殊情况和重大问题，经工会与同级政府协商，可随时召开。具体时间由政府办公厅与同级工会办公室，根据工作情况协商确定。一般应当在年初或者年末召开，也可以根据工作需要临时商定而随时召开。

3. 联席会议的议题确定

政府与同级工会召开联席会议前应当进行充分的协商沟通，争取达成基本共识，为成功召开会议奠定基础。对意见不一致或一时无法解决的问题，可暂不提交会议研究。

4. 联席会议的会议流程

政府与同级工会联席会议召开时，一般由政府主要领导人或相关领导人主持，也可以由同级工会负责人主持或者轮流主持。由联席会议主持人介绍参加会议的人员，说明本次联席会议的议程，就会议议题组织讨论，对会议讨论的情况进行总结。会后形成会议纪要或者正式文件。

5. 联席会议的工作机构

根据召开联席会议的需要，政府与同级工会可协商设立若干专门小组，负责协调筹备召开联席会议、研究提出会议的议题建议，办理联席会议交办的事项。专门小组应当由政府和同级工会的相关人员共同组成。

6. 联席会议的决议执行

联席会议后要形成会议纪要或文件。政府和工会要认真落实会议确定的有关决议和事项，政府和工会的有关职能部门要负责对会议确定事项的落实情况进行督促检查，并在下一次会议上通报落实情况。

（二）联席会议的议题内容

联席会议内容应由双方协商确定。一般来说，联席会议可以包括以下几方面内容：

（1）政府负责人通报国民经济和社会发展计划、政府的重要工作部署和涉及职工利益的有关行政措施。工会负责人介绍工会重点工作。

（2）通报上次联席会议议题的落实情况。

（3）研究工会关于动员和组织广大职工为实现政府提出的经济社会发展目标任务、推进企业健康稳定发展建功立业的有关问题。

（4）研究解决劳动就业、收入分配、劳动安全卫生、社会保障等职工劳动经济权益方面的重要问题，有关职工群众参与民主决策、民主管理、民主监督等职工民主政治权益方面的重要问题，有关保障职工文化权益方面的重要问题。

（5）研究解决产业结构调整、企业改制过程中涉及职工切身利益的有关问题。

（6）研究需要工会与政府共同协商解决的其他重要问题，如农民工权益问题、困难职工群体问题等。

（7）研究工会工作中需要政府帮助解决的问题。

（三）工会组织推进联席会议制度建设的职责任务

1. 调查研究

为使联席会议真正达到反映问题、争取政策、推进工作的目的，工会要通过开展深入细致的调查研究，从涉及职工权益的诸多问题中，进一步选择党政领导密切关注、职工群众反映强烈、具有一定社会影响力的焦点问题，由工会主要领导亲自牵头，组织相关部门的精干力量，深入企业和职工，并邀请有关方面专家、相关专业部门，对议题进行广泛论证，全面了解和掌握情况，深入研究有关政策，力求使调查报告做到数据翔实、分析透彻、观点准确、建议可行，从而使议题更具科学性和合理性，使建议具有较强的科学性、前瞻性和可操作性。

2. 提出议题

工会组织要自觉围绕中心、服务大局，积极反映广大职工最关心最直接最现实的利益问题，按照“职工群众的祈盼点、党和政府的关注点、工会工作的着力点”的原则，选择并提出具有前瞻性、全局性和紧迫性的议题，经与政府进行协商，共同确定后，以书面形式发至工会和政府有关部门。

3. 主动沟通

工会应在会前主动与政府方面做沟通协调工作，使政府方面真切理解工会所提主张的必要性和紧迫性，这在一定程度上是决定联席会议能否取得实效的重要环节和条件。工会领导应亲自出面与政府有关领导进行协调，商定联席会议有关事宜，工会分管领导要带领具体业务部门的同志，主动与政府相关职能部门就联席会议议题涉及的相关内容进行沟通，就工会将要提出的主张主动征求政府相关部门的意见，最大限度地使工会的意见、主张得到政府及其相关职能部门的认可，及时对所提建议进行修正、补充和完善，为联席会议达成一致形成决议创造条件。

4. 合力推进

召开联席会议涉及工会工作的各个领域、各个部门，既有对外与政府方面的联系交涉问题，也有对内与工会各职能部门、产业工会的沟通协调问题；既需要深入实际调查研究，又需要理论分析专业论证；既需要会上有效解决问题，又需要会后切实执行，不是工会某一个部门所能独立完成的。工会应把联席会议作为一项重要工作，统筹协调、全面规划。工会应成立联席会议协调领导小组，由工会主要负责人牵头、有关领导参加。同时下设联席会议办公室，有关部门参与，工会办公室负责对外协调联系，形成办公室牵头协调，职能部门分工负责，相关部门和产业工会参与配合的工作格局。

5. 强化监督

工会要积极主动配合、督促政府相关部门认真贯彻落实好联席会议取得的成果。一是应配合和协助政府办公厅（室）从速起草会议纪要，经政府领导审定后，以政府发文或两家联合发文的形式下发贯彻意见，加强落实工作的指导。二是应积极和政府联合组成落实会议决议的监督小组，共同监督会议决议的落实。小组应由政府牵头，工会全力配合，跟踪落实联席会议决定的各项事宜，对不落实或落实中出现问题的，应主动与政府有关职能部门沟通协商，形成一致意见加以落实。工会要积极主动地配合、督促政府相关部门认真贯彻落实好会议决议。工会负责人要亲自检查督导会议决议的落实工作，工会办公室要负责与政府相关部门协调会议决议落实的进展情况，工会各相关职能部门也要参与会议决议的具体落实和监督工作。三是应督促政府制定有效的监督检查制度，为确保议决事项的落实创造良好条件。

第6章 工会保障工作方法

工会保障工作的基本职责是维护职工的劳动经济权益。职工劳动经济权益是职工在社会生产过程中作为劳动者所应享有的在劳动就业、收入分配、社会保障以及劳动保护等方面权益的总称。因此，工会保障工作的职责，具体地说，就是要维护好、实现好和发展好广大职工的劳动就业权、劳动报酬权、社会保障权等各项劳动经济权益，促使广大职工共享经济社会发展的成果，从而充分调动广大职工的积极性、主动性和创造性，积极投身于全面建设小康社会的伟大事业。

工会保障工作的内容主要包括以下几个方面：一是综合研究国民经济和社会发展过程中与职工劳动经济权益密切相关的问题，研究工会保障工作的有关理论和政策，制定和提出工会保障工作的总体规划、工作目标和工作任务，总结推广典型经验，更好地开展工会保障工作。二是参与国家有关职工劳动就业、收入分配、社会保险、社会救助、社会福利等方面政策法规的研究与制定，充分反映职工群众的意见、要求和建议，从源头上维护广大职工的劳动经济权益。三是开展调查研究，推动并监督有关职工的劳动、工资、社会保险、社会救助、社会福利等方面政策法规的贯彻执行，并及时了解和掌握职工群众相关权益的实现和保障状况，提出相应的对策和建议。四是发挥工会自身优势，通过多种形式和途径，组织开展困难职工帮扶工作，努力为广大职工办实事办好事，帮助职工解决在劳动就业、收入分配、社会保险、子女教育、住房以及基本生活保障等方面的实际困难，协助党委和政府解决困难职工的生产生活问题。

一、新形势下工会保障领域的重点工作和基本方法

（一）重点工作

面对新的形势，工会保障工作必须努力维护好和实现好职工的合法权益。在具体工作中，要重点加强以下几个方面的工作：

1. 加强源头参与

源头参与工作是新形势下工会的一项十分重要的工作。在涉及职工切身利益的政策和法律法规制定过程中，工会必须通过参与，充分反映广大职工的意见和呼声，从源头上保障和维护职工的合法权益。当前，要重点推动加快劳动立法进程，力求把这些年来国家在促进再就业、深化收入分配制度改革、完善社会保障制度等方面所形成的政策和有效做法，以法律的形式固定下来，促进劳动保障工作由政策主导逐渐转向法治规范。各级工会特别是工会领导机关要加大参与力度，进一步加强对劳动保障领域重大理论和实践问题的系统研究，做到底数清、情况明，使广大职工的意见和工会的主张在国家的有关法律法规和地方性法规政策中得到比较充分的体现。

2. 切实强化监督检查

大力开展监督检查是法律赋予工会的重要权利，也是工会促进劳动保障领域的政策和法律法规贯彻落实的重要手段之一。在开展监督检查的工作中，要坚持工会领导机关与同级党委、政府开展劳动保障政策贯彻落实情况的联合督察活动，推动和参与同级人大开展劳动保障法律法规执法大检查，参与同级政协对劳动保障法律法规执行情况实施的定期监督检查和视察活动，坚持工会组织与同级政府之间的联席（联系）会议制度、劳动关系三方协调会议制度，充分发挥工会劳动法律监督组织的优势和作用，上下联动开展监督检查活动，并努力拓展工会开展监督的渠道，重点推动劳动保障领域中一些重要问题的解决，切实维护职工群众的劳动经济权益。同时，大力推动在社会保险监督体系下的社会监督立法，完善和细化

《社会保险法》规定的社会监督办法，有效发挥工会在社会监督中的重要作用。

3. 努力为职工办好事实事

工会帮扶困难职工的内容很广，涉及生活救助、医疗救助、职工子女助学帮困、法律援助、就业帮扶和政策咨询等。当前及今后一个时期，在为职工办实事方面，重点是要进一步健全困难职工帮扶体系，继续深入实施送温暖工程，努力完善困难职工帮扶制度。在此基础上，围绕困难职工群众最关心、最迫切的一些问题，突出重点，抓紧抓实，抓出成效。要特别注重做好工会促进下岗失业人员再就业工作，继续协助劳动保障部门，加大对再就业政策的监督检查，确保各项政策落实到位；整合工会职业培训和职业介绍资源，完善工会就业服务体系，努力实现和政府公共就业服务体系的对接；发挥工会自身优势，突出特色，在创业培训、小额信贷以及支持职工自主创业等方面积极为下岗失业人员提供支持。同时，要深入开展困难职工子女金秋助学活动，积极争取各种社会资金捐助，为困难职工子女提供助学服务，广泛宣传助学活动，努力营造关爱特困职工及其子女的良好社会氛围，进一步扩大工会在帮扶困难职工方面的社会影响力。在新的形势下，尤其要注重将农民工纳入工会的帮扶对象，使困难的农民工也能得到工会的帮扶，叫响“农民工有困难找工会”的口号。

（二）基本方法

1. 加强理论学习和理论研究

工会保障工作者要认真学习宏观经济以及劳动就业、收入分配和社会保障等方面的理论，熟悉和掌握相关的法律法规和政策，并运用所掌握的政策理论，积极为职工群众说话、办事，提高维权工作的实效。同时，要注意研究社会主义市场经济条件下劳动关系的新变化，经常了解和研究这一领域中的新情况、新问题，在一些矛盾初显甚至未显之时，提前做好相应的理论准备。要加强典型经验的总结和推广，注重将实践经验提升到理论的高度。通过各级工会保障工作者的共同努力，力争使工会对社会保障方面的一些理论政策主张在社会上达成一定的共识，并形成一定的影响力，以影响和推动社会各方面共同研究和解决涉及职工群众权益的重要和现实问题。

2. 围绕大局开展工作

当前及今后一个时期，工会的重点工作是要认真贯彻“组织起来、切实维权”的工会工作方针，扩大工会组织覆盖面，增强工会组织凝聚力。工会保障工作要围绕这个事关全局的重点做好工作。在宏观层面上加强源头参与，在推动政策落实上加强监督检查，在维权工作中突出职工群众最关心、最现实、最迫切的问题，努力为他们办好事、实事。工会保障工作与政府许多部门的工作密切相关，工会保障工作者必须熟悉政策法规，清楚政府各部门的工作职责，了解政府的工作安排，知道政府的工作程序。只有这样，才能有针对性地开展工作，才能提出具有可操作性的意见和建议，才能与政府相关部门开展卓有成效的合作。

3. 注重调查研究

调查研究是开创新世纪新阶段工会工作新局面的谋事之基、成事之道。要回答当前工会工作中面临的一系列新情况、新问题，必须加强调查研究。要通过深入、客观、严谨、科学的调查和研究，总结新的工作经验，推动新的实践发展，开创新的工作局面。要在向实践学习的过程中发展理论，用发展的理论指导新的实践，增强工会工作的系统性、主动性和预见性。通过积极开展调查研究，准确把握职工劳动经济权益方面的情况和问题，及时向党和政府反映职工的意见和要求。要把调查研究作为推动实践的重要手段，通过调查研究解决工会工作中带有倾向性、全局性的问题。工会领导机关要善于总结经验，探索规律，形成政策性和指导性的意见，推动实践的健康发展。

4. 不断改进和创新工会保障工作

创新是开展一切工作的不竭动力。在改革开放和现代化建设的实践中，新情况、新问题层出不穷。解决这些问题必须不断创新理论，创新工作方法。理论创新必须以邓小平理论、“三个代表”重要思想和科学发展观为指导，深入贯彻落实习近平总书记系列重要讲话精神，坚持正确的政治立场和政治方向，理论创新要回答工会工作中遇到的问题，要与改革开放的实践密切结合。工会保障工作创新就是要找到解决新情况、新问题的工作路数和办法，就是要着力探索新的工作思路、机制、方法和载体，使工会保障工作不断向前迈进。实现这种创新更重要的是要善于从基层、从职工群众中汲取养分、总结经验、找到办法。要勤于思考、善于总结，真正做到解放思想、实事求是、与时俱进。

5. 树立求真务实的工作作风

工会保障工作与广大职工群众的生产生活息息相关。要怀着对职工群众深厚的感情，切实转变作风，深入到厂矿、车间、班组以及广大职工群众之中，深入到困难较多、矛盾突出的地方，获得第一手资料，掌握来自职工群众的“第一讯号”，并力求尽早发现问题，尽快向党委汇报问题，及时有效地解决职工群众的实际问题，以求真务实、锐意进取的工作作风，扎扎实实地为职工群众做好事、解难事、办实事。

二、工会劳动工作方法

从工会组织内部机构职能分工的角度来衡量，工会劳动工作主要是指工会在促进就业和维护劳动者在劳动合同、劳动定员定额、工时休假、教育培训等方面依法享有的平等权利所开展的活动或工作。它与工会的集体合同工作、工资工作、社会保障工作、劳动保护工作、民主管理工作等形成相对独立的工作门类，但也存在相互涵盖、相互交叉的关系。

随着社会主义市场经济的不断发展和国家法治建设的不断推进，工会劳动工作的地位和作用将更加突出，内容更加明晰，工会劳动工作的方式和手段也更加趋向法治化。同时，根据现阶段我国的基本就业形势和劳动关系的基本特征，工会劳动工作也面临诸多方面的新问题、新挑战，需要在开拓中不断发展、不断创新。工会劳动工作的工作方法如下：

1. 参与劳动法律法规和政策的制定

代表广大职工参与劳动法律、法规、政策的制定，是工会的法定权利和重大职责。在这种情况下，工会必须加强对劳动领域重大理论和实践问题的研究，加强立法研究。在参与过程中，既要广泛听取职工群众和基层企业的意见，又要进行深入细致地预判、分析和评估，提出工会的参与预案和立法主张，还要与有关部门、社会各方面进行沟通协调，力求使广大职工的意愿和工会的主张在法律规定中得到充分的体现。通过加大参与力度，推动在劳动领域，包括就业权利、劳动合同、工资分配、社会保障、工时与休息休假、劳动安全与卫生、女性和儿童保护、工会、集体协商与集体合同、就业促进和劳动争议处理等各个方面，建立规范的、系统的劳工标准，促进中国特色劳工标准体系的形成，从源头上维护广大职工的就业权益。

2. 协助党委、政府做好积极就业政策下的促进就业工作

随着经济社会的发展，劳务派遣、新生代农民工等诸多新领域、新问题不断涌现。工会协助党委、政府做好促进就业工作，就是要督促和监督相关政策的落实，保障劳动者的劳动经济利益。同时通过实施就业援助行动，帮助和扶持广大职工特别是就业困难群体实现稳定体面就业。

工会要积极参与和促进劳动力市场的一体化建设，维护广大职工的平等就业权利，关注和保护各类就业群体，包括新成长劳动力、农民工、女工、灵活就业者等群体的就业和劳动权益问题，促进统筹就业和公平就业。目前我国正处在加速工业化、城镇化的进程中，大量农村劳动力向城镇和非农产业转移，农民工正在成为中国工人阶级队伍的重要组成部分。但是，农民工在劳动力市场中处于明显的弱势地位，面临着体制性的就业歧视。工会要加强对农民工就业权益的保护，让农民工享受平等就业权利。要通过长期不懈的努力，推动农民工在劳动条件、基本生活条件、工资待遇、社会保障和劳动保护等方面所遇到的突出问题的解决，促进农民工与城镇工薪劳动者的融合，促进农民工与工业化生产方式及其就业体制的融合。

各级工会加强调查研究与政策参与，努力推动积极就业政策和相关法律法规的完善和落实；强化工会就业服务机构和窗口建设，着力打造工会

就业服务工作品牌；深入开展“技能培训促就业”行动，努力提高劳动者的素质和就业能力；积极推进工会小额贷（借）款工作，努力以创业带动就业；大力促进家政服务业发展，不断扩大劳动者就业领域；加强工会职业培训机构建设，不断提高工会职业技能培训水平；借助先进科技手段，不断创新工会职业技能培训方式；推动企业依法开展职工技能培训工作，保证职工培训教育权利的落实；完善已经建立起的工会省际（城市）对口劳务协作体系，引导劳动力输入地工会组织企业与劳动力输出地工会及相关职业院校和培训机构，建立长期稳定的劳务合作关系。

3. 加强就业权益保护，协调处理劳资矛盾

保护劳动者就业权益，一方面要靠劳动领域的法治建设，另一方面要靠劳资双方确立协调互动的机制或制度。在一般市场经济形态中，这是劳资双方进行持续性的博弈、妥协和合作的过程。在这方面，我国的各级工会要做好以下几方面的工作：一是通过政府、企业组织和工会组织之间建立的三方协商机制，开展经常性的对话协商，促进就业领域重大或突出矛盾的解决。二是推动集体谈判和集体合同制度的完善，除工资分配外，还应当将企业裁员、劳动合同的签订与续签、劳动定额、劳动工时与休息休假等纳入集体谈判和集体合同的内容。三是帮助和指导职工签订、续订劳动合同。工会要督促用人单位切实遵照有关规定与职工订立劳动合同，同时积极履行工会在劳动合同管理方面的职责，抓住劳动合同签订、续订、履行、终止、变更、解除和补偿等环节，维护职工的平等就业权。四是发挥职工代表大会在保护职工就业权益方面的作用，促进劳动法律法规在企业层面的落实，促进企业实行合理的用工方式和用工政策。五是工会要探索建立劳动力供给控制机制。在劳动力供求关系中，劳动力供给的增加意味着更多的失业和劳动力价格的下降。工会对劳动力供给的控制力在很大程度上构成工会力量是否强大的关键，是工会与资方讨价还价的基本筹码。就我国现阶段的情况来讲，工会对劳动力供给的控制，主要体现在与政府进行联动，对企业使用童工、自行抬高劳动定额、强迫工人超时劳动等行为加以有效遏制。

4. 大力发展工会就业服务体系

为了更好地在国家公共就业服务体系中发挥工会作用，各级工会要不断提高工会就业服务的水平和效率，大力在就业服务功能多元化、服务方式人性化、服务队伍专业化、服务手段信息化上下功夫。围绕就业服务对象的各种需求，不断加强工会就业服务机构内部专业化建设，努力提高就业服务的质量和效率。

延伸阅读

“全国工会就业创业援助月”活动

“全国工会就业创业援助月”活动自2011年起已举办5届，累计组织专场招聘会约4.5万场次，成功介绍就业约779.7万人次，组织职业技能培训约380.7万人，提供小额贷款约37.5亿元。2016年2月18日，以“提高就业质量，鼓励创业创新，服务基层职工，促进科学发展”为主题的“全国工会就业创业援助月”活动在四川省泸州市启动。今年的就业创业援助月活动首次将“创业创新”作为活动主题之一，积极引导职工群众投身大众创业、万众创新，广泛开展技能提升、技术创新活动，鼓励各地工会因地制宜实施小额贷款工作；强调对接国家推动区域协调发展战略，推动建立京津冀、长江经济带工会全面协作机制，加深区域工会组织在职业培训、劳务对接、维权服务等方面合作；重点服务经济下行压力下的重点就业群体，以企业下岗职工、农村转移劳动力和困难职工家庭高校毕业生等就业困难群体为主要服务对象，有针对性地开展就业服务，通过扶持就业创业实现精准帮扶解困；继续突出校企对接的劳动力供需匹配模式，工会为企业和培训院校搭建对接平台，推动双方开展订单式、定项式培训，有效增强培训的针对性和实用性，确保就业率保持在较高水平。

一是充分利用工会现有服务机构和服务设施，不断开发新的服务领域，最大限度地拓展服务功能，满足服务对象多层次、全方位的需要。二是推行诚心服务、真情相助的人本服务理念，在简化服务手续、规范服务程序、完善服务设施等方面下功夫，使工会就业服务机构成为职工群众真正信赖和满意的服务窗口。三是大力加强工会就业服务工作人员队伍建设，不断提高服务人员的专业素质和能力，加强工会就业服务机构管理人员、职业指导人员、信息网络技术和信息分析人员、工会就业服务和培训平台工作人员的能力建设，建立专业化的工作人员队伍。四是不断创新，实现工会就业服务手段信息化。积极探索开展全国职业技能远程视频教育，发挥工会联系劳动模范、技术能手的优势，为广大职工特别是农民工参与职业技能培训提供便捷、经济的通道。同时，广泛搜集各地工会就业信息和求职信息，并与各地工会帮扶中心实现信息共享。

三、工会工资工作方法

工会工资工作是指工会组织为维护职工群众的自身利益，保护劳动者在生产劳动中取得合理、合法收入，促进社会劳动生产率的提高而进行的参与政府以及企业确定宏观、微观工资分配决策的行为。按照有关规定，全国总工会对国家收入分配体制的建立及工资政策有参与权；企业工会对企业内部工资分配有协商谈判共决权，同时对工资收入分配运行情况负有监督责任。

（一）工会工资工作的基本内容

1. 参与国家和地方有关工资分配的法律、法规和政策的研究制定

在社会主义市场经济条件下，国家对工资的宏观调控手段和方式都发生了转变，工会应积极参与并协助制定与《劳动法》《劳动合同法》《社会保险法》等劳动法律配套的收入分配相关政策法规，形成工会上下源头参与的工作格局，使有关工资政策法规在制定中能够最大限度地反映广大职工的合理意见和建议，保证有关工资政策法规的科学性、严肃性和可行性。

2. 大力推动并积极开展工资集体协商

根据《劳动法》《劳动合同法》以及《集体合同规定》《工资集体协商办法》等法律法规的规定，企业工会或职工代表可以与企业代表通过平等协商，依照有关法律、法规和政策，共同协商确定职工工资水平增长的最佳方案，以工资集体协议的形式建立起职工工资收入的正常增长机制，把职工的利益与企业的利益有机地结合起来，构建和谐劳动关系。

3. 推动政府有关部门建立和完善最低工资保障制度

《最低工资规定》对建立和完善最低工资保障制度，适时调整提高并严格执行最低工资标准作出规定，对于保障劳动者的合法权益、规范企业工资支付行为、促进经济发展和社会稳定，具有十分重要的意义。贯彻实施这个规定也是工会工资工作的一项重要内容，工会应当重点做好以下几点工作：

（1）加强调查研究。地方工会要加强对当地职工工资水平、社会保障情况、工资支付情况、基本生活费用以及本地区经济发展、就业和最低工资执行等情况的调查研究。本着促进经济发展、合理提高劳动者工资收入水平的原则，在进行测算论证和广泛征求职工群众意见的基础上，提出本地区最低工资标准调整的意见和建议。

（2）积极参与制定当地最低工资标准调整方案。地方工会要积极参与制定调整最低工资标准的方案，推动建立最低工资正常调整机制，保证最低工资标准每两年至少调整一次。针对个别地区还未制定小时最低工资标准的情况，当地工会应加大力度，积极推动本地区制定和颁布小时最低工资标准。要求政府劳动保障部门在制定最低工资标准时，将劳动者应缴纳的社会保险费用、住房公积金等考虑在内。

（3）推动和督促企业严格执行最低工资制度。各地要建立自上而下的最低工资监督检查制度和自下而上的最低工资监督举报机制。每年要对本地区、本单位，特别是外商投资企业、私营企业以及农民工比较集中的企业，执行最低工资制度的情况进行专项检查。工会要重点纠正随意提高劳动定额、压低计件工资单价、不依法支付加班工资等变相降低工资水平、使职工收入低于最低工资标准的违法行为。对发现的问题，工会要督促企业整改并补发职工应得工资。对存在的违法行为经批评教育拒不改正的，工会要及时向当地劳动保障部门举报，督促、协助劳动保障部门予以纠正并按照有关规定进行处罚。

（4）加大对最低工资保障制度的宣传力度。各级工会要充分利用报纸、杂志、广播、电视、网络等媒体，以及工会的文化宫、俱乐部等多种宣传阵地，广泛宣传最低工资保障制度的相关内容，帮助劳动者特别是农民工了解最低工资标准、内容以及对企业违法行为的举报程序。加大对用人单位特别是外商投资企业、私营企业以及农民工比较集中的企业进行宣传和舆论监督的力度。各级工会在对工会干部培训时要把《最低工资规定》和工资集体协商的有关内容作为培训内容之一。

4. 推动建立企业内部分配的民主参与、民主监督机制

市场经济条件下企业劳动关系发生了变化，企业与职工的契约关系不断加强，利益冲突凸显，而我国适应社会主义市场经济体制的企业分配机制还很不完善，企业工资收入分配中还存在许多亟待解决的矛盾和问题。针对存在的问题，工会工资工作要充分运用国家法律法规赋予的权利，围绕职工普遍关心的热点、难点问题，帮助和推动企业建立有关内部分配的民主参与、民主监督机制，不断健全完善职工代表大会制度、厂务公开制度、职工董事与职工监事制度，在小型非公企业集中的乡镇（街道）、村（社区）、开发区等，探索建立联合职代会或区域（行业）职代会制度，对企业的收入分配进行全过程、全方位的参与与监督。同时深入基层，开展调查研究，听取职工的意见和呼声，及时发现问题，提出解决问题的途径和方法，为党和政府决策提供依据。工会还要配合劳动行政部门进行工资政策法规贯彻执行情况的监督检查工作。

（二）新形势下工会工资工作的方法

在新形势下，按照工会工资工作的指导思想和发展目标，针对当前收入分配领域影响职工权益的突出问题，工会工资工作要认真贯彻“组织起来、切实维权”的工会工作方针，重点做好以下几方面的工作：

知识链接

最低工资标准，是指劳动者在法定工作时间或依法签订的劳动合同约定的工作时间内提供了正常劳动的前提下，用人单位依法应支付的最低劳动报酬。

工资指导线，是政府对企业的工资分配进行规范与调控，使企业工资增长符合经济和社会发展要求，促进生产力发展的企业年度货币工资水平增长幅度的标准线。工资指导线可以采用工资增长相对数（即工资增长率）的形式，也可以采用工资增长绝对数的形式，也可以采用将相对数与绝对数相结合的办法。

劳动定额，是在一定的生产技术、组织条件下为生产一定量的产品或完成一定的工作，所规定的劳动消耗量的标准。劳动定额有工时定额和产量定额两种形式。

1. 积极参与宏观分配体制改革，推动建立职工工资正常增长机制

推动最低工资保障制度的完善。要在发展生产的基础上适时推动最低工资标准的提高，争取使各地最低工资标准普遍达到当地社会平均工资40%～60%的水平，促进低收入岗位工资增长。加强宣传，让广大职工都了解最低工资标准，运用最低工资标准维护自己的基本工资收入权益。探索建立行业最低工资标准，使最低工资保障制度的作用得到更好的发挥。

推动工资指导线制度不断完善。要加强对工资指导线的研究，提高其科学性和准确性。要尽快制定和发布行业工资指导线，使地区性工资指导线和行业工资指导线相结合，引导企业合理确定职工的工资水平和增长幅度。要从制度上进一步把工资指导线和工资集体协商联系起来，明确企业开展工资集体协商必须以当地的工资指导线为基本依据。

加强劳动定额标准制定和管理工作，推动政府劳动主管部门尽快制定出台有关政策措施规范企业劳动定额管理。推动各行业协会和产业工会在政府有关部门的指导下，通过协商，科学合理地制定并定期发布各行业、各工种的劳动定额标准。企业职工和工会有权参与劳动定额标准的制定和管理。

促进消除各种形式的体制性障碍，建立统一开放的劳动力市场，实现同工同酬。推动消除行政性行业垄断，遏制垄断行业工资增长的趋势。推动健全国有企业高管人员薪酬管理制度，促进高管薪酬在全社会范围披露，不断完善和充分发挥厂务公开等企业民主监督制度的作用，监督国企高管工资支付和职务消费的行为。推动户籍制度改革，实现劳动者公平就业，同工同酬。

2. 建立和完善以工资集体协商制度为主要形式的企业工资决定机制

各级工会要按照“市场机制调节，企业自主分配，职工民主参与，政府监控指导”的企业工资收入分配制度改革基本要求，建立和不断完善工资集体协商制度为主要形式的企业工资决定机制，推动企业通过工资集体协商决定职工工资水平。当前工资集体协商的主要任务是探索规律和特点，建立与我国社会主义市场经济相适应的工资集体协商制度。工作重点是：提高协商共识，完善法律法规，建立协商机制、改革完善体制。

最大限度地调动劳动关系双方工资集体协商积极性，从根本上改变工资集体协商“上热下冷”“工热企冷”的局面。广大职工的支持和参与是有效开展工资集体协商工作的力量源泉。加强宣传，提高认识，增强职工参与工资集体协商的自觉性；加强公开和民主，促进职工全过程参与工资集体协商；完善工资集体协商成效评价机制，把职工满意度作为考核评价的重要指标。认真研究企业方情况，知彼知己，有针对性地开展工作；推动国家减免中小企业税费，并将减免地税费与工资集体协商挂钩，提高企业方协商动力。

大力推进区域性行业性工资集体协商的开展。行业协商是将来工资集体协商工作的重点，应当积极创造条件不断推动建立和完善。加强协商主体建设，推动区域性行业工会联合会，支持基层企业组织、行业协会（商会）建设。把制定劳动定额标准的作为行业协商的重点，并以此为基础开展工资集体协商。

3. 建立企业工资支付保障机制，重点解决建筑施工等领域拖欠农民工工资问题

推动工资支付监控制度和工资保证金制度的普遍建立，将易发生工资

拖欠的行业、企业纳入重点监控范围。研究探索欠薪保障基金制度，用于企业濒临破产、雇主无力支付工资或欠薪逃匿时，向职工垫付工资。建章立制，规范建筑施工企业分包和工资支付行为。要明确规定，在建设领域，建筑施工总承包企业或者劳务企业承担工资支付的责任，不得由“包工头”等不具备用工主体资格的组织或个人代发。职工工资必须按时足额发放，不得采取集中发放工资的做法。同时，建立举报奖励制度，加大对发包方的处罚力度。

加强工会在监督企业按时足额发放职工工资中的责任。企业违法克扣或拖欠职工工资的，工会应当代表职工与企业交涉，要求企业采取措施予以改正；企业应当认真整改，并向工会作出答复；企业拒不改正的，基层工会应及时向当地政府人力资源保障部门和上级工会报告，并请求人力资源和社会保障部门依法予以纠正。

4. 加强工资立法，切实做好执法监督检查

推动《工资条例》的制定和出台，将三项机制建设纳入法治轨道。要对最低工资制度、工资指导线制度、劳动定额管理等国家宏观调控手段提出明确要求；要将工资支付保障机制中行之有效的手段作为法律规定，并加大对拖欠工资行为的惩罚力度；要对工资集体协商做出更为详细和可操作性的规范。对于拒不协商或协商失败的，要规定劳动部门介入和纠正相关程序。要详细规定协商人具有的权益和具体保护措施，在法律层面明确工会对协商人承担义务和责任，进一步保护协商人权益。

配合政府有关部门加大执法力度，推动《劳动法》《劳动合同法》的全面落实。加强对企业工资分配行为的监督检查，纠正延长劳动时间、不依法支付加班工资、违反或变相违反最低工资规定、拖欠工资等的违法行为，加强对违法行为的处罚，加重企业的违法成本，减少职工因企业违法造成的收入损失。

5. 加强调查研究，提高工会工资干部的业务素质

各级工会特别是各级工会领导机关要围绕政府工资工作的重点、新形势下工资工作的难点、群众关心的热点问题开展工作。深入实际调查研

究，倾听职工群众的呼声，善于发现问题和总结经验。要在调查的基础上注重对工资分配的重大理论问题进行探讨和研究，提出工会的观点和主张。

工会工资工作是一项理论性、政策性、业务性极强的工作，工会工资工作干部的业务素质是制约工作水平的关键。由于多方面的原因，当前全国工会系统，特别是基层工会从事专职工资工作的干部队伍萎缩，工资工作不够活跃。各级工会组织要把培训工资工作干部当作一项长期的战略任务来抓，加大培训力度，不断提高广大工会工资干部的业务素质、参政议政的能力，进而提高工会工资工作的整体水平。

四、工会社会保险工作方法

（一）工会社会保险工作面临的形势和任务

1. 工会在社会保障制度中发挥作用的方式还没有实现制度化、法治化、规范化

在我国的一些法律法规中，尽管出现过一些规定工会组织在社会保障制度中的责权利方面的条款，但从总体上看，缺乏系统性和程序性，一些规定还很不到位。工会推动社会保障制度发展的工作力度还不够大，与一些发达国家相比，与工会在我国应有的地位相比，工会推动社会保障的潜力还未充分发挥，工会的参与渠道还比较狭窄。

2. 工会的工作方式需要与时俱进

随着社会主义市场经济体制的建立、政府履行社会管理职能的逐步到位、社会保险基金管理办法的逐步完善、退休人员逐步实行社会化管理、国家金融保险监管制度的不断健全，工会在社会保障中发挥作用的制度基础已发生较大改变。工会对社会保险基金的监督管理、工会举办的职工互助保障、工会实施的送温暖工程以及工会对退休人员的管理服务等，都面临着一些新的情况。积极探索社会主义市场经济条件下工会参与社会保障实践的新路子，成为各级工会组织不得不认真思考的重要问题。

3. 工会在社会保障制度中发挥作用面临新的挑战

随着所有制结构调整力度的加大，私营企业、乡镇企业、外商投资企业或出口加工企业等非公有制和混合经济单位大量涌现，在这些企业从业的职工人数已经大大超过了公有制单位的职工人数，成为工会建立基层组织和发展会员的主要领域。与此同时，工会维护社会保障权益的对象也需要相应从传统的第二产业扩大到第三产业和其他领域，特别是保障农民工、劳务派遣工以及其他灵活就业人员的劳动经济权益。此外，随着越来越多的中国劳动者出国工作，如何维护他们在国外的社会保障权益，也是中国工会面临的一个问题。

（二）工会促进社会保险制度完善的方法和措施

1. 推动有关社会保险体系的完善

积极推动《社会保险法》有关配套政策的出台，促进职工社会保险与城乡居民社会保险制度的整合，提高统筹层次，解决部分领域政策真空和落实难问题。

2. 推动在社会保险监督体系下的社会监督立法

继续完善和细化《社会保险法》规定的社会监督办法，有效发挥工会对社会保障政策法规的源头参与和监督检查工作，推动政策的完善和落实。

（1）利用协调劳动关系三方会议制度参与社会保障政策法规的研究和制定，使广大职工的意见和建议在制定政策法规中得到充分体现，同时通过这一渠道积极反映政策法规执行中的问题，以引起决策层的重视。

（2）充分利用人大中工会代表以及相当一部分工会主席在人大兼职的政治优势，有力推进国家和地方对社会保障的立法，使社会保障制度由政策层面上升到法律规范。

（3）积极参加党委、政府及人大、政协开展的有关社会保障工作专项监督检查和视察活动，促使解决社会保障政策法规落实中的突出问题，推动社会保障政策法规的全面落实。

（4）推动依法建立社会保险监督委员会，明确其工作机构和牵头部门，建立工作制度，细化主要职责和履职方式，明确社会监督意见的法律效力，确保工会能够全过程、全方位地维护广大职工的社保权益。

3. 推动多层次的社会保障体系的建立和完善

（1）大力兴办职工互助保障事业，使之成为多层次社会保障体系的有机组成部分。在新的历史条件下，发展职工互助保障事业是工会直接服务职工、维护职工利益的十分重要的途径。工会要根据自身的性质以及具有组织网络健全、群众性和组织性较强的特点，大力兴办职工互助保障项目，并不断扩大保障覆盖面，提升制度的整体性，增强管理的规范性，真正构筑起职工可靠的抵御社会风险的又一道防线，使之既满足社会保障制度发展的客观要求，又能增强工会组织的吸引力和凝聚力。

（2）直接介入社会保障具体事务的管理。主要是向广大职工宣传和解释国家社会保障政策，帮助他们申领有关社会保障待遇（如低保金和失业保险金），帮助失业人员接续社会保险关系，帮助工伤职工及其家属做好工伤保险认定，参加劳动能力鉴定委员会，做好工伤职工伤残等级鉴定工作，协助政府有关部门做好退休人员的社会化管理服务工作等。

（3）依托工会送温暖工程和困难职工帮扶中心，积极探索和完善工会帮扶救助体系，使之成为政府社会救助制度的必要补充和重要组成部分。

五、工会帮扶工作方法

工会帮扶工作，是各级工会组织认真贯彻党和国家的方针政策，切实履行工会维护基本职责，通过各种途径和形式，对在生活方面遇到困难和问题的职工提供信访接待、生活救助、就业援助、法律援助等帮扶，使他们尽快摆脱困境的一项重要工作。

（一）工会帮扶工作的具体内容

生活救助：向出现灾害、疾病等重大困难或经过政府救助后生活仍难以为继的困难职工提供临时生活救助，帮助他们解决或缓解生活困难局面。

就业培训：向下岗失业困难职工提供有针对性的就业技能培训服务，提高他们的就业竞争能力。

创业指导：向有创业意愿的下岗失业困难职工提供创业项目指导和创业计划设计服务，帮助他们通过自主创业实现再就业。

职业介绍：对有劳动能力、有就业意愿的下岗失业困难职工提供就业岗位信息，帮助下岗职工找到合适的就业岗位。

小额借（贷）款：为有创业能力且有较好创业项目的下岗失业困难职工提供无息或低息创业资金。

医疗救助：为患大病的困难职工家庭提供资金、药品或其他救助措施。

助学帮扶：为困难职工子女上学提供资金或其他救助。

信访接待：通过热线电话、接待来访、回复信函等形式为职工解答国家政策法规，帮助协调解决职工的投诉案件，维护职工的合法权益。

法律援助：为合法权益受到侵害的困难职工、劳动模范、工会干部及基层工会组织提供法律援助服务。

农民工帮扶：为符合条件的农民工提供必要的政策、资金、物质、技能、信息等帮扶服务。

心理疏导：为职工提供心理咨询、心理疏导等服务，帮助职工特别是新生代农民工提高心理适应能力。

会员服务：为职工提供购物、旅游、婚介、家政、护理、体检、疗休养等服务。

后勤保障：企业工会积极创造条件为职工解决交通不便、娱乐文化设施缺乏、职工生产生活条件差以及就业难、子女上学难、职工住房难等实际问题。

其他帮扶项目。

（二）工会帮扶工作的定位

工会帮扶工作以帮扶中心为主要载体，以困难职工和农民工为主要对象，以“救助、维权、服务”为主要职能，认真研究经济社会形势，参与制定和落实各项民生政策，掌握和了解职工需求，通过多种途径，使困难职工群体逐步从生活困难中摆脱出来，使广大职工保持生活的尊严和平等的社会发展机会。

1. 救助职能

就是指在努力推动困难职工进入政府救助范围的同时，对那些经政府救助仍然困难的或者政策没有覆盖到的困难职工群众解决临时性、突发性生活困难，保障其基本生活，帮助他们脱贫。

2. 维权职能

就是紧紧围绕工资报酬、社会保险、劳动条件等涉及职工切身利益的问题，加强协调劳动关系，为职工提供政策咨询、法律援助等维权服务，切实维护职工的合法权益，促进职工队伍稳定和社会和谐。

3. 服务职能

就是指通过各种活动形式，积极开发适应职工需求的生活消费、保险互助、学习知识与技能、健康娱乐、休闲交友等方面特色服务项目，为全体职工会员提供多元化的公共服务。

这三项职能有机联系、相互促进、相互补充，在不同的地域和不同的发展阶段可以有所侧重。

（三）工会帮扶工作的主要做法

1. 参与政策研究制定

各级工会坚持围绕涉及职工生产生活的问题深入调查研究，对职工面临的突出困难和问题，及时向党委、政府反映，提出对策建议，推动问题的解决。积极参与《劳动法》《劳动合同法》《就业促进法》《社会保险法》《最低工资条例》等法律政策的制定，反映职工的意愿和要求。推动建立和完善最低生活保障制度，把符合条件的困难职工及时纳入低保范围；推动解决了国有企业职工工资历史拖欠、国有关闭破产企业和困难企业退休职工纳入医保、老工伤人员纳入工伤保险等问题，维护了职工队伍和社会稳定。

2. 保障基本生活

各级工会在帮助符合条件的困难职工纳入政府救助渠道的同时，以生活特别困难的低保和低保边缘户职工、下岗职工及困难农民工为主要对象，不断加大生活救助力度，提高救助标准；充分利用工会爱心超市、医院、药店等帮扶平台，对困难职工实行减免优惠措施；积极开展职工医疗互助互济活动；推动将困难职工纳入政府廉租房保障范围，保障他们的基本生活不受影响。

3. 开展助学活动

从2005年起，全国工会普遍开展“金秋助学”活动，帮助困难职工子女顺利入学并完成大学学业。自2009年开始，全国总工会和教育部联合开展“困难职工家庭高校毕业生阳光就业行动”，把生活救助、素质培养、情感关怀、开展勤工俭学、提供实习见习岗位、推介安置就业等紧密结合起来，帮助困难职工家庭大学毕业生实现就业。

4. 大力促进就业

各级工会大力推进再就业工程，积极协助政府做好下岗职工再就业工作。充分发挥工会职业介绍和职业培训机构的作用，对困难职工和农民工免费开展就业培训和职业技能培训，帮助他们联系就业岗位。为有自谋职业和自主创业愿望及能力的下岗失业人员提供创业指导、小额贷（借）款和技术、信息等方面的扶持，帮助他们脱困致富。

5. 维护合法权益

在促进就业以使困难职工群体实现自我脱贫的同时，工会通过开展法律援助、工资清欠等措施，切实维护了困难职工和农民工的合法权益。各级工会依托跨区域维权服务网络，充分发挥工会法律援助中心和法律援助律师团作用，建立农民工维权函告制度，为农民工提供法律咨询和法律援助服务，帮助他们解决因裁员、欠薪、断保等引发的劳动关系纠纷，依法维护他们的劳动权益，减缓了困难职工群体规模扩大的趋势。

6. 开展结对帮扶

结对帮扶是以先进带动后进，优势带领劣势的一种优势群体帮助扶持相对弱势群体的形式和手段，可以是一对一，也可以是多对一，还可以是多对多结对。1997 年 1 月，全国总工会下发通知，要求普遍推行领导干部联系困难企业和特困职工家庭制度。各级地方和企业党政工领导干部根据工会困难职工档案，确定帮扶对象，深入困难职工家庭，帮助解决实际困难，此项活动一直是工会困难帮扶的重点工作和重要形式。

7. 推动企业职工生活后勤保障

从提高新形势下工会服务职工水平、保障职工劳动经济权益、促进劳动关系和谐、实现企业和职工共同发展的目标出发，以中小非公有制企业为重点领域，以农民工为重点群体，实施以改善职工就餐条件、职工居住条件、健康保障条件、职工文体活动条件等为主要内容的后勤保障推进工作，促进企业劳动关系进一步和谐。

8. 开展互助互济活动

职工互助互济活动，是企业工会职工生活福利工作的一项重要内容，同时也是一项富有工会组织传统特色的工作。职工生活互助互济的内容很多，主要有劳务互助、经济互助和专项互助。各级工会通过建立职工互助互济会，使职工互助互济活动制度化、规范化。为推广和促进职工互助补充保险在全国范围的发展，全国总工会于 1992 年下发了《关于工会举办职工互助补充保险的意见》，要求通过互助互济等形式对职工发生生、老、病、死、伤、残或意外灾害等特殊困难时，给予物质帮助。随着工作的不断发展，全国各级工会纷纷通过开展医疗互助活动解决广大职工看病难、看病贵等困难，取得显著成效。

9. 开展精准扶贫

2014 年年初，中共中央办公厅、国务院办公厅印发了《关于创新机制扎实推进农村扶贫开发工作的意见》，提出建立精准扶贫工作机制，明确了新时期做好扶贫攻坚工作的方向。

为了贯彻中央精准扶贫精神，全国总工会要求各级工会组织，将困难职工解困脱困融入国家脱贫攻坚大局，把“精准”贯穿全过程。

（1）分类做好城市困难职工群体的解困脱困工作。对有一定劳动能力的困难职工，有针对性地开展技能培训和就业服务，扶持他们就业创业，通过就业创业脱困；对因欠缴社会保险费不能办理退休、拿不到失业保险金的困难职工，推动将其纳入国家社会保险制度、救助制度；对丧失劳动能力或领取的社会保险金不足以保障基本生活的困难职工，通过推动将其纳入城镇低保制度、提高低保水平、加大工会帮扶救助力度等措施，提供兜底保障；对因病致困返困的困难职工，主动与政府有关部门联系，积极推动建立城镇职工大病保险制度，推动将其纳入大病保险和医疗互助保险；对已经在城镇落户、生活中遇到困难的农民工，协助政府做好帮扶解困工作，帮助农民工更好融入城市。

（2）高度关注结构性改革中职工生产生活遇到的新情况新问题。及时了解煤炭、钢铁等产能过剩行业、经营困难企业和兼并重组、破产清算企业中的职工生活困难问题，配合有关部门，继续做好对老工业基地、资源枯竭工矿区困难职工专项帮扶工作，妥善解决职工安置和社会保障问题。

（3）加强工会精准帮扶解困的能力建设。深入调查研究，掌握困难职工群体规模、分布及就业收入、致困原因等情况；为困难职工建档立卡，做到一户一档案、一户一计划、一户一措施，因困施策、分类帮扶、精准脱困；实行工会帮扶困难职工目标责任制，把任务分解到各级工会，严格考核，强化督查，确保建档立卡的困难职工如期解困脱困。

知识链接

精准扶贫，是粗放扶贫的对称，指的是针对不同贫困区域环境、不同贫困农户状况，运用科学有效程序对扶贫对象实施精确识别、精确帮扶、精确管理的治贫方式。一般来说，精准扶贫主要是就贫困居民而言的，谁贫困就扶持谁。“精准扶贫”的重要思想最早起源于2013年11月，习近平总书记到湖南湘西考察时首次作出了“实事求是、因地制宜、分类指导、精准扶贫”的重要指示。

第7章 工会劳动保护工作方法

工会劳动保护是指工会依据法律赋予工会的职权，监督企业和有关方面贯彻国家有关劳动安全卫生的法律法规，发动职工群众参与企业安全生产工作，督促企业不断改善劳动条件，维护职工在生产劳动过程中的安全与健康合法权益。

工会劳动保护的对象是全社会从事职业活动的劳动者。从行业性质来看，既包括工矿企业的劳动者，也包括农林、牧渔企业和财贸、服务行业的劳动者；从企业经济类型来看，既包括公有制企事业单位的劳动者，也包括其他各种所有制企事业单位（如私营、民营、外资、乡镇企事业单位等）的劳动者。总之，只要是中华人民共和国境内依靠劳动取得工资收入的劳动者，都是工会劳动保护的对象。

工会劳动保护的主要目的是预防和减少伤亡事故和职业病的发生，维护职工群众在生产劳动过程中的安全与健康，保障企业生产的顺利进行，促进国民经济快速、稳定、健康发展。

各级工会在开展劳动保护监督检查工作的过程中，经过长期探索和实践，创造出了很多行之有效的群众性劳动保护监督检查工作方法和载体，提高了工会劳动保护工作的成效和水平。总结推广这些工作方法和载体，有助于进一步做好新形势下的工会劳动保护工作。

一、全国“安康杯”竞赛活动开展方法

（一）“安康杯”竞赛的主要内容

（1）健全竞赛组织机构。竞赛活动要有计划、部署、方案、组织、检查、评比、表彰、奖励。

（2）落实企业安全生产主体责任。

（3）开展“十个一”活动：

查一起事故隐患。以班组为单位，发动职工对照国家法律、法规、标准和企业规章制度，对生产设备、设施、安全装置和环境进行自查、互查，查找事故隐患，消除事故隐患，创造安全生产环境。

纠正一次违章行为。发动职工熟悉工艺流程，掌握操作规程，分析生产作业的每一个环节，纠正违章作业，做到人人制止违章，人人遵章守纪。

提一条合理化建议。发动职工对企业安全生产管理、生产工艺、生产设备、劳动条件及作业环境进行分析，就如何保证安全生产，提出合理化建议。

当一天安全员。每一名职工当一天值班安全员，明确当班安全员责任，进行安全布置、检查、评价、总结，提高职工对搞好安全生产的认识和安全责任心。

做一件预防事故的实事。从预防事故入手，发动职工解决安全管理、安全装置、设备存在的问题，消除事故隐患，避免事故的发生。

忆一次事故教训。组织每一名职工忆一次特大事故或本地区、本行业、企业或身边发生的事故，从中吸取教训，提高防范能力。

读一本安全生产的书。根据企业的特点和生产实际，发动职工每人读一本安全生产的书，学习、掌握安全生产知识，提高安全素质。

接受一次安全生产培训。参赛企业结合企业实际，制订安全培训计划，让每名职工都接受一次安全生产培训，了解与自己工作有关的职业危

害，预防伤亡事故、职业病的方法和措施。

举办一次安全生产法律、法规知识讲座。参赛企业举办一次安全生产法律、法规知识讲座，让职工了解、掌握自己在劳动安全卫生方面的权利和义务。

搞一次安全生产宣传活动。以举办安全板报、安全演讲、文艺演出、安全升旗、安全签名、防火防毒模拟演练、安全体育竞赛等不同形式的宣传教育活动，营造安全生产氛围。

（4）加强群众监督。认真贯彻工会劳动保护监督检查“三个条例”，健全工会劳动保护监督检查网络，发动广大职工群众，开展行之有效的群众性劳动保护监督检查，及时发现隐患，报告险情，督促整改。

（5）开展群众性安全生产活动。积极开展班组安全建设、推广“一法三卡”、签订劳动安全卫生专项集体合同、推广工会参与职业病防治工作模式等。

（6）年度各项伤亡事故及职业危害指标低于国家控制指标或低于相应行业制定的控制指标。

（二）开展“安康杯”竞赛活动的方法

1. 充分认识“安康杯”竞赛活动在安全生产工作中的地位和作用

做好安全生产工作的关键是坚持“安全第一，预防为主，综合治理”，做到防治结合，把预防工作放在首位。要解决管理人员和职工的安全意识不到位、安全生产知识培训不到位的问题，要始终围绕加强企业安全管理、加强工会劳动保护群众监督、加强企业安全文化建设、提高企业安全生产管理水平、提高广大职工安全生产知识水平和自我保护能力来进行。

2. 通力合作，突出重点，不断扩大“安康杯”竞赛活动的参赛范围

“安康杯”竞赛是一项系统工程，需要多方参与，齐抓共管，才能奏效。因此，工会与安监等相关部门要建立健全工作机制和制度，形成工作

合力，参赛企业内部也要党政工团齐抓共管。

3. 针对安全生产工作中出现的突出问题，及时调整“安康杯”竞赛活动重点

始终把煤矿、建筑等事故高发行业、农民工聚集企业、有毒有害危害严重的企业作为参加“安康杯”竞赛活动的重点对象，采取各种激励方式和手段吸引这些行业和企业参加到活动中来，从中选树先进典型，以点带面，全面推进安全卫生工作。

4. 创新活动形式，不断扩大“安康杯”竞赛品牌效应

充分发挥“安康杯”竞赛载体的作用，开展各种形式的安全文化活动，充实竞赛内容，使“安康杯”竞赛活动内容更加丰富、充实，更具有活力和号召力。

5. 加强“安康杯”竞赛活动的信息交流和宣传报道

重视应用现代信息化手段，发挥互联网的作用，不断加强横向及纵向间的信息沟通，传递“安康杯”竞赛活动信息，快捷地指导“安康杯”竞赛工作。加大宣传报道工作力度，通过各种媒介宣传“安康杯”竞赛活动的好经验、好做法。

6. 转变作风，深入实际，加强对“安康杯”竞赛活动的引导

经常组织人员深入到企业了解“安康杯”竞赛活动开展的情况，帮助企业解决在开展活动中遇到的问题。继续加大省市间、产业间的全国“安康杯”竞赛活动的自查、互查和抽查力度。适时地开展各种相关的学习、考察和交流。

7. 结合竞赛实际，不断加大表彰力度

全国“安康杯”竞赛组委会办公室负责总结、宣传推广“安康杯”竞赛单位的先进经验，对“安康杯”竞赛活动中表现突出的先进集体和个人进行通报表彰。全国“安康杯”竞赛活动实行每两年表彰一次。在连续五年以上荣获全国“安康杯”竞赛优胜单位中推选出 12 家单位申报全国五一劳动奖状，在全国“安康杯”竞赛优胜班组中推选出 10 个班组申报全国工人先锋号，在全国“安康杯”竞赛先进个人中推选出 3 名个人申

报全国五一劳动奖章。各地和各产业、行业（企业）联合会、大集团公司“安康杯”竞赛组委会办公室高度重视“安康杯”竞赛活动的宣传报道，充分利用平面、立体媒体和互联网，不断扩大竞赛活动的社会影响，及时将本地区、本系统所属企业开展“安康杯”竞赛活动的情况、主要经验、存在问题和意见建议等反馈给全国“安康杯”竞赛组委会办公室。

知识链接

“安康杯”历届活动主题

- ◆1999 年，消除隐患，确保安全，保障稳定，促进发展
- ◆2000 年，我懂安全，我要安全，从我做起，保证安全
- ◆2001 年，我要安全，我懂安全，人人尽责，确保安全
- ◆2002 年，加强宣传培训，促进安全生产
- ◆2003 年，掌握安全生产知识，争做遵章守纪职工
- ◆2004 年，掌握安全生产知识，争做遵章守纪职工
- ◆2005 年，全面树立以人为本思想，切实加强安全生产教育
- ◆2006 年，全面树立以人为本思想，切实加强安全生产教育
- ◆2007 年，以人为本、安全发展、提高素质、促进和谐
- ◆2008 年，提高安全健康整体素质，实现安全健康科学发展
- ◆2009 年，科学发展抓预防，预防为主重教育
- ◆2010 年，加强班组安全建设，强化一线教育管理
- ◆2011 年，抓班组，提高管理水平；重教育，推进安全文化
- ◆2012 年，弘扬企业安全文化，加强班组安全管理
- ◆2013 年，弘扬企业安全文化，加强班组安全管理
- ◆2014 年，广发发动提质量，文化引领强基础
- ◆2015 年，扩面提质强基础，文化引领增素质

二、工会参与职业病防治工作方法

（一）地方工会

（1）注重源头参与，积极促进完善职业卫生法律体系，加大参与立法和政策制定工作力度。根据本地实际，积极推进地方有关职业病防治的法规、政策的制定和贯彻实施。

（2）建立三方协调机制。参照国家职业病防治三方协调机制模式，建立本地职业病防治三方协调机制。

（3）推进建立健全适应社会主义市场经济的职业卫生管理和工作机制。定期与同级政府举行联席会议，就有关职业病防治重要政策的出台、职工群众需求等进行通报沟通，提出工会的建议和主张；坚持向同级党委汇报职业病防治工作；向本地人大、政协反映社情民意；加强与相关组织间的协调。

（4）贯彻执行中华全国总工会有关职业病防治工作的要求和部署。

（5）与有关部门联合开展职业病防治工作的专项行动。参加职业病防治工作的专项整治工作；联合开展职业病防治宣传周活动；联合开展中小企业职业病防治综合试点工作；参加重大职业病防治事故查处；参加有关职业病防治工作的调研。

（6）不断探索适应形势发展需求的基层工会职业病防治工作模式。按照全总和地方政府、党委要求，组织职业病防治维权试点工作。及时总结基层工会开展职业病防治工作经验，选树典型，推广实用可行的工作模式，提高基层工会开展职业病防治工作水平。

（7）开展职业病防治宣传教育，提高全社会职业病防治的意识和能力。加强对劳动者职业病防治宣传教育工作，提高劳动者安全生产责任感和自我保护的意识和技能。呼吁政府有关部门和社会各界共同开展全民安全卫生科技知识和法律知识普及工作，提高全民安全卫生素质。

（8）依托职业病防治机构开展有关工作。探讨本地工会主动参与职业病防治工作；参与职业病防治机构有关的科研工作；参加当地重大职业病事故的控制研究。

(9) 积极探索农民工的维权模式。探索多部门合作、城市间联盟、农民工双向维权模式等，在维权过程中保护农民工健康权益。组织农民工加入当地“外出务工人员工会联合会”，并集中进行职业卫生培训，建立健康登记卡；农民工外出后，定期将健康检查结果和职业史报告所加入的“外出务工人员工会联合会”，在健康登记卡上进行登记；返乡时向“外出务工人员工会联合会”报告离岗体检结果，形成健康监护档案。

(10) 推动区域性工会的组建和协商签订区域性职业卫生专项集体合同。

(11) 积极参加协会和学会活动。

(二) 产业工会

(1) 发挥熟悉本行业职业病危害因素和防治技术的优势，有针对性地开展咨询、培训等劳动保护工作；指导本行业的企业工会开展劳动保护工作。

知识链接

职业病是指企业、事业单位和个体经济组织等用人单位的劳动者在职业活动中，因接触粉尘、放射性物质和其他有毒、有害因素而引起的疾病。职业病的分类和目录由国务院卫生行政部门会同国务院安全生产监督管理部门、劳动保障行政部门制定、调整并公布。职业病防治工作坚持预防为主、防治结合的方针，建立用人单位负责、行政机关监管、行业自律、职工参与和社会监督的机制，实行分类管理、综合治理。工会组织依法对职业病防治工作进行监督，维护劳动者的合法权益。用人单位制定或者修改有关职业病防治的规章制度，应当听取工会组织的意见。

（2）与政府行业主管部门、行业协会建立职业病防治三方协调机制。借鉴国家三方协调机制模式建立产业工会三方协调机制，就本行业职业病防治的重大事项进行协商，推动制定和完善相关政策，解决本行业职业病防治工作的突出问题。

（3）加强本行业职业病防治工作调查研究，掌握行业工艺技术发展、职业危害因素特点及变化、防护技术现状、从业劳动者群体构成等情况，推动行业职业卫生政策、标准的制定和防护技术的发展。

（4）推进产业平等协商、签订集体合同。作为本产业劳动者代表和行业协会（雇主组织）进行平等协商，签订行业劳动安全卫生专项集体合同。

三、签订劳动安全卫生专项集体合同的方法

劳动安全卫生专项集体合同是指用人单位与本单位职工（或者工会代表职工与企业代表组织之间）根据法律、法规、规章的规定，通过就劳动安全卫生方面的内容进行集体协商签订的专项书面协议。

（一）劳动安全卫生专项集体合同的内容

劳动安全卫生专项集体合同内容主要包括：劳动安全卫生组织机构和规章制度建设；劳动安全卫生责任；劳动条件（包括职业危害告知）、防护措施和安全投入；安全技术规程；劳动安全卫生教育培训制度；劳动保护用品的发放、维护和使用标准；定期健康检查和职业健康监护；事故应急救援；女职工和未成年工的特殊保护；休息和休假；群众监督；合同的变更、解除和终止条款；履约监督和违约责任；集体合同争议处理的条款；双方首席代表签字；人力和社保部门的审查意见；合同生效日期、有效期限；向全体人员公布及方式等。

（二）签订劳动安全卫生专项集体合同的程序

1. 职工代表大会审议通过劳动安全卫生专项集体合同草案

（1）职代会审议中要把握的几个原则

合法的原则。审查合同内容是否符合国家和地方法律法规和有关政策规定，不能与之相抵触。审查协商过程以及协商形式是否合法。

充分体现职工意愿的原则。合同必须真正代表多数职工正当的具体利益要求。不能无视职工应当享有的合法权益，不能迫使职工接受企业方提出的单边条件。

坚持双赢目标的原则。职代会审议合同时不仅要考虑职工的利益，同时也要兼顾国家、企业其他方面的利益，正确对待各方面的利益关系，把职工的合理要求和企业的实际承受能力结合起来，使双方在协商过程中共同受益。

（2）职代会审议的程序

工会在组织职工代表审议集体合同草案时应按照以下程序进行：

审议前的准备工作。工会要在职代会前一周将劳动安全专项集体合同草案发到全体职工代表手中，使之提前熟悉和研究合同草案的内容，并听取所在单位职工的意见，事先准备好修改意见。

向职代会报告。说明劳动安全卫生专项集体合同的产生过程，合同草案的内容及其制定的依据，进行协商的情况。

组织职工代表讨论。请职工代表进一步修改和完善劳动安全卫生专项集体合同草案。

职代会表决通过。在审议合同草案的基础上，职代会以无记名投票方式对劳动安全卫生专项集体合同草案进行表决。职代会应当有三分之二以上的职工代表或者职工出席，且须经全体职工代表半数以上或者全体职工半数以上同意，劳动安全卫生专项集体合同草案方获通过。

2. 劳动安全卫生专项集体合同的签字、备案和公布

（1）劳动安全卫生专项集体合同草案经职代会表决通过后，工会主

席代表职工与企业方的首席代表在劳动安全卫生专项集体合同文本上签字。

（2）自签字之日起10日内，工会方要积极协助企业方将劳动安全卫生专项集体合同文本一式三份报送劳动保障行政部门，尤其对合同签约主体资格、合同内容、签订程序进行合法性的审查备案，在15日内未提出异议的即行生效。如果劳动保障行政部门提出异议，工会方要积极会同企业方按照协商和签约的程序规定，对异议部分依法进行修改后重新报送劳动保障行政部门审查备案。

（3）从劳动安全卫生专项集体合同生效之日起，工会应当以适当的形式向全体职工公布，让每个职工熟知其中的内容，履行好自己的权利和义务。

（三）劳动安全卫生专项集体合同的监督检查

开展平等协商、签订和履行劳动安全卫生专项集体合同是一个有机整体。集体合同的监督检查要贯穿于集体合同工作的整个过程。

监督检查的内容包括合同签订过程中的监督检查和合同履行过程中的监督检查。重点是检查签订集体合同的情况，强化履约监督，追究违约责任。

监督检查可分为企业内部的监督检查和外部的监督检查，两者主体不同。企业内部监督检查主体是企业行政、工会和职工。企业外部的监督检查主体是政府的劳动保障部门，以及与之相应的劳动法律执法检查和集体合同监督检查组织。

应建立健全监督检查组织制度和工作制度、履约责任制；整改反馈制、责任追究制等。每年应至少进行一次专门的劳动安全卫生专项集体合同的履约检查，每年向职代会报告合同履约情况。

四、“一法三卡”工作法

所谓“一法三卡”，就是在工会劳动保护监督检查工作中采用的重大事故隐患和职业病危害监控法及安全检查提示卡、有毒有害化学物质信息卡、危险源点警示卡。“一法三卡”的核心就是注重对事故隐患和职业病危害的提示检查、危险警示和信息告知，最终实现重点监控，并针对存在的问题采取及时有效的预防措施，克服以往的亡羊补牢式的安全监督管理手段，促进和加强安全监督管理。

（一）事故隐患和职业病危害监控法

事故隐患和职业病危害监控法（以下简称监控法）是一种群众性劳动保护综合性的工作方法。通过实施监控法，发动和组织职工群众查找企业、车间、班组的危险源点，对事故隐患和职业病危害进行监督、控制，将隐患和职业病危害纳入整改治理的内容，逐步消除事故隐患和职业病危害，并提高每名职工的安全意识，防范事故的发生，改善作业环境和劳动条件。

监控法是指在生产（工作）区域内对事故隐患和职业病危害作业点采取排查、评估、建卡等措施，建立监督控制体系，促进隐患整改的群众性劳动保护工作方法。实施监控法的主要步骤如下：

（1）排查。组织发动职工从人、机器、环境、管理等几个方面入手，深入地对生产作业场所与岗位的事故隐患和职业病危害进行全面系统地排查和整理。

（2）确认。对排查出来的各种不安全因素进行辨识、确认。确认事故隐患和职业病危害作业点的依据主要包括10个方面的内容：易燃、易爆、易发生火灾危险的场所；有触电伤害危险的场所；有中毒和窒息危险的场所；有人员高空坠落危险的场所；有机具、物件挂、绞、碾、碰、挤、压、切、撞、割、刺危险的场所；有灼烫、透水、淹溺、坍塌危险的场所；有落物、崩块伤人危险的场所；粉尘超标和环境污染的场所；存在噪音、低温、高温、振动、辐射、生物毒性危害危险的场所；其他容易致人伤害、发生事故频率较高的作业场所。

（3）评估。由企业工会劳动保护监督检查委员会组织，由工会劳动保护监督检查员或专职干部、企业安全技术干部和技术工人等成员组成的评估小组对确认的事故隐患和职业病危害作业点逐个进行定性、定量的评估，确定其危险等级。确定危险等级的依据主要是：事故发生的可能性大小；若发生事故，可能造成职工伤亡人员的数量和职业病危害的严重程度；财产损失的大小。以此把事故隐患和职业病危害作业点分为以下三个等级：

班组级（C级）——发生事故的概率较小，若发生事故，职工伤害程度较轻，或对人体健康造成影响较小，财产损失少。

车间级或分厂级（B级）——发生事故的概率较大，若发生事故，易发生多人伤害，造成死亡事故，或易造成慢性中毒，财产损失较大。

企业级（A级）——事故发生的概率很高，若发生事故，易发生群死群伤事故，或可能发生多人急性中毒事故，造成重大财产损失。

（4）登记建档、立卡。凡列为事故隐患和职业病危害作业点的，均进行登记，建立相应的档案，并统一制作醒目的标志牌挂在作业现场，即“事故隐患和职业病危害监控卡（警示卡）”。监控卡的主要内容有：事故隐患作业点名称、危险等级、易发事故种类、防护措施、监控要求、紧急预案、责任人、检查周期等。企业还可以配套制作“事故隐患和职业病危害作业点分布网络图”，把一个企业或一个车间内的危险源的位置在图上标示出来，一目了然，便于进行监控管理。

（5）日常管理。由企业工会劳动保护监督检查委员会建立台账档案，一个作业点设置一本台账。按照“事故隐患和职业病危害作业点”的危险等级，根据实际情况，明确管理权限和责任人。如：C级点由班组长为第一责任人，B级点由车间主要领导人为第一责任人，A级点由企业主要领导人为第一责任人。

（6）实行动态管理。无论是原有的监控点危险等级降低，还是出现新的危险源，都要及时进行调整，使危险作业点始终处于有效的监控之中。

（二）有毒有害物质信息卡

1. 基本概念

有毒有害物质信息卡，国际上一般称作化学品安全信息卡，简称MS-

DS（Material Safety Data Sheet）。在有的场合，如在《作业场所安全使用化学品公约》中，也称作化学品安全技术说明书（CSDS），是化学品生产商和进口商用来阐明化学品的理化特性（如PH值、闪点、易燃度、反应活性等）以及对使用者的健康（如致癌、致畸等）可能产生危害的文件。有毒有害物质信息卡的内容，包括了危险化学品的燃、爆性能，毒性和环境危害，以及安全使用、泄漏应急救护处置、主要理化参数、法律法规等方面信息，它还简要说明了一种化学品对人类健康和环境的危害性并提供如何安全搬运、贮存和使用该化学品的信息。因此，它是传递化学品危害信息的重要综合性文件。

2. 主要作用

有毒有害物质信息卡主要作用体现在：

（1）提供有关化学品的危害信息，保护化学产品使用者。

（2）确保安全操作，为制订危险化学品安全操作规程提供技术信息。

（3）提供有助于紧急救助和事故应急处理的技术信息。

（4）指导化学品的安全生产、安全流通和安全使用。

（5）是化学品登记管理的重要基础和信息来源。

有毒有害物质信息卡

<table>
<tr><td rowspan="3">化学名称</td><td colspan="2"></td><td>分子式：</td><td>毒性等级：</td><td>危险度分级：</td></tr>
<tr><td colspan="2">分子量：</td><td>危规号：</td><td>CAS号：</td><td>监测周期：</td></tr>
<tr><td colspan="3">英文名：</td><td>UN编号：</td><td>监护周期：</td></tr>
<tr><td rowspan="4">理化性质</td><td colspan="2">外观与性状</td><td colspan="3"></td></tr>
<tr><td colspan="3">熔点（℃）：</td><td colspan="2">易发伤害事故类别：</td></tr>
<tr><td colspan="3">沸点（℃）：</td><td colspan="2">相对密度：</td></tr>
<tr><td colspan="3">蒸汽压（kPa）：</td><td colspan="2">溶解性：</td></tr>
<tr><td rowspan="4">毒性及健康危害</td><td rowspan="2">接触限值</td><td colspan="2">中国MAC：</td><td colspan="2">侵入途径：</td></tr>
<tr><td colspan="2">苏联MAC：</td><td colspan="2">毒性：</td></tr>
<tr><td>健康危害</td><td colspan="4"></td></tr>
<tr><td>急救与防护</td><td colspan="4"></td></tr>
</table>

续表

燃烧爆炸危险性	燃烧性：	燃烧（分解）产物：	临界温度：
	闪点（℃）：	自燃点（℃）：	爆炸限（V%）：
	危险特性		
	稳定性：	聚合危险：	禁忌物：
储运注意事项	危险类别：	包装标志：	包装类别：
泄漏处理			
灭火方法			
安全责任划分	公司级：	车间级：	班组级：
检查级别	公司级：	车间级：	班组级：
检查周期	公司级：	车间级：	班组级：
填卡部门		应急电话	

（三）危险源点警示卡

1. 基本概念

危险源点警示卡，是运用现代系统安全的理论和方法，对生产（工作）场所、作业岗位的危险源（点）进行自下而上的排查、辨识和评价，并实施挂牌监控的一种方法。

2. 主要作用

（1）警示作用。在危险区域或岗位挂牌，提示存在的危险，并辅之相应的宣传教育，让职工在工作时提高注意力。

（2）监控作用。通过对事故和职业病危害作业点的挂牌，标明主要危害以及危害程度、主要控制措施、监控责任人和检查周期等内容，提示坚持做好日常管理，加强对事故的隐患和职业病危害实施切实有效的监督和控制，防止事故的发生。

（3）管理作用。通过对每一个危险源点的警示与监控，促进企业对隐患的整改，完善和提高企业安全生产管理水平。

危险源点警示卡

<table>
<tr><td colspan="2">危险源点名称</td><td colspan="2"></td></tr>
<tr><td colspan="2">危险等级</td><td colspan="2"></td></tr>
<tr><td colspan="2">危险情况</td><td colspan="2"></td></tr>
<tr><td colspan="2">监控要求</td><td colspan="2"></td></tr>
<tr><td colspan="2">责任人</td><td colspan="2"></td></tr>
<tr><td colspan="2">检查周期</td><td colspan="2"></td></tr>
<tr><td colspan="3">标志</td><td>防护措施</td></tr>
<tr><td></td><td colspan="2"></td><td rowspan="2"></td></tr>
<tr><td></td><td colspan="2"></td></tr>
</table>

（四）安全检查表

1. 安全检查表的概念

为了系统地发现工厂、车间、工序或机器、设备、装置以及各种操作管理和组织措施中的不安全因素，事先把检查对象加以剖析，把大系统分割成小的子系统，然后确定检查项目，以提问的方式，将检查项目按系统或子系统顺序编制成表，以便进行检查和避免漏检，这种表就是安全检查表。

安全检查表按使用阶段分为：设计用安全检查表和现场安全检查表。按使用范围分为：区域性安全检查表、行业性安全检查表、企业安全检查表、车间安全检查表和岗位安全检查表。按使用性质分为：综合安全检查表和专项安全检查表。

2. 安全检查表的内容要求

安全检查表要填写检查的地点（如检查的车间、工段等），内容可以简单地列四个栏目，即序号栏、检查项目栏、“是”“否”或“合格”“不合格”栏和备注栏（注明采取措施的要求或其他事项）。为了使检查表进一步具体化，还可以增添栏目，将各检查项目的标准或参考标准列出，使检查者和被检查者知道怎么做才是对的，这非常有利于提高检查效果和检查质量。

每张检查表均需注明检查时间、检查者、直接负责人等，以便分清责任。检查表最好一式二份，在检查确认签字后留给被检查单位一份用于对照整改和反馈整改情况，留底备查一份。

制订厂级使用的安全检查表时，其检查表的主要内容集中在防止火灾、交通、安保和人身伤亡事故方面，具体内容主要包括厂区各个产品的工艺和装置的安全性、要害部位、主要安全装置与设施、危险品的贮存与使用、消防通道与设施、操作管理及遵章守纪情况。这类检查表供全厂性安全检查时使用，也可供安技、防火部门进行日常巡回检查时使用。

制订车间使用的安全检查表时，其内容主要集中在防止人身、设备、机械加工等事故方面，其内容包括工艺安全、设备布置、安全通道、通风照明、安全标志、尘毒及有害气体浓度、消防设施及操作管理等。该表供车间进行定期安全检查或预防性检查时使用。

制订工段及岗位使用的安全检查表时，其内容应根据岗位的工艺与设备的预防事故控制要点确定，要求内容具体、易行。特别要在防止误操作引起的事故和隐患控制项目方面列出检查的项目。这类检查表供工段及岗位进行自查、互查或进行安全教育用。

3. 安全检查表的编制

安全检查表的编制，可以根据生产系统、车间、工段编写，也可以按专题编写。为了使编制的检查表切合实际，应采取安全专业干部、专业技术人员和工人三结合的方式编写，并在实践检验下不断修改，使之日趋完善。经过相当时间之后，这类检查表便可以标准化。

安全生产综合检查表

检查部门：　　　　　　　　检查人：　　　　　　　　日期：

序号	检查项目	检查内容和标准	检查方法	检查结果	主要问题
1					
2					
3					
4					
5					

编制：　　　　　　　　审核：　　　　　　　　批准：

五、“红黄白通知书”工作法

中华全国铁路总工会在铁路系统工会劳动保护监督检查工作中，针对存在的劳动安全卫生方面的事故隐患，运用“红黄白通知书”工作法，按问题的严重程度向企业各级行政管理者提出整改意见，促使有关问题解决。由于“红黄白通知书”具有很强的约束力，能够引起行政方面高度重视，并能够有效促使问题迅速解决。

（一）“红黄白通知书”的主要内容

“红黄白通知书”是《事故隐患限期解决通知书》（红色通知书）、

《事故隐患处理通知书》（黄色通知书）和《事故隐患报告书》（白色通知书）三种通知书的统称。“红黄白通知书”均为表格形式，“红黄通知书”上方分别印有两条红线或黄线，“白色通知书”无色彩标记，以此体现事故问题的严重程度。“红黄白通知书”主要针对生产过程中的设备隐患、管理缺陷、劳动卫生等方面危及职工安全与健康的问题，向企业管理者提出警告，并作为要求及时或限期整改的书面依据。通知书上有接书人的签名，企业行政如果不能按通知书的内容限期整改，所引起的不良后果将由接书人负行政或法律责任。

（二）“红黄白通知书”的使用范围

在铁路系统中，“红黄通知书”的使用者，是铁路运输部门站段以上、铁路工程部门段队以上、铁路工厂车间以上工会组织或工会劳动保护监督检查委员会和全国铁路总工会任命的劳动保护监督检查员；“白色通知书”由班组劳动保护检查员使用。

（三）使用“红黄白通知书”的原则

使用“通知书”过程中应掌握的原则：对于必须解决，行政又有条件解决而不积极解决的事故隐患，必须发通知书限期解决；对于重大事故隐患，可能随时危及人身安全与健康的，必须发通知书限期解决；对于必须解决，而基层单位没有能力解决的，基层工会进行专项研究，向上级工会反映，由上级工会向同级行政发出“红黄通知书”。通知书发出后，要跟踪检查落实状况，并对整改效果进行评价，防止整改敷衍了事。

（四）“红黄白通知书”的作用和意义

“红黄白通知书”较好地解决了群众监督检查工作权威性、科学性和群众性的统一问题。使用好“红黄白通知书”，体现了工会干部参与企业管理的强烈主人翁意识，也检验了工会干部加强劳动保护工作的能力和实行民主管理的水平。一些基层工会组织通过努力已将使用“红黄白通知书”纳入企业管理规程，并以此确立自己在企业劳动安全卫生监督检查中的地位，以更切实有效地解决大量的劳动安全卫生问题。

六、“两书”工作法

“两书”是指《事故隐患报告书》和《限期整改通知书》，推动企业、班组运用“两书”，对安全事故隐患和职业病危害因素进行报告、建档、跟踪、监督、整改，对于把安全生产工作真正纳入“预防为主”的轨道，大力促进企业安全生产，保护职工的安全和健康，能够发挥有效的作用。

（一）“两书”的主要内容

《事故隐患报告书》由工会小组劳动保护检查员或职工群众提出。对职工提出的职业病危害和事故隐患报告，由车间工会劳动保护监督检查委员会进行整理、复查、建档并报行政，由行政对提出的隐患进行答复。车间解决不了的隐患，由车间再报至厂工会，由厂工会提交厂行政解决，必要时采用《事故隐患限期整改通知书》交厂行政，由厂领导人作出答复。

（二）使用“两书”的好处

由于对发现的事故隐患建立了档案，而且对能够解决的问题及时督促有关方面进行解决，对确有困难一时不能解决的隐患采取临时措施，并提出意见纳入企业整改治理计划，而企业工会又对这些隐患进行跟踪监督并督促有关部门解决，因此使用“两书”，一是可以使隐患有了记载，便于工会跟踪监督整改；二是可以促使行政负责人加快解决速度，使职工群众监督具有权威性和严肃性。正是因为使用“两书”有助于消除事故隐患，保护职工安全，避免企业损失，所以，它受到行政领导人和职工的赞誉。

（三）保证“两书”实施的工作制度

1. 各级工会主管主席负责制

这项制度的建立对于落实群众监督极为重要。只有各级工会主管主席把群众劳动保护监督检查放在重要位置，做到亲自抓、亲自过问、亲自参加，才能使这项工作开展得深入扎实。

2. 行政负责人签字认可制度

它是企业行政及其安技部门对职工提出并消除事故隐患的一种认证，是对职工提出的事故隐患报告的质量及产生的积极效果给予的认可。行政负责人认可签字，说明群众监督起到了帮助企业稳定安全生产的作用。反之，职工没有将隐患提到“点”上，行政就不会重视，群众监督的作用就体现不出来。

3. 奖励制度

对于消除重大事故隐患有功的职工给予重奖；对于发现一般事故隐患的职工给予一次性奖励；对于发现并消除重大事故隐患的职工给予晋升工资等奖励。这样可以充分调动职工排查和消除隐患的积极性，促使广大职工参与企业安全生产，共同搞好安全生产，也有助于使这项活动具有强烈的吸引力。

事故隐患报告书

报告人姓名		报告时间	
隐患地点			
隐患类别		隐患级别	
隐患内容			
班长		安全员	
分厂领导			
专业部室			
收购价格		收购负责人	
整改落实情况			
整改负责人		整改人	
整改结果		验收人	
部室验收人		验收结果	

限期整改通知书

______公司______年（____）号

________年____月____日____时进行现场巡回检查，发现以下问题：__________
____
____
____。

限定于________年____月____日____时前整改完毕。

巡检员：__________通知负责人：__________审核人：__________

填发时间：　　年　　月　　日

七、职代会保安全和职工代表安全巡视法

我国许多企业的职代会制度比较健全，运行机制日益完善，作用发挥越来越突出。各级工会特别是铁路系统工会为发挥职代会和职工代表在加强安全生产方面的作用，积累了经验。他们的做法具有代表性，值得推广。

（一）发挥职代会在加强安全生产方面的重要作用

以下以铁路企业职代会为例加以介绍。

1. 主要途径

职代会通过审议企业安全生产目标和安全生产工作计划，并通过征集职工代表提案等，发挥源头参与作用；通过行使审查同意或否决权，在企业制订安全生产重要规章制度和措施上发挥民主决策作用；通过对企业执行有关安全生产方针、政策、法律、法规、决议、措施的情况进行检查，发挥群众监督作用。

2. 主要做法

（1）建立组织、形成网络。铁路系统各局（集团公司）、分局（总公

司)、站段职代会都设有安全生产或生产经营专门委员会负责职代会有关安全生产的日常工作。委员会成员除职工代表外，还吸收具有较高政策水平和业务专长的专业人员参加，以不断提高专委会的专业水平和工作质量。全路职代会工作网络的健全为充分发挥其作用打下组织基础。

(2) 健全制度、完善机制。铁路系统各级工会狠抓职代会制度建设和运行机制的完善，分别修订完善了职代会实施细则，充实了内容，规范了程序；通过重大事项改举手表决为无记名投票表决，改进了表决方式；试行职工代表对职代会质量评估制度和职工代表在选区述职制度，提高了代表素质和责任感；进一步完善了职代会闭会期间的职工代表团组长联席会议制度，加大了职工代表在决策中的参与力度；进一步完善监督检查制度，实行职工代表站段长助理、局长联络员和职工代表视察等制度，从源头上保证了职工参与权、管理权、决策权和监督权的落实。

(3) 行使职权、发挥作用。一是行使审议建议权，充分发挥源头参与作用。职代会具有对安全生产目标、工作计划的审议建议权。职代会上，要认真审议行政领导所做的工作报告，特别是对行政工作报告中安全生产目标、措施进行重点审议，提出意见和建议。征集职工代表提案，是职代会行使建议权的重要方面。二是行使审查同意或否决权，充分发挥民主决策作用。在职代会上对行政提交的有关安全生产、劳动保护的规章制度和措施进行认真审议并表决，凡通过的颁布实施，被否决的不能实施。三是行使民主监督职权，充分发挥群众监督作用。铁路系统各级职代会制定专门措施，充分发挥职工代表和民主管理网络的作用，实行了职工代表站段长助理、局长联络员、职工代表民主管理督察组、职工代表巡视等制度，使广大职工通过正常法定渠道进行安全生产日常监督。职代会闭会期间，认真组织职工代表开展安全巡视检查活动，并形成制度。

(二) 实行职工代表安全巡视制度

职工代表安全巡视制度是职工代表按照职代会赋予的民主管理权利对企业安全生产日常管理进行监督的一项工作制度，是企业职工代表开展民主管理活动的一种有效方式。

职工代表安全巡视活动一般由企业工会或职工代表大会劳动保护专门委员会组织部分职工代表参与实施。职工代表安全巡视活动应当每季度进行一次。

1. 职工代表安全巡视活动的主要内容

（1）检查职代会有关劳动保护决议和决定的贯彻落实情况。

（2）检查企业劳动保护、职业安全卫生各项计划、规划、规章制度执行情况。

（3）检查企业集体合同关于劳动保护有关条款的履行情况。

（4）倾听和收集职工对本单位安全生产、职业卫生、劳动保护等方面的意见和建议。

（5）针对企业安全生产存在的问题及隐患对作业现场进行抽查或专项检查。

2. 职工代表安全巡视的注意事项

（1）做好巡视前的准备工作。一是事前应下发通知，向各单位告知此次安全巡视的主要内容。二是对被抽调的职工代表进行集中培训，使其有针对性地掌握安全检查的方式方法。三是由企业行政领导人向参加安全巡视的职工代表授权，使其具有现场处置的权力。

（2）突出安全巡视的重点。一是安全巡视的对象以查领导干部为主。主要查领导干部的安全意识、安全责任制的落实、日常管理和对职工进行安全教育的情况。二是安全巡视方法以随机抽查为主。虽然巡视前下发了有关通知，但检查时职工代表决不能只看被检单位指定的车间、班组的作业场所，而要重点检查容易存在事故隐患和容易在日常管理中被忽视的作业场所。

（3）充分发挥安全巡视的作用。职工代表安全巡视结束后，应当及时将检查的情况向企业领导人汇报。企业领导人及有关部门对职工代表安全巡视提出的问题、意见及建议应给予认真的研究，并拿出具体的解决方案。工会应跟踪和督促企业将整改措施落实到位，必要时可进行“回头看”式的检查。

八、安全生产舆论宣传法

搞好安全生产，不仅需要企事业单位的重视和努力，也要在全社会造成声势，形成良好的社会氛围。因此，开展有影响的安全舆论宣传活动亦是搞好安全生产的一种重要形式和工作载体。

（一）“全国安全生产月”活动

每年6月为“全国安全生产月”。“全国安全生产月”活动形式一般分为全国性活动和区域性活动两部分。全国性活动包括宣传咨询日、“安全生产万里行”、知识竞赛等活动。“全国安全生产月”全国性活动由全国安全生产月活动办公室组织实施，各地区、行业（部门）、中央企业予以密切配合。地区、行业（部门）性活动包括各省（区、市）活动、各行业企业活动、社区活动以及地方媒体的宣传报道等。地区性活动由各地、各行业、企业按照全国统一部署，结合自身实际，组织开展，而由全国安全生产月活动办公室提出指导意见和推荐活动方案。全国安全生产月活动组委会通过印发《“全国安全生产月”活动指南》，对各地区、行业、部门开展“安全生产月”活动进行综合指导和服务。

（二）“安全生产万里行”活动

“安全生产万里行”活动对各地认真贯彻落实安全生产法律法规、深入开展安全专项整治、加快安全生产监管体制建设、推动安全生产长效机制建设的好做法和好经验，进行了认真总结和大力宣传；对不重视安全生产法律法规的贯彻落实、不履行安全管理责任，特别是对重大隐患一直得不到整改和造成重特大事故的，进行公开曝光；对典型的事故案例，进行追踪报道。“安全生产万里行”活动发挥了采访团、宣传队、检查组“三位一体”的作用，为强化全民安全意识，提高职工安全素质，弘扬“以人为本，安全第一”的理念，营造“遵章守法，关爱生命”的舆论氛围和社会风尚作出新的贡献。

第8章 工会经济技术工作方法

工会经济技术工作也称职工经济技术工作，它是工会组织开展的旨在激发职工主人翁精神，调动职工积极性，团结动员职工投身国家经济建设的一系列活动。其内容包括：生产竞赛、合理化建议、技术革新、技术攻关、技术协作、发明创造、技术培训、岗位练兵、技术比赛等活动以及评选表彰先进和劳动模范的管理、服务等工作。

工会经济技术工作的主要内容包括以下方面：一是动员和组织职工开展立功竞赛活动，调动和发挥职工群众的积极性和创造性，促进企业发展，推动国家经济建设。二是发动职工开展合理化建议、技术革新、技术攻关和发明创造活动，提高职工技术创新能力，推动企业技术进步和节能减排，提高企业经营管理水平。三是开展岗位练兵、技能比赛、师徒帮教和技术培训活动，提高职工技术水平和操作技能水平。四是发挥职工技协组织的优势，开展技术开发、技术转让、技术咨询、技术服务、技术交流、技术协作、技术帮扶等活动，促进科技成果转化和推动区域经济协调发展。五是做好劳模评选表彰和管理服务工作，宣传劳模事迹，弘扬工人阶级伟大品格和劳模精神，关心劳模的工作、学习和生活。六是加强班组建设，组织开展以创建“工人先锋号”为载体的班组竞赛活动，提高班组工作水平。七是积极参与国家经济科技等相关政策、法律法规的制定。

一、劳动竞赛的开展方法

根据竞赛内容的不同，劳动竞赛可划分为三类，即生产型竞赛、智能型竞赛、技能型竞赛。开展不同类型的劳动竞赛有不同的要求。

（一）生产型竞赛的组织方法

生产型竞赛即生产竞赛，是旨在调动职工积极性、促进某一生产任务完成而开展的竞赛活动。组织开展生产型竞赛包括成立组织领导机构、确定目标、制定并组织实施竞赛方案及推广先进经验等环节。

1. 成立组织领导机构

竞赛的组织领导机构一般称劳动竞赛委员会（或称劳动竞赛领导小组），其主要职责是：研究确定竞赛方式、内容和目标，制定竞赛规划，审议竞赛预决算，决定竞赛奖励方案和表彰竞赛优胜者等。

劳动竞赛委员会一般由地方政府或企业行政领导人和工会及有关部门的人员组成。委员会办公室设在工会，负责劳动竞赛的日常组织、管理等具体工作。办公室的职责是：提出劳动竞赛计划、目标，制定劳动竞赛实施方案和考核、评选、表彰奖励办法，总结、推广竞赛活动的先进典型和经验，指导竞赛活动健康发展。这种竞赛组织领导体制有利于从全局出发作出科学决策，有利于统一领导、统筹安排，有利于多方协调、化解矛盾、形成合力，有利于解决竞赛的经费问题，推动劳动竞赛顺利开展。

2. 确定竞赛目标

确定竞赛目标要从实际出发，着力解决生产过程中的突出问题，在促进生产经营任务完成的同时，注重提高职工素质，增强企业发展后劲，推动企业的长远发展。确定目标既要考虑先进性，又要考虑可行性；既不可定得过高，也不能定得过低。目标过高容易使人失去信心，目标过低就会失去竞赛的意义。

3. 制订竞赛方案

竞赛目标确定后，就要制订竞赛方案。竞赛方案的制订是非常重要的一个环节。一般而言，竞赛方案应当有以下几个方面内容：（1）竞赛名称；（2）竞赛指导思想；（3）竞赛形式；（4）竞赛内容、要求、标准和目标；（5）参赛范围和人员；（6）竞赛起止时间；（7）竞赛考评和奖励办法；（8）其他。

竞赛方案的制订要体现群众性、可行性，为大多数参赛者接受，力求做到指导思想明确、竞赛方法规范、竞赛程序合理、评比奖励公平，有利于调动和保护参赛者的积极性。

4. 组织实施竞赛

竞赛方案经过一定程度正式确定后，就要组织实施。在组织实施过程中，要做好两个方面的工作：一是要做好实施前的准备，主要是做好思想发动工作，让参赛职工明确开展竞赛的意义、方法、目的和要求等，使大家有一个良好的竞争姿态和参赛心理，做到取长补短，相互学习，共同提高。二是做好竞赛过程中的组织指导工作，包括宣传鼓励、通报竞赛进展情况、及时协调解决竞赛中出现的问题和总结交流经验等，以保证竞赛活动按照竞赛方案顺利进行。

在竞赛过程中，还要分阶段或定期进行总结，考核竞赛目标完成的情况、工作质量和实际贡献，并以此作为奖励的依据。

5. 竞赛评比和表彰

评比和表彰是劳动竞赛管理过程中不可缺少的环节。在评比和表彰工作中，要注意做到：一是评比力求准确公正，要把那些在劳动竞赛中真正优胜的集体和个人评选出来；二是对优胜者的物质奖励和精神激励要与贡献相适应，真正起到表彰先进、激励职工的作用，使劳动竞赛始终保持旺盛的生命力。

6. 总结推广先进经验

总结推广先进经验是劳动竞赛的重要环节。通过总结先进经验，把竞赛中创造的先进技术、先进工具、先进管理法、先进工作法和先进操作法加以推广，从而提高整个社会的生产水平，是劳动竞赛的目的之一。推广先进经验的方法有开展成果评选表彰、举办培训班、进行现场表演、组织集体按先进操作法工作等。推广先进经验，还要重视发挥先进人物的品牌效应，同时要注意保护职工的知识产权。

（二）智能型竞赛的组织方法

智能型竞赛是旨在开发职工智能、促进技术进步和加强经营管理而开展的竞赛活动，包括合理化建议、技术攻关、技术革新和发明创造等。

1. 合理化建议

（1）合理化建议的概念

合理化建议是指有关改进和完善企业、事业单位生产技术和经营管理方面的办法和措施，主要内容包括：工业产品质量和工程质量的提高、产品结构的改进、生物品种的改良和发展、新产品的开发；更有效地利用和节约能源、原材料，以及利用自然条件；生产工艺和试验、检验方法，劳动保护、环境保护、安全技术、医疗、卫生技术、物资运输、储藏、养护技术以及设计、统计、计算机技术等方面的改进；工具、设备、仪器、装置的改进；科技成果的推广，企业现代化管理方法、手段的创新和应用，引进技术、进口设备的消化吸收和革新。

除上述五条外，合理化建议还包括以下内容：在管理理论、管理技术上有创见，对提高生产经营管理、科研、教学设计水平，提高经济效益和社会效益有指导作用；在管理组织、制度、机构等方面提出改革办法和改进方案，对提高工作效率和企业、事业单位的应变能力或服务能力有显著效果；应用国内外现代化管理技术和手段，取得经济效益或社会效益。

随着合理化建议活动的不断发展，其内容涉及的范围将越来越广，各行业和企事业都有自己的特点，应当结合实际情况予以充实和丰富。

（2）合理化建议活动的组织领导

在全国范围内，合理化建议活动的组织和日常领导工作由全国总工会负责，国务院有关部委在指导活动的重点方向、完善和督促落实奖励政策以及配合采纳实施建议项目等方面与工会密切配合，协同工作。全国有合理化建议和技术改进活动工作委员会，各省、自治区、直辖市都建立和健全了相应的组织领导机构。企事业单位合理化建议的组织领导机构，由企事业单位的行政、工会和有关部门的负责人员组成。大中型企业设合理化建议委员会或评审委员会。大中型企业的分厂、车间和小型企业设合理化建议领导小组或评审小组。有些车间和班组设兼职合理化建议员。

（3）合理化建议活动的管理

建立健全合理化建议活动的管理制度和工作程序，是合理化建议活动深入持久开展的制度保证。

一是健全管理制度。《合理化建议和技术改进奖励条例》《合理化建议和技术改进奖励条例实施细则》是开展合理化建议活动的政策依据。同时，企业有必要结合本单位实际，制定行之有效、便于操作的《实施办法》或“管理规范”，使合理化建议活动有章可循。与此同时，还必须建立健全必要的规章制度，如分工负责的责任制度、分级处理的工作制度、成果鉴定的信息反馈制度、检查总结的评比考核制度、报表造册的统计上报制度、评定奖励等级的评审奖励制度和跟踪监测的成果推广制度等。通过制定一系列规章制度，形成上下衔接、横向协调的管理网络，保证活动的正常开展，提高活动成效。

二是完善工作程序。合理化建议活动管理工作的程序，按活动的进展规律，大体分为前期工作（发动、征集）、中期工作（评审、实施）和后期工作（奖励、推广）。

前期工作主要是合理化建议活动的发起、征集工作。搞好前期的发起、征集工作的关键是明确主攻方向。因此，要运用各种形式进行宣传，使职工了解企业发展的近期目标和远景规划，生产经营中的难点、重点等，有的放矢地征集群众的建议，调动职工提合理化建议的主动性、积极性。合理化建议的征集方法灵活多样，不拘形式。综合各地的实践经验，主要的征集方法有：

竞赛激励法。把合理化建议活动纳入劳动竞赛，开展合理化建议专题竞赛活动。

定时活动法。以开展合理化建议月、建议周、建议日等活动的方式，集中时间，发动职工提合理化建议。

目标管理法。提出合理化建议目标值，作为企业经营管理目标之一，与经济责任制挂钩，层层分解落实，严格考核，保证实现。

现场服务法。领导干部和合理化建议工作者深入现场，面对面地向职工征集合理化建议，为职工提建议提供更方便的条件。

会议征询法。召开各种会议征集合理化建议，为职工提供提合理化建议的机会与场所。

定向引导法。针对工作业务、生产技术和经营管理中的难题，提出合理化建议的方向或课题，引导职工瞄准目标献计献策。

随着计算机的普及应用，有的单位还利用计算机网络征集合理化建议，实现了活动经常化。

中期工作主要是合理化建议的评审、实施，主要包括申报、登记、传递、评审、答复、实施、鉴定、表彰等环节，是一项科学性和政策性很强的工作，也是搞好合理化建议活动的关键。

申报。凡提出合理化建议者，首先要填写合理化建议申报表，将建议的理由、改进的方法和措施、预期的效果等填写清楚，然后送交本单位负责合理化建议工作的部门和人员。

登记。负责合理化建议工作的部门和人员把征集上来的建议进行分类登记，符合条件的作为建议立案，提出初审意见后，传送到归口部门。

评审。归口部门接到建议后，组织有关专业人员对建议逐条进行可行性分析，论证建议价值，作出采纳与否的决定。已采纳的项目交给有关单位组织实施；未采纳的项目，及时将情况反馈给建议者本人。如本人有不同意见，是否重新评审酌情而定。

实施。合理化建议项目的效益，很大程度上取决于实施率的提高。对被采纳的项目建议，实行分级管理实施制度。属于简易的小改小革项目，企业提供条件，先在班组进行，班组无力实施的再到车间以至厂部实施；

重大的建议和较大的革新项目，由企业编制实施计划，责成有关部门负责实施，限期完成；有些重大项目实行技术承包，组织工人、技术人员和管理人员进行联合攻关，充分发动能工巧匠等骨干予以实施。本单位独立完成有困难的，可通过与外单位合作或向技术市场招标的方式予以实施。那些构思设想好，但措施办法不完善的项目，可组织力量帮助建议者进行补充完善，创造条件，争取实施。对于有价值但暂时没有实施条件的项目，要作为技术储备妥善保管，待时机成熟时再行实施。

后期工作是指合理化建议奖励的兑现和成果的应用。及时兑现奖励有利于调动和保护职工的积极性和创造性，而应用成果则使合理化建议的价值最终得以实现。合理化建议奖励实行物质奖励和精神鼓励相结合的原则。根据建议者的贡献大小，分别进行记功、表彰，并将其业绩记入档案，作为评选先进、考核晋级、评定职称的依据。

特别提示

凡采纳实施后取得显著效果并有推广价值的合理化建议，应及时组织交流推广，具备申请专利条件的应申请专利。能构成技术商品、有社会推广价值的成果，应使之进入技术市场，进行有偿转让，转化为生产力。暂时难以实施的，要认真妥善处理，按程序审查后，及时纳入技术档案，待条件成熟后应及时实施。在推广应用成果的同时，也要重视对活动自身经验的总结，不断创新合理化建议活动，推动合理化建议活动的深入发展。

2. 技术攻关、技术革新

技术攻关，是指组织人员集中力量解决在设计、生产或工艺加工过程中所遇到的技术关键问题。工会组织的技术攻关活动，就是按照专业技术分类，团结、吸引、组织能工巧匠或身怀“绝技”的技术能手和工程技术人员，在企业内部或跨企业、跨地区、跨行业开展的促进技术进步的群众性技术创新活动。

技术革新，是指企业为更好地实现生产经营目标，在技术方面进行局部改革与创新的活动。它是提高企业生产技术水平，实现增产节约，挖掘企业潜力，完成企业生产经营目标的重要手段。

技术革新的内容包括：产品的改进革新、机器设备和工具革新、生产工艺和操作方法革新、节约能源、综合利用原材料和采用代用材料、环境保护、消除污染和治理“三废”等。技术革新具有广泛的群众性，是职工参与技术管理的一种有效形式。它的主要做法是：（1）以技术骨干为核心，充分发动广大职工群众积极参加；（2）有组织、有领导地进行，厂和车间要列入议事日程，有专人负责；（3）技术革新规划目标要明确，抓住生产关键和薄弱环节，把大改大革和小改小革结合起来；（4）落实技术革新所需要的资金、设备、材料和人力；（5）采取各种方式，如组织职工学习先进技术、举办技术展览、召开技术研讨会和举行技术讲座等，促进技术革新活动持续不断开展。

特别提示

为了进一步调动广大职工参与技术攻关、技术革新活动的积极性，全国总工会设立了职工技术成果奖，下发了《中华全国总工会职工技术成果奖励暂行办法》。全国职工技术创新成果由全国总工会组织专家进行评选，对获奖成果要进行公示，对获得一、二等奖的成果还要进行实地考察，以保证成果的先进性、真实性和可靠性。

近年来，各级工会组织围绕增强企业自主创新能力，还开展了创建职工创新工作室、职工科技园等创新平台的工作，引导职工开展技术创新，充分激发职工的创新潜能和创造活力；同时，积极参与创新型企业试点工作，认真实施国家技术创新工程，推动加快建立以企业为主体、产学研相结合的技术创新体系；围绕提高职工技能水平和创新能力，积极推进职工素质建设工程，利用职工职业技能实训基地、职工院校等资源，实施职工技术培训活动，推广先进操作法，增强职工的创新意识，提高职工的技术素质；围绕不断完善职工技术创新的激励机制，进一步加强对“首席员工”“金牌工人”“能工巧匠”“创新能手”“大国工匠”等高技能人才和优秀创新人才的培养、选树和宣传，充分发挥优秀技能人才的示范引领作用。

1. 劳模创新工作室

为弘扬工人阶级伟大品格和劳模精神，充分发挥劳动模范在创新驱动、转型发展中的示范引领和骨干带头作用，加快培养高技能专业人才、高素质创新人才，各级工会积极开展“劳模创新工作室”创建工作。

（1）目标与任务

劳模创新工作室是由在技术、业务方面有专长，有一定的理论水平、实践经验、创新能力和创新成果的劳动模范作为负责人，并以劳模名字命名，同时有相关人员组成的创新团队。

劳模创新工作室的基本条件是：有劳模领衔：至少有一名市级以上劳模为领军人物；有创新团队：团队专业技术结构、学历结构、年龄结构相对合理，团队协作氛围浓厚；有攻关项目：每年至少有 1 个企业立项的创新课题或攻关项目；有创新成果：每两年至少有 1～2 项成果得到有关方面的认可或认定，产生一定的经济效益和社会效益；有场地经费：有相对固定、满足工作需要的活动场所及用于创新活动的专项经费。

劳模创新工作室的创新内容主要包括：科技创新、管理创新、服务创新和机制创新。劳模创新工作室的工作目标是：通过创建活动的开展，努力成为企业的智囊团、岗位的创新源、项目的攻关队、人才的孵化器和团队的方向标，带动群众性科技创新活动持续深化。劳模创新工作室的主要任务是：弘扬劳模精神，发挥劳模业务专长和技术优势，积极围绕企业生产经营管理的重点、难点问题，开展创新活动，推动企业增强核心竞争力；积极发挥劳模“传帮带”作用，开展技术培训、业务交流、高师带徒等活动，着力培养知识型、技能型、创新型职工。

（2）创建与管理

“劳模创新工作室”通常在区县局（产业）一级劳模创新工作室中产

生，由所在单位工会推荐，经所在单位党政认可后，每年一季度由各区县局（产业）工会申报，市总工会考核评审并进行命名。

建立管理制度。劳模创新工作室应建立相应的管理办法，不断提高劳模创新工作室学习交流、技术攻关、成果转化、人才培养等工作的制度化、规范化水平。

建立台账制度。劳模创新工作室应建立创建活动台账、创新成果台账和成员发展台账。所在单位工会应建立劳模创新工作室管理台账，加强日常管理。

建立考核制度。劳模创新工作室对自身工作进行定期自检；区县局（产业）工会和工作室所在单位工会，要加强对劳模创新工作室的管理和考核，考核情况于每年年底前报市总工会备案。

劳模创新工作室日常工作活动经费原则上由所在单位承担。对每个“劳模创新工作室”，市总工会一次性从职工创新基金中划拨一定金额，支持其开展创新活动；所属区县局（产业）工会原则上也应给予一定的资金支持，并保证专款专用、公开透明。

“劳模创新工作室”在项目开发、成果转化过程中，经创新工作室申请、所在区县局（产业）工会申报，可优先享受职工创新基金的扶持。市总工会将建立直联通道，加强对“劳模创新工作室”的指导和服务，同时积极搭建交流平台，促进“劳模创新工作室”相互学习交流，促进共同提高。

实行动态管理。“劳模创新工作室”每五年为一个管理周期，市总工会将在周期末对已命名的“劳模创新工作室”进行考核，对于考核不达标者，将不再保留其“劳模创新工作室”称号。

（3）措施与要求

创建劳模创新工作室是促进经济社会发展、培养创新型人才和技能型人才的重要实践活动，需要形成合力共同推进。各级工会组织要积极争取党政的重视和支持，将劳模创新工作室创建活动列入工会工作重要议事日程，纳入企业技术创新和人才培养规划。

延伸阅读

"全国劳模翟长青创新工作室"成立于2014年年底，旨在传承劳模精神和技艺，发挥技术创新、人才培养、科研推广三大作用，围绕施工现场技术难点和热点，积极开展科研工作。虽然成立时间不长，却已是硕果累累，在翟长青的带领下，9名岗位能手、技术骨干，先后启动"地铁铺轨车改造成能自动变跨和自动调节整机高度""固定群吊电控系统改造"等6个技术革新项目，并在铁路、轨道交通发展中研发了一批技术含量高的科技成果，极大地调动了广大职工钻研技术、提高技能的积极性，培养和造就了一支批素质高、技术精、作风硬的人才队伍。

各级工会要关心劳模创新工作室成员的成长进步，保护劳模创新工作室成员的创新创造热情，在总结推广创新成果、推荐申报创新先进人物时给予关心和扶持；在组织疗休养、考察交流、培训学习和进修深造等方面给予优先考虑。

各级职工技协组织要积极帮助劳模创新工作室转化创新成果，及时应用到生产经营活动之中。劳模创新工作室完成的科研和技术革新成果以及知识产权等的归属问题，按照有关法律法规执行。

各级工会要加强宣传，广泛宣传劳模创新工作室的先进事迹，总结推广劳模创新工作室的成果或做法，积极引导广大职工以典型为榜样，扎实工作，创先争优。

各级工会要利用劳模创新工作室创建平台，把创建过程作为学习宣传先进的过程，努力营造浓厚的创建氛围，把创建劳模创新工作室打造为工会工作的品牌项目，将创建活动深入持久地开展下去。

2. 职工创新工作室

职工创新工作室创建活动，是以知识技能拔尖的职工（主要是蓝领工人、专业技术人员、劳模）为带头人，以在技术、业务、管理、科研等方面有专长，有一定的理论水平、工作经验和创新能力的职工为创新团队，围绕生产经营管理活动，带动广大职工开展科技创新、管理创新、服务创新和机制创新，将先进技术、经验、方法和成果转化为生产力的技术创新活动。

（1）条件、目标与任务

职工创新工作室的基本条件包括：有技术带头人；有创新团队；有工作内容；有创新项目；有创新成果；有场地经费。

职工创新工作室的工作目标是通过创建活动，努力成为单位的智囊团、岗位的创新源、项目的攻关队、人才的孵化器和团队的方向标，带动职工技术创新活动持续开展。职工创新工作室的主要任务是积极围绕生产经营管理各个环节，开展群众性经济技术创新活动，培养创新型职工，增强核心竞争力。

（2）创建与管理

各县市区总工会、产业工会、工会工委指导基层工会开展创建活动。基层工会要结合实际情况，创建职工创新工作室。基层单位党组织、行政等部门应大力支持工会开展创建活动。工会应担负起创建活动的主体责任。职工要积极主动参与到活动中来。

职工创新工作室创建标准包括：一是场所固定。有条件的单位可安排专门场所，无条件的可依托其他场所。二是标志明显。创新工作室牌匾应悬挂在醒目位置。三是设施齐全。配备必要的学习资料、器材工具、办公电脑、实验仪器等设施。四是团队优秀。团队和谐，创新能力强。五是制度完善。建立组织制度、工作制度、奖励制度、管理制度等，并张贴上墙。六是经费充足。有专项经费用于创新活动开展。七是资料翔实。团队档案、组织机构、工作职责、工作目标、创新项目、成果转化等档案资料完整，并妥善保管。八是成效明显。职工素质提升快，成果转化率高，示范带动作用明显。

职工创新工作室工作内容包括：知识技能培训；导师带徒；合理化建议；技术攻关、难题会诊；先进工作方法总结推广；成果发明创造；成果展示、经验交流；其他职工技术创新活动。

职工创新工作室创建遵循以下程序：一是申报。采取逐级申报的程序。基层单位对照创建标准自查，填写职工技术创新工作室创建申报表。二是审核。命名单位对照创建标准实地考察审核。三是命名。对经审核、考察具备条件的创新工作室，经命名单位同意，正式命名。四是授牌。对命名的创新工作室，由命名单位为其授牌。牌匾内容为“职工技术创新工作室”或“×××技术创新工作室”，下面落款为命名单位。

职工创新工作室日常管理有专人负责，应制定管理办法，建立管理台账。职工创新工作室对自身工作进行定期自检；所在单位工会要加强对职工创新工作室的管理和考核，考核情况于每年年底前报上级工会备案；上级工会每年要对本级命名的创新工作室进行考核，对符合条件的保留牌匾，不符合的予以撤销。

职工创新工作室年度工作要进行总结。工作总结应包括开展的创新活动、项目进展情况、取得的创新成果、工作经验等内容。各级工会应加强对职工创新工作室的指导和服务，积极搭建交流平台，促进创新工作室相互学习交流，共同提高。

延伸阅读

2015年6月，袁传镇创新工作室正式成立，领衔人袁传镇明显地感觉到一股新风在企业上下流动。在这个380平方米的办公区，几名中青年职工在攻关活动中充满了激情与自信。这个说，今年我们攻关了7个，还有2个，我们有信心将成果在年内转换为效益；那个说，我要在40岁之前，搞两个专利成果……正是这股活力与势头，让袁传镇职工创新工作室先后开展了创新项目160余项，其中开发了ZHW12－40.5、ZHW13－126、ZF48－126、ZF －252等产品6项，经鉴定其中3项达到国际先进水平，1项达到国内领先水平，3项产品替补省内国内产品空白；获国家专利39项；获厦门市优秀新产品奖1项，市总工会优秀创新技术成果奖2项；获国网许继集团科技进步奖1项，国网许继集团公司科技成果2项。

(3) 保障与要求

职工创新是企业创新、社会创新的重要组成部分。各级工会组织要将职工创新活动列入工会工作重要议事日程，积极争取党政重视和支持，纳入技术创新和人才培养规划。

职工创新工作室日常工作活动经费原则上由所在单位承担。各单位要把创建职工创新工作室纳入单位创新体系，拨付专项经费用于开展活动。市总工会对命名的职工创新工作室一次性从工会经费中划拨资金，支持其开展创新活动；所属县市区（产业）工会原则上也应给予一定的资金支持。划拨经费由所在单位工会管理，专款专用，公开透明。

要重视创新成果转化，及时将成果应用到生产经营管理活动之中。职工创新工作室完成的科研和技术革新成果以及知识产权等的归属问题，按照国家法律法规执行。要加强宣传职工创新活动的先进事迹，总结推广创建活动中的成果和经验，大力弘扬职工创新精神，积极引导广大职工以典型为榜样，努力工作，锐意创新。

（三）技能型竞赛的组织方法

技能型竞赛是指旨在帮助职工掌握操作技法，促进职工技能水平普遍提高而开展的竞赛活动，包括岗位练兵、技能比赛等活动。

1. 岗位练兵

岗位练兵是职工在日常生产实践中不断提高技能水平的一种方法。岗位练兵以练基本功为主，即练习实际操作的基本动作、基本技能和基本理论。岗位练兵要求按照技术等级标准中“应知”“应会”的要求，严格训练、认真考核、开展评比、组织验收。岗位练兵的特点是把生产和训练密切结合起来，通过生产提高技能，通过练兵促进生产。它要求：

(1) 开展岗位练兵要从实际出发，制定出符合实际、切实可行的练兵规划，形成有效的运行机制，并按照年度职工岗位练兵计划和考核标准认真实施。

(2) 岗位练兵要突出全员性，以专业比武为契机，带动企业岗位练兵的开展。企业每年都要有重点地组织部分有代表性的工种的岗位练兵，以起到推动、示范作用。从企业到车间，从车间到工段（班组），都要把学习技术、掌握技能渗透到各个岗位和每一个职工。

（3）强化岗位练兵的科学性。在岗位练兵的过程中，要不断总结经验，探索新的思路，寻找新的载体，使岗位练兵日趋完善，走上科学化、规范化的道路。建立和完善“练兵试题库”，在原有技能的基础上，加大新技术、新技能的含量，在对职工技能全面摸底的情况下，随时调整新旧知识的比例，变换练兵的形式，循序渐进，使练兵活动呈现出阶梯形发展的趋势，切实成为职工提高技能素质的桥梁。

（4）建立相应的竞争机制和管理办法，营造崇尚技能、依靠技能的良好氛围，为岗位练兵的深化和发展提供可靠的保障。要建立职工练兵考核的档案数据库，把职工不同时期、不同阶段的考核结果进行汇总分析，作为职工竞争上岗、评先创优、调资、提拔、晋级和职称评定的依据，以调动职工岗位练兵的积极性。

在实践中，广大职工创造了许多行之有效的岗位练兵活动形式：

（1）滚动练兵。每班三题，即当班人批改上一班的答题，给下一个班出题，并答出上个班所出的题目。这种形式，应紧跟生产、改扩建和技术进步形势，不断扩展练兵内容，包含设备、仪器、仪表、新工艺流程、安全等方面的内容。

（2）点将台。把练兵重点放在解决设备、技术和事故等综合性较强或有较高难度的问题上，以此作为提高职工技术、业务素质和解决生产运行难点问题的切入点。这种形式对指导一线职工的具体操作、维护生产稳定有很好的效果。

（3）“多对一”现场技术练兵。针对各个岗位不同的特点，提出若干练兵题目，下发到班组，然后再由车间副主任、各组组长、工艺设备员、安全员等多人组成的现场练兵小组，利用白班和副班时间，对岗位的每个操作人员进行现场考试并现场指导，从而迅速提高职工对现场问题的处理能力。

（4）评选技能带头人。选树的技能带头人不仅要精通本岗位的操作技能、对突发事故处理自如，而且手中要有别人“玩不转”的“绝活”。评选分为技术比赛成绩、日常工作训练、现场操作能力、事故处理水平四个方面。评选过程由职工全员、全过程、全方位参与，透明度高。对评选出的技能带头人，要召开表彰会，颁发荣誉证书，或用他们的名字命名其创造的操作方法。为促进职工技能水平不断提高，有些企业每年评选一次技能带头人，还设立了技能带头人津贴。

2. 技术比赛

开展技术比赛活动的目的，是为职工群众提供施展本领、切磋技艺、开阔眼界、增长才干的舞台，促进职工技术技能素质的不断提高。技术比赛是一项系统工程。加强组织领导、搞好命题、制定工作程序，是保证技术比赛顺利进行的关键。举行技术比赛要成立临时的组织领导小组，负责比赛的组织领导工作。

技术比赛的命题，包括理论考试题和实际操作题。命题要遵循坚持标准、重视基础、全面考核、反映水平的原则。理论考题应考核实用性、普遍性、正确性（力求答案是唯一的）、时间性（在规定的时间内能够完成的）、灵活性（可有选做的加分难题）。实际考核题应根据考核条件，掌握多功性（要有反映三个以上的基本功）、可测性（考场具备进行检测和评价的条件）、可行性（考场的条件是可行的）、特殊性（要有三个以上的难关）。

技术比赛的组织工作，大致可划分为动员阶段、培训阶段、命题阶段、赛前准备阶段、比赛及评定工作阶段和总结阶段。

开展技术比赛的基本程序：

（1）发动群众，明确目标，制定规划。采取领导和群众相结合的办法，全面深入地调查研究，找出生产技术和工作上存在的关键和薄弱环节，明确在技术比赛中主要解决的问题，然后定出规划，进行思想上、组织上和物质上的准备。

（2）预赛。从小组、工段、车间到厂部（或地区和整个行业），在层层比赛的基础上选拔出优胜者。

（3）决赛。把选拔上来的选手集中起来，在规定的地点和规定的时间进行最后的比赛，决出优胜者。

（4）奖励。对决赛的优胜者通过不同的方式进行奖励。

（5）总结推广经验。决赛之后，把各方面的先进经验，特别是优胜选手的先进操作方法加以总结推广，以便为更多的职工所掌握，促进职工队伍技能水平的提高。

3. 全国职工职业技能大赛

全国职工职业技能大赛是全国总工会、科学技术部、人力资源社会保障部、工业和信息化部联合举办的国家级一类大赛。自2003年起开始举办，每三年一届，到2015年已经是第五届了。历届大赛都得到了广大职工的积极响应和各省（区、市）的大力支持，前四届大赛累计吸引4000多万职工参加各个层次的比赛练兵活动。大赛也带动了各级各类比赛的广泛开展，据统计，2011至2014年，有8953.68万人次的职工参加了各级工会开展的技能比赛活动，有423.82万人次职工通过技能比赛晋升了技术等级。

工会组织技能大赛的目的是为企业一线工人、展示技能、切磋技艺、交流技术、快速成长搭建平台，充分发挥工会在高技能人才培养、选拔和激励等方面的优势，发动、吸引广大职工参与大赛，鼓励常年坚守生产一线、立足岗位的工人到赛场上一展风采。

2015年举办的第五届全国职工职业技能大赛在顶层设计上体现了以下特点：

（1）在工种设置上，依照国家关于职业竞赛有关规定，按照国家经济发展急需、应用范围较广、从业人员较多、技术含量较高的基本原则，根据中央实施创新驱动发展战略、产业结构调整的新要求，坚持传统产业与新兴产业和现代服务业相结合、传统手艺与现代工艺相结合，既保留了一些传统工种，又紧跟当今技术发展前沿、紧贴企业和职工队伍实际，增设了新的工种。本届大赛设置的5个工种中有4个工种属于“互联网+”范畴或与之密切相关。

（2）在比赛内容上，紧紧围绕加快转变经济发展方式、调整经济结构、实现产业结构优化升级、实施科教兴国、人才强国战略等国家事业发展全局，以加强职工职业道德建设为基础，以提升职业技能水平和创新能力为重点，融入体现引领现代技术发展方向的新技术、新工艺、新方法，在比赛的同时展示中国制造的先进技术和中国技工的高超技艺。

（3）继续抓好以赛促学。坚持把提高职工队伍整体素质贯穿活动始终，通过开展技术比赛、技能培训和选树技能人才等多种方式，引导和促进广大职工增强学习能力、创新能力、竞争能力和创业能力。

（4）高度注重手段创新。为了方便广大职工参与到各级比赛活动当中，第五届大赛充分利用现代信息手段，职工可以通过网络报名系统报名参赛，了解大赛的信息、技术文件、试题样题等信息；对于有条件的工种，笔试部分将采取机考的形式，减少中间环节，确保考试的公平、公正、公开。对于极具观赏性的比赛项目，尝试引入媒体评委、大众评委参与为选手打分。

通过层层开展技能比赛，为广大职工搭建了学技术、练技能的广阔舞台，有效地调动了广大职工参与的积极性，一大批优秀技术工人脱颖而出，充分展示了工人阶级的时代风采，极大地激发了职工的劳动热情和创造潜能，有力地促进了职工技能水平的提高和高技能人才队伍的建设。

二、工会开展技术培训的方法

开展技术培训是工会提高职工技术素质的重要方法。目前，工会开展的技术培训可以分为两类：一是提高职工技术素质的培训，即开展不同形式的职业技能培训；二是提高职工创新意识和创新能力的培训，主要是创造学培训。

（一）技能培训

目前工会开展的技能培训主要有两种类型：一种是在企业内部面向企业职工开展的技能培训；一种是面向社会开展的技能培训，包括职业技能培训、再就业培训、创业培训和农村劳动力转移培训。

1. 企业内部开展的技能培训

（1）培训内容与方式

企业技能培训包括基础性培训、技术等级培训和适应性培训。基础性培训内容包括应知培训和应会培训两个方面。应知培训的内容由“三基”知识、专业知识、外延知识三方面组成。“三基”知识指基本原理、基本知识、基本计算。基本原理是指实现各工序过程原理，相关信息、仪器、工具检测装置的工作原理（包括基本理论）。基本知识是指与专业相关的基本知识，包括物性知识、工艺知识、操作知识、安全知识等。基本计算是指本专业工艺过程（或工作过程）中所需的相关技术和工艺参数的运算、成本分析与计算。专业知识培训是一种综合运用“三基”知识的培训，在培训过程中，可根据技术标准中应会的代表性工作实例，进行专业性技术训练，以提高应对多变条件下的适应能力。外延知识培训，是在完成专业技能培训的基础上，帮助学员掌握与本专业相关学科知识的培训。技术等级培训，是根据国家技术型职业（工种）的职业技能标准而进行的培训。适应性培训，主要是根据企业技术进步和设备更新的需要，随时进行短期培训，使职工掌握技术进步和新设备所需要的相应技术和技能。

在培训的方式上，除了技术等级培训要按照国家有关规定进行外，企业培训的方式比较灵活，可以采取轮训或专题培训等多种形式，每年设一个或多个培训专题，有计划、有步骤、有重点地对职工进行以关键生产工艺和重点专业知识为内容的强化培训。

（2）技能培训相关要求

职业技能培训是提高劳动者技能水平和就业创业能力的主要途径。职业技能培训应坚持以就业为导向，以能力建设为核心，以企业需求为重点原则开展。

一要大力宣传党和国家重视职工队伍建设、加强高技能人才培养的方针政策，努力在全社会营造“尊重劳动，尊重知识，尊重技能，尊重人才”的良好氛围。

二要根据企业生产经营的实际需要和科研生产的关键、难点，采取多种形式，最大限度地吸引职工参加，突出培训重点，紧紧跟踪和反映企业技术进步的要求，不断改善培训手段和教学方法。实践证明，培训与企业实际需要结合得越紧密，就越受到企业行政和职工群众的欢迎。

三要突出技能培训的实用性和实效性。要根据职工发展的需要，力求使职工掌握多种技能，不断提高广大职工适应职业变化的能力，促进职工向知识技能型、技术技能型、复合技能型发展。

四要注重有效利用各种培训资源。充分利用工会干校、工人文化宫、职工大学、职工学校、职业技术学校、技能实训基地等各种教育培训资源，并与社会力量联合培训，扩大培训规模，提高培训质量。

五要充分发挥职工技协的作用，利用技协的组织、人才和阵地优势，广泛开展岗位练兵、技术交流、技术比武、技术培训活动，推动创新型企业、创新型国家建设；完善职工技能实训基地，探索实训基地发挥作用的有效途径，加大高技能人才培养力度，推进实现培训和职业资格认证一体化，推动人才强国战略和国家《高技能人才队伍建设规划（2010—2020年)》的贯彻落实。

2. 面向社会开展的技能培训

面向社会开展的技能培训，其培训内容和培训形式应符合国家有关政策规定，包括职业技能培训、再就业培训、创业培训和农村劳动力转移培训。职业技能培训是指以提高职工职业技能为目的的职业资格培训、技术等级培训、劳动就业职业技能培训。再就业培训是面向下岗失业人员开展的培训，通过开展再就业培训，提高下岗失业人员再就业能力，促进其实现就业。创业培训是面对城乡劳动者开展的培训，通过对有创业愿望并具备一定创业条件的人员实施创业能力培训，使其掌握创业知识和技巧，增强抵御市场风险的能力，提高成功开业率和稳定经营率，实现创业带动更多就业的效果。农村劳动力转移培训，是面向进城务工的农村劳动者开展的技能培训，目的是使其提高职业技能后实现转移就业。

（二）创造学培训

开展创造学培训是增强职工创新意识，提高职工创新能力的重要方法，是工会开展的技术培训的内容之一。创造学的基本内容包括：创造精神、创造思维、创造环境、创造教育、创造技法五个方面。其基本原理是：创造成果来自创造人才加创造环境，创造人才必须要有创造精神和创造能力，创造性教育是培养创造精神和创造能力的基础。

创造学可以使职工的思路更加开阔，头脑更加灵活。掌握创造发明的方法，创造力会进一步提高。在学习创造学中，要重点解决三方面的问题：

（1）培养创造精神。创造精神是创造发明的前提。创造精神包括创造意识和创造性格。培养创造精神，需要排除思想上、习惯上的阻力，如满足现有水平、固定看待事物、习惯于走老路、信赖权威、浅尝辄止、害怕失败、自卑等。要帮助职工树立信心，消除对创造的神秘感，了解创造是分层次的，包括突破型、开发型和改进型，职工可以根据自己的知识面，参与不同层次的创造，各尽所能，各显神通。

延伸阅读

现代创造学的研究发源于美国。20世纪30年代的一天，一个21岁的美国失业青年到一家报社去应聘，主考人问他："你从事写作已有多少年？"他回答："只有三个月。但是，请你先看一看我写的文章吧！"主考人看完了文章后对他说："从你写的文章来看，你既无写作经验，又缺乏写作技巧，文句也不够通顺，但内容富有创造性，就录用你试一试吧！"这个年轻人由此领悟到"创造性"的可贵。到报社工作后，他一天一个创造，积极主动地开发自己潜在的创造能力，并尽力在工作中把它发挥出来。后来，这位没有受过高等教育的小职员成了一名大企业家。他总结了许多创造发明的方法，撰写了著名的《思考的方法》一书，倡导研究、创造、发明的学问。他就是美国当代著名的创造工程学家奥斯本。奥斯本的成就引起美国科学家和企业家的兴趣，启发他们对创造发明本身进行深入的剖析和探讨。1936年，美国通用电器公司首先开设了"创造工程课题"，用来训练和提高企业职工的创造性。从此，创造学便蓬勃兴起了。

（2）锻炼创造性思维。创造性思维是一种高级形式的思维。它不仅能够揭示事物的本质，而且能够创造设计新的具有社会价值的产品。在创造学中，创造性思维处于核心地位。当创造活动的前期准备工作完成后，下一步沿着什么方向前进，就要依赖于创造性思维的应用和发挥。现在许多人都在学习创造技法，但他们往往并不知道创造技法是创造性思维的体现。有了创造性思维，才能更好地应用创造技法。

创造性思维的种类很多，如形象思维、灵感思维、软性思维、硬性思维、垂直思维、水平思维、回转思维、反向思维、集中思维、求异思维等。但是，不管创造性思维的种类有多少，总的来说，不外乎是引导人们的思想尽量向广、深、活、特四个方面发展，也就是要把思维的四个方面的品质最大限度地加以强化和发挥。创造性思维训练，一般是借助训练题来进行的。训练题可从工作、生活、学习的实践中选定，只要经常地、自觉地进行创造性思维训练，并不断掌握丰富的知识，就能取得效果。

（3）掌握创造技法。创造技法，是人们通过研究和总结创造发明活动规律，经过提炼而成的程序化的科学方法，是创造学中最富有应用价值的组成部分。目前世界上比较流行的创造技法有上百种，这些技法近年来在合理化建议、技术革新活动和发明创造中的推广应用，取得了显著的成果。通常比较容易掌握的技法有：

缺点列举法：针对某一个产品（事物）目前使用过程中的缺点进行分析，提出改进方案。

希望点列举法：是突破事物的旧框框，提出改进对象的新目标，使人们产生新的设想。

类比创造法：把不同对象进行类比，从中找出相似点或不同点，在同中求异或异中求同中实现创造。

移植创造法：通过移植把某一事物的技术和功能转移到另一事物上，从而实现创造。

组合创造法：将已知的事物进行组合，使新组合的事物的某些功能发生变化，以产生新的使用价值。

功能综合法：把看起来互不相关的事物联结起来，使一物品由单功能向多功能转化。

掌握创造技法，首先要加强学习，把一些主要技法的内容、性能、特点、做法搞清楚，然后通过实践去加深对创造技法的理解。实践一般按两条路线进行：一条是“问题——技法”，另一条是“技法——问题”。所谓“问题——技法”，就是先有了问题（革新课题），然后选择一种合适的技法去解决；“技法——问题”，就是在学习了某一创造技法后，主动用它来发现问题、解决问题。

三、职工技协工作方法

职工技协工作是指由职工技术协会承担的群众性技术协作工作，是工会工作的重要组成部分。职工技协服务于国家的经济建设，组织会员、团结吸引广大职工开展多种形式的群众性科技活动，在提高职工科技素质、推动企业科技进步、促进科技成果转化为现实生产力等方面发挥了重要作用。

职工技协活动的主要内容如下：开展合理化建议、技术练兵、技术比赛、发明创造、技术革新、技术攻关、技术改造、技术交流、技术推广、技术协作等活动，帮助企业加强技术管理；开展技术培训、职业技能培训、职工技术成果评审和科普教育活动；开展技术开发、技术转让、技术咨询、技术服务活动；参与技术市场建设，推动职工技术成果转化；开发和推广新技术、新产品；参与科技法律、法规的制定；维护会员的知识产权等合法权益；开展职工国际科技交流活动。

新形势下做好职工技协工作的方法如下：

1. 适应市场经济要求，积极探索开展技协活动的新路子

要适应社会主义市场经济的要求，切实转变观念，研究新情况，解决新问题，推动技协活动广泛深入开展。

（1）要调整活动内容，把企业中开展技协活动的重点切实转到推动企业技术进步和提高职工技术素质上来，围绕企业技术改造和新技术、新工

艺、新产品、新材料的开发，开展多种形式的技术创新活动，不断提高企业的技术开发能力和市场竞争能力.

(2) 要拓宽活动领域，从公有制企业向非公有制企业发展，从传统产业向新兴产业延伸。

(3) 要丰富活动方式，适应企业所有制形式、组织形式、经营方式、用工方式、分配方式等多样化的要求，从实际出发，灵活多样，使活动富有吸引力，为会员和职工喜闻乐见，为企业所欢迎。

(4) 要健全活动机制，通过建立健全相关制度，逐步形成保证活动健康发展的工作机制，尤其要完善激励机制，进一步激发和调动广大会员参与活动的积极性。

2. 加强技协组织建设，壮大会员队伍

基层技协组织是职工技协组织的细胞，是开展职工技协活动的主要阵地，是职工技协组织活力的源泉。

(1) 要以推进“两个普遍”为契机，进一步恢复、巩固和发展职工技协组织。

(2) 要积极探索在服务业、战略性新兴产业和非公有制经济组织中发展技协组织的途径和方法，不断提高技协组织建制率。

(3) 要进一步壮大技协会员队伍，注重数量、质量、结构的有机结合，把广大优秀一线职工、科技人员、管理人员和在经济技术创新竞赛中选树的“金牌工人”“能工巧匠”“首席员工”等技能人才组织吸引到技协中来，切实发挥会员骨干作用。

(4) 要重视加强职工技协办公室建设，支持技协办公室履行管理职能，为技协办公室开展工作提供保障、创造条件。

3. 充分发挥社团功能，提高为会员服务的能力

(1) 增强为会员服务的功能。各级技协组织都要坚持以人为本，牢固树立为会员服务的观念，不断提高为会员服务的能力。要通过宣传、培训、咨询，提高会员维护自身知识产权的能力，帮助会员维护自己的知识产权等合法权益；要提高会员的素质，帮助会员更新知识，增强创新意识

和创新能力；要及时宣传、表彰、奖励他们取得的成绩和做出的贡献，进一步调动他们的积极性。

（2）要强化组织功能。职工技协是社会团体。要发挥职工技协的作用，必须强化职工技协的组织功能，在建立、完善技协组织体系和组织网络的同时，依照法律法规和章程建立自律性制度，规范自身行为和各项活动，以保证职工技协在市场经济条件下健康发展。

（3）要加强同政府有关部门、相关社团组织的联系、合作，积极参与有关政策和法律法规的制定工作，主动参与有利于经济发展、社会进步和构建和谐社会的活动，不断扩大职工技协组织的社会影响。

4. 提高技协干部素质，造就一支适应市场经济发展和科技进步要求的技协干部队伍

新形势下的职工技协工作，要求每一个技协干部都要不断提高自身素质和工作水平。

（1）要不断提高技协干部科学判断形势的能力、驾驭市场经济的能力和应付复杂局面的能力。

（2）要学习理论政策、经济管理、科学技术、法律法规等方面的知识，不断提高思想政策水平和业务工作能力。

（3）要进一步增强调查研究的能力，及时总结基层经验和做法，搞好分类指导。

（4）要牢固树立为基层服务的思想，以良好的精神状态、扎实的工作作风开展工作。

四、工会加强班组建设的主要途径和方法

工会加强班组建设，主要是利用擅长做群众工作的优势，通过加强班组管理、开展班组升级竞赛活动、建设“职工小家”活动、健全民主管理制度和做好班组长培训、树立先进典型等来实现的。

1. 加强班组建设的组织领导

（1）协同行政制订班组建设规划，落实班组建设任务，分管班组建设

有关日常工作；

（2）会同行政搞好班组骨干培训，开展班组升级竞赛，组织检查考核，培养树立先进典型，总结推广先进经验，搞好评比表彰奖励；

（3）加强班组民主管理，健全民主管理制度，开展民主管理活动，反映职工合理要求，维护职工合法权益；

（4）组织做好班组的群众工作，通过开展生产竞赛、技术革新和合理化建议等活动，促进生产任务的完成，并做好安全生产的检查与监督；

（5）做好工会小组工作，关心职工的物质文化生活，开展送温暖活动，做好思想政治工作，推动企业文化建设；

（6）组织开展班组长对话、班组长讲坛、班组成果发布、班组理论研究等群众性活动。

2. 加强班组管理

工会要紧紧围绕提高产品质量、降低物质消耗和增加经济效益，参与班组的各项管理工作。要从实际出发，积极推行现代化管理方法和手段，把学、改、用、创结合起来，不断提高班组管理水平，切实做到质量不断提高，消耗不断降低，效益不断增加。

（1）要着重搞好班组质量管理和班组经济核算，强化经济责任制；

（2）严格执行各项标准，加强定额和计量管理；

（3）严格执行工艺纪律和技术操作规程；

（4）自觉遵守劳动纪律，严格执行规章制度；

（5）认真做好原始记录、凭证、台账、报表和信息反馈等工作。

3. 广泛开展班组升级竞赛活动

开展班组竞赛是工会促进班组建设的有力抓手。工会要以创建“工人先锋号”活动为载体，广泛开展以安全生产、提高效率、提升质量、创新技术和节能减排为重点的班组创先争优竞赛活动。通过竞赛，使班组的生产技术水平和管理水平达到企业的要求。在班组升级竞赛中，要注意以下几点：

（1）围绕企业两个文明建设的目标来制定班组升级竞赛活动规划；

（2）把班组升级竞赛活动和创建劳动关系和谐企业、班组建设“职工小家”以及“创建学习型组织，争当知识型职工”活动结合起来；

（3）根据实际制定班组竞赛条件、考核和奖励办法，树立本单位的先进典型，及时总结、宣传和推广他们的先进事迹和经验。

4. 积极协助行政做好班组长的选拔和培训

要选配具有一定文化程度、责任心强、作风正派、技术熟练、经验丰富、善于管理、能团结人的优秀职工担任班组长，并力求做到职前培训。班组长的选配可以采用任命、聘任和选举等方式，不论采用何种方式都要走群众路线。对班组长的管理和使用要做到责权利结合，既要“责”字当头，又要赋予其必要的权限。

不断提高班组长的政治素质和业务素质，是搞好班组建设的关键。要切实抓好班组长的培训工作，把提高班组长素质作为班组建设的一项重要基础工作来抓。

（1）企业应把班组长培训列入企业人员培训计划；

（2）班组长培训要有专人负责，注重理论与实践相结合，可采取短期脱产培训、函授辅导等多种方式；

（3）培训内容要突出重点，符合班组实际需要，做到学以致用；

（4）要把培训同考核、聘用、评比、奖励、晋级有机结合起来，激励班组长主动参加培训，提高自身素质。

5. 健全班组民主管理制度

班组实行班组长责任制同民主管理相结合的制度，要把班组的行政管理同民主管理、专业管理、群众管理紧密结合起来。班组民主管理的基本组织形式是班组民主会。其目的是发挥群体作用，保证完成各项任务。班组民主会可按月由工会小组长和职工代表组织召开。会议内容包括贯彻落实职工代表大会决议；讨论审议班组作业计划和生产技术、管理、安全等措施；讨论通过本班组贯彻企业规章制度的实施细则、经济责任制方案和分配以及关系职工切身得益的问题；通过对本班组职工奖惩建议；评议企业各级领导干部等。

6. 开展建设“职工小家”活动

班组建设“职工小家”是企业建设“职工之家”、增强企业活力的重要组成部分。建设“职工小家”的目的是培养广大职工的集体观念和集体荣誉感，密切班组与职工、职工与职工之间关系，增强职工的主人翁意识，使班组内部充满团结、愉快、温暖的气氛，成为职工的第二家庭。建小家活动要以生产建设、民主管理、班组创新、职工生活为主要内容，充分发挥工会小组长的带头作用，制定各项制度。通过建设“职工小家”，实现民主管理，开展思想生活互助，建立良好的人际关系，使班组成为团结、和谐、充满友爱之情的集体。建设“职工小家”是基层工会建设“职工之家”的深入发展，它涉及班组内部各项工作，又涉及班组外部各方面关系，要结合企业、班组和工会工作的实际，创造性地开展活动。

7. 选树典型，推动班组建设

不断发现、培养、选树和宣传一批不同类型的先进典型，发挥典型的示范带动作用来推动工作，是加强班组建设的重要方法。新中国成立以来，工会选树表彰了数以万计的先进、模范班组和班组长，如马恒昌小组、郝建秀小组、1205钻井队等一大批标兵班组，有力地推动了我国各个历史时期的企业班组建设。改革开放以来，在社会主义劳动竞赛中，也涌现了一大批以“王海班”为代表的先进班组。要根据新形势新任务的要求，树立具有时代特点的先进典型，通过典型引路，推动班组建设工作水平的不断提高。

五、工会劳动模范工作方法

劳动模范工作，通常称劳模工作，包括劳动模范的培养、选树、评选、表彰、宣传和管理等，是运用榜样的力量，宣传群众、发动群众、组织群众积极投身中国特色社会主义建设的一项群众工作，是工会工作的重要内容。

（一）劳模的推荐评选

1. 推荐评选的对象和原则

劳模评选对象是在改革开放、经济建设和各项社会事业中做出突出贡献的工人、农民、科教人员、经营管理人员、机关工作人员及其他人员。随着农民工队伍的日益壮大，要注重推荐评选他们当中的先进模范人物，使劳模的评选对象具有更加广泛的代表性。

推荐评选工作的基本原则：一是面向基层，面向工作一线。二是面向经济社会发展的各条战线和社会各个阶层，兼顾各方面的代表性。三是坚持群众路线，充分发扬民主。坚持公开、公正、公平和民主推荐，制定明确的评选条件，严格履行民主推荐评选程序，广泛听取群众意见，接受群众监督。四是实行属地推荐的原则。

在全国劳模的推荐评选中，除中央直属机关、中央国家机关、最高人民法院、最高人民检察院、中央企业在京单位、军队企业外，其他系统需要推荐人选的，可向推荐人选所在省、自治区、直辖市人民政府的推荐评选机构提出。其中，为了确保推荐评选工作面向基层，面向工作一线，面向经济社会发展的各条战线和社会各个阶层，在推荐评选过程中，一般要明确各类人员的比例。

2. 评选条件

各级劳动模范的评选都要有明确的评选条件，这些条件是根据不同历史时期政治经济形势和任务提出的。制定评选条件时要把握以下几个方面：一是坚定的政治立场和信念，热爱祖国，拥护中国共产党的领导，认真贯彻执行党的路线方针政策等。二是广泛的代表性，要兼顾各个行业、各个方面。三是突出的先进性，即必须在某行业或某方面取得突出成绩或做出重要贡献。四是鲜明的时代性，要与时俱进，体现出鲜明的时代特点。

3. 推荐评选程序

劳动模范要经过民主推荐评选，有关部门审核，政府审批后授予荣誉称号。严格规范的推荐评选程序是保证评选质量的重要环节。劳模的推荐评选要坚持以下程序：

（1）民主推荐程序。要求推荐的人选必须经本单位民主评议产生，并经职工大会或职工代表会议讨论同意；农村要经村民委员会、街道要经居民委员会同意，即必须通过一定的民主程序，自下而上产生，做到群众公认。

（2）特别审查程序。为保证评选质量，对被推荐的企业负责人和党政机关（含群众团体）领导干部要通过必要的审查程序。被推荐人选是企业负责人的，必须经当地县（市）以上工商、税务（国税、地税）、劳动保障、安全监察、环境保护、人口计生等部门签署意见；国有企业负责人还要经审计、纪检、监察等部门签署意见。凡违反国家政策、法规，发生重大安全生产事故和严重职业危害或群体性事件；拖欠职工工资，欠缴职工养老、工伤、医疗、失业、生育保险金；未组建工会，未建立职代会和集体合同制度，劳动关系不和谐；能源消耗超标，环境污染严重等情形之一的企业，其负责人不能参加评选。被推荐人选为党政机关和社会团体领导干部的，必须经纪检、监察部门签署意见，并按照干部管理权限，征得有关部门同意。

（3）公示程序。为了增强推荐评选工作的透明度，2000年以来，全国劳模评选中规定了公示制度。2005年以来全国劳模的评选实行“二审三公示制”，即在推荐人选产生过程中，先在本单位进行公示，经过筹委会办公室对各地区、各系统推荐人选的基本情况和各类人员的比例预审后，在其所在地区、系统进行公示。公示无异议的，上报正式推荐审批材料，由筹委会办公室进行审核，审核后在全国范围内进行公示。这一制度较好地落实了人民群众的知情权、参与权和监督权，体现了公开、公平、公正的原则。

（二）劳模的表彰奖励

党中央、国务院表彰的劳动模范为全国劳动模范。各省（区、市）人民政府表彰的劳动模范为省（区、市）劳动模范。国务院各部委表彰的劳动模范一般为部（委）劳动模范。

全国劳动模范和全国先进工作者是政府的最高奖励，由国务院发布表彰决定，颁发奖章和证书，并给予一定数额的奖金。长期以来，劳动模范的奖励实行精神鼓励和物质奖励相结合而以精神鼓励为主的原则。

评选表彰劳动模范一般要成立临时评选机构，负责领导劳模评选表彰工作，工会承担具体工作。自1989年起，一般每5年召开一次全国劳动模范和先进工作者表彰大会。每次全国劳模表彰大会都成立由党中央、国务院各部委组成的筹备委员会，全面领导推荐、评选、表彰的各项工作。筹委会设立办公室，办公地点设在全国总工会，负责评选、表彰的各项具体工作。各地和有关系统一般也根据本地区、本系统的实际需要成立相应的组织领导机构，承担推荐评选工作。各省、自治区、直辖市劳模表彰大会一般3年至5年召开一次，由省（区、市）委、省（区、市）政府召开，工会和有关部门共同组织实施。

特别提示

今后劳模评选将从以下五个方面予以改进：一是简化程序，取消不必要的部门盖章。对评选全国劳模的企业负责人，不再由劳模本级推荐单位分别征求工商等8个部门意见并盖章，改由省委、省政府统一签署推荐意见并加盖省委或省政府印章，将8个章减少为1个章。二是加强管理，强化监督。严格执行初审、复审及拟推荐人选本人所在单位公示、省级公示、全国公示的“两审三公示”做法，尤其是充分发挥三个公示环节的监督作用，适当延长公示时间、畅通举报渠道、严肃公示纪律、严格执行公示结果，保障人民群众的参与权、监督权。三是建立责任追究机制。对不按照评选要求推荐人选的，严肃追究有关推荐单位及负责人责任，做到“盖章必有责，有责必追究”。四是充分发挥有关部门的职能作用。省级公示前由省级推荐机构统一征求工商等部门意见，全国公示前再就拟表彰人选统一征求工商总局等相关部委意见，保证评选质量。五是合理确定劳模评选表彰工作安排和时间进度，尽量给推荐单位预留充足的工作时间，把工作做细做实。

（三）劳模的管理和服务

做好劳模的管理和服务工作，对于更好地发挥劳模作用，激励广大职工学赶先进的热情和积极性，营造“尊重劳模、关心劳模、学习劳模、争当劳模”的良好社会氛围具有重要意义。

1. 劳模管理

劳模管理工作按照分级负责、分级管理的原则，由各级工会负责。各级工会设专门机构或指定专人具体负责劳模管理工作。

（1）建立劳模管理工作制度。建立劳模管理工作制度主要指制定劳模管理办法，使劳模评选表彰、奖励待遇、荣誉称号撤销等有章可循。目前全国尚未出台全国劳模管理办法，但一些地方已通过立法的形式对劳模管理工作进行了规范。

（2）建立健全劳模档案。建立健全劳模档案指对劳模的基本情况进行登记造册，及时了解、掌握劳模的身体和生活情况，建立起劳模管理档案和健康档案，对重大情况及时报告等。对劳模工作变动、晋升、离退休、亡故、撤销荣誉称号等情况，进行及时变更，向有关方面交转，并逐级上报备案，保证劳模动态管理的连续性和准确性。

（3）建立劳模联系制度。为疏通与劳模联系的渠道，定期召开劳模座谈会，建立定期走访、慰问制度，并认真做好劳模来信来访接待工作，密切与劳模的联系，尊重和听取他们的意见和建议，及时缓解他们的思想、心理压力。对劳模来信来访予以高度重视、认真对待，设专人负责，做到热情接待，每信必回。对遇到特殊困难的劳模，积极协调有关方面给予帮助解决。

（4）加大劳模宣传力度。及时总结劳模的先进思想和先进经验，充分发挥工会宣传阵地、报刊和互联网等媒体作用，通过组织劳模先进事迹报告会或经验交流会等活动，并利用媒体舆论和宣传栏等多种形式，广泛宣传劳模的崇高思想和先进事迹，大力弘扬工人阶级伟大品格和劳模精神，充分发挥劳模的示范和导向作用，营造尊重劳模、关心劳模、学习劳模、争当劳模的良好社会氛围，使“劳动光荣、知识崇高、人才宝贵、创造伟大”成为社会的共识和时代的新风。

(5) 认真研究劳模工作遇到的新情况、新问题。根据形势发展的需要，进一步研究、探索、完善和创新培养劳模、选树劳模、表彰劳模、关心劳模的机制。加强对劳模工作的监督管理，认真研究探索解决劳模生活困难的长效机制。积极争取更多的资源和手段，进一步拓宽劳模帮扶渠道。引导劳模珍惜荣誉，自觉践行社会主义核心价值体系，始终保持先进本色。

2. 劳模服务

做好劳模的服务工作，就是要关心劳模，帮助他们解决在工作和生活中遇到的困难，解除劳模的后顾之忧，为劳模发挥作用创造条件。

(1) 加强劳模教育培养。主要指对劳动模范继续进行教育培养。通过对劳动模范进行政治思想、科学文化知识教育和技术技能培训等，不断提高劳模的政治思想觉悟、科学文化素质和技术技能水平。积极选送有条件的劳模学习深造，不断提高劳模素质，加强劳模队伍建设，更好地发挥劳模的先锋模范作用。

(2) 建立劳模定期健康体检制度。对省部（委）级以上劳模要每年安排一次健康体检并形成制度。按照属地原则，体检工作由劳模所在省（区、市）工会负责组织实施。各省（区、市）工会与政府财政、卫生部门密切协作，共同制定具体措施。同时各地工会要积极与当地卫生部门协商，为劳模提供便捷的医疗保健服务。

(3) 做好劳模休养工作。制定切实可行的劳模休养活动方案，力争省部（委）级以上劳模每 3 年至 5 年参加一次省级以上工会组织的休养活动。优先安排在关键岗位、关键工种和工作环境艰苦、劳动强度大的一线职工劳模参加休养。选择环境、设施条件较好的工会疗养院作为劳模休养基地。各级工会疗养院要高度重视劳模接待服务工作。

(4) 切实解决劳模的生活困难。为解决部分全国劳模生活困难的问题，从 2003 年起，国家财政拨专款对收入较低有特殊困难的劳模进行帮助。各地也陆续出台了一些提高劳模待遇的政策。如设立劳模荣誉津贴、为劳模办理补充养老保险、设立专项劳模帮困资金、定期安排省部级以上劳模体检和疗休养、优先报销劳模医疗费用、实行医疗补助和住房优惠等政策。

第9章 工会法律工作方法

工会法律工作是工会组织及其法律工作部门和机构通过多种法律途径与相关形式，参与创制法律规范、监督法律规范的执行并运用法律手段依法维护职工和工会组织的合法权益，保障工会履行法定职能的各种活动。

工会法律工作是工会工作的一项重要内容，是工会依法维护职工合法权益、维护工会组织合法权益、履行各项职能的重要手段。在新形势下，加强工会法律工作，对工会组织来说，有着极为重要的意义。工会法律工作是工会在市场经济条件下发挥作用的客观需要，是工会组织履行维护职责的基本手段，是工会发挥民主参与和民主监督作用的重要保障，是工会推动和谐社会建设的重要组成部分。

工会法律工作的主要任务包括以下几个方面：参与国家和地方立法，为工会参政议政提供法律依据和意见，开展与职工权益相关的法律法规实施情况的监督，预防和参与处理劳动争议，为职工和工会组织提供法律服务和法律援助，对职工和工会干部进行法治宣传和法治教育。

一、工会参与立法及规章制度制定工作方法

工会代表职工群众参与立法是民主立法的重要渠道，是工会宏观参与、源头参与的重要内容，是工会参政议政的重要途径。

（一）工会参与国家立法工作的途径

在国家层面，工会主要通过以下几个途径参与国家立法工作：

1. 通过议案、提案参与国家立法

通过提交全国人大议案、政协提案，反映涉及职工利益的问题，提出改进方案，或接受立法机关的委托单独或与有关部门联合拟订涉及职工利益的法律草案，通过法律规定的程序提请人大、政协审议。一般议案、提案及法律草案是经人大、政协中工会界的代表、委员提交给人大、政协会议的。工会通过在人大、政协的来自工会的代表、委员和进入党政领导班子的工会领导人发挥作用。

2. 通过调研，推动政策议程建立

工会采用“从群众中来，到群众中去”的调研方式，深入调查研究职工群众普遍关心的涉及职工切身利益或工会组织自身利益的问题，并向党委、政府、人大及有关部门报送专题报告、调查报告、信息，争取将工会提出的要求列入政策议程。

3. 通过建立各级工会与同级政府及相关部门召开联席（联系）会议制度发挥作用

联席（联系）会议是政府与工会进行沟通、交流，通报情况，解决问题的一种形式。工会应充分利用这种形式，来解决劳动保护工作中的棘手问题，提出改进意见，督促政府付诸行动。

4. 通过专题讨论会

通过专题讨论会，与政府有关部门就涉及职工切身利益的某个问题进行研究，共同提出解决问题的方案，并采取联合制发文件形式，促使解决有关问题。

5. 通过参加劳动关系三方协商机制发挥作用

劳动关系三方协商机制是由政府劳动行政部门、工会和企业组织三方就劳动关系为主的社会经济政策、法律制定和实施进行相互协商的组织体制、法律制度以及运行程序。工会应当充分发挥三方协商机制的作用，提出工会的立法和政策制定的意见和建议。

（二）工会参与地方立法工作的方法

1. 大力营造有利于工会参与地方立法过程的环境和氛围

一是建立和完善深入了解民情、充分反映民意、广泛集中民智、切实珍惜民力的地方立法机制。这就是说在各级决策机关建立和完善重大决策的规则和程序，建立社情民意反映制度，建立与群众利益相关的重大事项社会公示制度和社会听证制度，完善专家咨询制度，实行决策的论证制和责任制，防止决策的随意性。二是大力开展工会参与地方立法的理论研究活动。三是继续做好工会法配套法律法规的立法工作。

2. 工会要采取切实措施，提高参与地方立法的质量和效率

一是搞好工会组织的自身建设。按照与时俱进的要求，改革工会传统组织体制、思维方式和工作模式，形成上级工会服务下级工会、工会组织服务全体职工、下级工会评判上级工会、会员群众评判基层工会的运行机制和考核评价机制，以确保职工的利益要求有效地通过各级工会的参与，在地方立法过程中得到体现。

二是加强工会干部队伍建设。为适应工会参与地方立法的需要，加强工会干部法律意识和法律知识的培养和提高；完善各级工会干部工作责任监督制度，实行工会主席向本级会员（代表）大会述职、接受评议监督和罢免；广泛开展学习活动，努力提高工会干部素质，增强工会干部参与地方立法工作的主动性、预见性和科学性。

三是多层面、宽领域、富有成效地推进工会的参与工作。要不断拓宽工会参与地方立法的途径；工会应建立新闻发言人和记者招待会、信息发布会制度；在工会自己的媒体或大众媒体上经常开展民意测验活动，还可

以灵活采取各种方式，如召开座谈会、听证会等，直接组织职工就重大政策问题进行讨论、表达意见，形成工会与职工双向互动的综合利益要求的机制；为正确检验法律、政策执行后对职工的影响和效果，工会还要依靠自己的组织优势和专、兼职研究专家队伍，建立独立的政策评估机制。

四是加强调查研究和政策研究。这是工会做好参与工作的前提和保证。可建立工会的专、兼职专家队伍，形成工会上下、内外联合调研的工作格局和运行机制；鼓励工会系统内外多部门跨学科的自由研究，以利于新思路的产生。

与此同时，要制定研究规划，确立研究课题，要特别重视组织力量开展前瞻性的研究；要建立工会自己的信息统计系统，及时为工会在参与中更好地表达职工利益要求提供依据。

（三）参与工会内部规章制度制定的内容

根据近年来工会工作的经验，工会主要应建立健全以下几个方面的工作制度：

1. 工会组织建设的工作制度

包括工会如何开展发动职工组织建立工会的工作制度，工会筹建及报告批准制度，工会的会员代表大会制度，工会委员会成员和工会经费审查委员会成员的选举、罢免制度。

延伸阅读

工会参与立法工作的“四大秘诀”

- ◆我国工会参与立法有充分的法律依据
- ◆执政党对工会立法参与工作的支持
- ◆工会参与立法工作有广大的职工撑腰
- ◆工会参与立法有扎实的调查研究和专业的人才队伍做基础

2. 工会组织活动的工作制度

这既包括工会内部的管理工作制度，如制定工会的例会制度，按期、及时召开全体委员会议、主席办公会议、分工会主席办公会议、工会会员代表团（组）长联席会议等；也包括工会开展维护职工合法权益的工作制度，如制定工会信访接待工作制度，工会开展劳动争议调解工作制度，工会进行集体协商签订集体合同工作制度，工会公职律师管理工作制度等；还包括各类工作人员的责任制度，特别是工会主席、副主席要严格履行自己的职责，并实行目标责任制。

3. 工会的经费财产管理工作制度

包括制定财务管理与会计核算制度、资产管理制度，促使各级工会收好、管好、用好工会经费，保证工会资产保值增值，发扬财务民主，讲究资金、财产使用效能，保证和促进工会工作、职工群众活动和工会各项事业的发展；制定工会的经费审查制度，促使各级工会经审组织健全，制度完善、审计规范、工作经常、监督有力。

二、工会劳动法律监督工作的方法

工会劳动法律监督，是指各级工会组织依法对用人单位遵守劳动法律、法规的情况，以及对政府劳动行政部门和司法部门履行劳动法律法规规定的管理、监督和处罚职责情况，所进行的检查督促活动。对不同的监督对象的监督一般是由不同的工会组织去完成的。对用人单位遵守劳动法律、法规的情况，各级工会组织都有权进行监督，但经常的大量的工作，是由基层工会进行的，而对政府部门执行劳动法律、法规的情况进行监督，则主要由县级以上地方工会组织进行。

工会进行劳动法律监督工作的方法如下：

（1）参与涉及工会劳动法律监督相关法律法规、规范性文件和政策的制定，提出工会的主张、意见和建议。

（2）开展工会劳动法律监督工作的调查研究，掌握劳动法律法规贯彻实施的情况，向有关部门提出符合我国劳动关系领域实际情况的意见和建议。

（3）参加各级人大和政府相关部门开展的《工会法》《劳动法》《劳动合同法》等劳动法律法规的执法检查活动；参与政协组织的劳动法律法规执行情况的视察活动。

（4）工会组织开展劳动法律监督检查活动，对发现的问题，提出整改意见。同时，参与重大劳动争议和劳动侵权案件的调查处理。

（5）通过基层工会和工会的劳动法律监督员（包括由政府劳动行政部门聘请的劳动保障法律监督员），对用人单位遵守和执行劳动法律法规的情况进行监督。

（6）向党委、政府报告劳动法律法规的执行情况，对存在的重大性及普遍性的问题，建议党委、政府采取措施予以解决。

监督检查工作方式按时间分，有定期检查和不定期检查；按监督检查的范围分，有综合性检查和专项检查（抽查）。定期检查可以是综合检查也可以是抽查，而不定期检查可以是抽查也可以是综合性检查。

定期检查对用人单位遵守执行劳动法律法规具有一种督促的作用。作为日常的、经常性的监督应当确定检查的时间、程序，用人单位内的工会劳动法律监督应以日常的、经常性定期检查为主，并对关键岗位、重点岗位进行重点检查。

知识链接

“两书”制度

所谓“两书”，即是当用人单位存在违反劳动法律的问题时，工会以书面形式向用人单位发出《工会劳动法律监督意见书》，提出整改意见；如果用人单位不接受工会的意见或接受意见但拒绝整改的，县级以上总工会可以向同级劳动监察部门递交《工会劳动法律监督建议书》，建议劳动监察部门进行查处，并把处理情况回复工会。

不定期的监督检查，即抽查，应确定对某些问题、某些情况的抽查制度。县级以上工会劳动法律监督委员会的监督应以抽查为主，有重点、分阶段进行。根据《工会劳动法律监督试行办法》规定，县级以上工会经同级人大、政协同意，可以参加其组织的劳动法律、法规执法检查，县级以上工会可以与政府劳动部门及其他职能部门联合组织劳动法律、法规执法检查。这也是工会劳动法律监督检查工作制度中可供选择的工作方法之一，即联合检查。

综合性监督检查应以定期为主，专项监督检查应以抽查为主，但专门监督员则应以定期的专项检查为主。专业性的劳动法律法规的监督检查，如矿山安全监督检查、锅炉压力容器安全监督检查等，应依法律规定进行。矿山安全监督员凭其证件，在所负责的范围内有权随时进入有关单位进行检查，工会监督员若同时兼任监察员的，则应依相应法律规定进行监察工作，这种随时检查可以视为不定期检查。

三、工会劳动争议预防和处理工作方法

劳动争议，是指劳动关系当事人之间因行使劳动权利和履行劳动义务产生分歧而发生的争执。劳动争议发生后，当事人可以依法通过协商、调解、仲裁和诉讼程序解决；工会则承担着做好预防，参与协商，主持调解，参加仲裁或诉讼活动的重要职责。

（一）工会进行劳动争议预防的方法

1. 参与劳动立法和政策制定，开展劳动法治宣传教育

劳动法律法规是劳动争议预防的依据，工会参与劳动立法，可以从源头有效预防劳动争议的发生。如：参与制定工资支付、劳动合同、工伤保险等法律法规，从制度上遏制可能发生的劳动争议。

一是针对劳动关系的突出问题，提出工会的意见和主张，督促政府出台相关政策和规范性文件，防止某类劳动争议大面积发生。如参与相关政策制定，妥善解决用人单位整体拖欠职工劳动报酬和企业改制中职工安置

等问题。

二是开展劳动法治宣传教育，是预防劳动争议的重要手段之一。工会可与政府等部门联手，通过普法宣传和劳动法律法规教育，提高用人单位和劳动者的劳动法律意识和劳动法治观念，促其自觉遵纪守法，避免劳动争议发生。如：开展法律知识竞赛、法律咨询日、法治讲座等活动，送法下企业、下基层，设立专门窗口进行定点法律咨询，建立工会职工法律夜校或培训服务中心等。

2. 参与劳动法律法规执法检查，履行社会监督职能

工会参与劳动执法检查，对于维护职工合法权益，预防劳动争议发生，具有十分积极的作用。工会应针对劳动执法中的突出问题，配合人大定期开展劳动执法检查、参与政府劳动保障等部门的联合执法检查，多方联动，履行工会劳动法律监督职能，督促用人单位及时纠正劳动用工管理中的问题，使劳动法律法规得以贯彻落实，从而遏制劳动争议发生。

3. 建立平等协商和集体合同制度

工会可以就涉及职工切身利益等事项，与用人单位定期不定期商谈，以便达成共识，使矛盾和问题及时得到解决，预防劳动争议发生。在平等协商的基础上，通过签订集体合同，把职工和企业可能发生的矛盾，转化为工会与企业须协商解决的问题，防止可能发生的劳动争议。实践证明，集体合同制度是协调劳动关系，整体预防劳动争议的有效方式。一些企业集体合同制度运行良好，劳动争议大幅下降，有的数年没发生过劳动争议，企业生产发展迅速。

4. 建立健全用人单位民主管理制度

建立健全用人单位职工代表大会（职工大会）和厂务公开等制度，加强民主管理，是预防劳动争议的又一有效形式。工会可通过参与企业规章制度等制定，参与企业涉及职工切身利益问题的重大决策。在公司制企业，通过职工董事、职工监事，直接参与企业重大决策和监督，从源头上有效预防劳动争议的发生。同时，还可通过建立职工代表意见会、对话会、面谈等制度，加强劳动关系双方的沟通和协调，防止劳动争议发生。

5. 帮助指导劳动者签订好劳动合同

劳动合同是劳动者与用人单位建立劳动关系，明确双方劳动权利和义务的协议。由于目前我国劳动力市场供大于求，用人单位往往迫使劳动者接受苛刻的合同条款，或者在合同中取消劳动者应当享有的权利，造成劳动合同显失公平，为劳动合同履行留下争议隐患。工会应参与用人单位劳动合同文本的制定，针对职工对劳动法律法规缺乏了解、自我保护能力较弱的情况，认真帮助、指导职工与用人单位签订、续订好劳动合同，避免由此产生劳动争议。

6. 建立健全劳动争议（劳动关系）预警机制

劳动争议（劳动关系）预警机制是通过预测、预报、预警等综合性手段，预防重大突发性劳动争议发生的有效机制。工会应整合资源，注重发挥各级劳动争议调解组织、劳动法律监督组织的预防功能，建立企业工会劳动争议信息员制度，推动建立劳动关系三方信息协调制度，以及三方共同负责，下至企业、上到地方的自下而上的劳动争议预警机制，通过预测、预报和预防等措施，有效排查劳动争议隐患，及时化解纠纷苗头。对可能引发群体性突发事件的重大问题，及时报上级工会和有关部门，积极采取应对措施，最大限度减少社会震荡。

（二）工会参与劳动争议协商的方法

一是接受职工当事人投诉，就解决争议与用人单位交涉、协商，提出处理意见，促使劳动争议在较短时间、较小范围内，经双方共同努力，求得较为圆满的解决。

二是在发现劳动争议后主动参与协商。如通过信息反馈制度发现争议情况后，主动介入，自觉代表职工当事人与用人单位进行协商，使争议及时化解。或通过协商机制进行协商。

三是通过企业建立的协商会议和平等协商制度进行协商。对发生的劳动争议特别是集体合同争议，工会应当及时与用人单位沟通情况，召开协商会议，对具体争议进行分析，提出可行性处理意见，共商解决办法，并对争议的预防达成共识，做出具体规定。

与此同时，还应督促和解协议履行。和解协议是劳动争议当事人双方在平等、自愿、协商一致的基础上，就妥善解决矛盾做出的双方共同遵守执行的和解承诺。和解协议对当事人双方均具有行为约束力，当事人都应当自觉履行。工会应做好督促、落实工作，以利和解协议得到全面、正确履行。因签订或履行集体合同发生争议经协商达成的协议书，对用人单位和用人单位全体劳动者具有法律约束力，双方应共同遵守。

（三）工会主持劳动争议调解的程序和原则

1. 工会主持调解的程序

（1）审查劳动争议当事人的调解申请，决定是否受理。劳动争议发生后，当事人可以口头或书面形式向调解委员会提出申请。调解委员会接到调解申请后，对属于劳动争议受理范围且双方当事人同意调解的，应当在3个工作日内受理。对不属于劳动争议受理范围或者一方当事人不同意调解的，应当做好记录，并书面通知申请人。

（2）指派调解委员对有关事实进行全面调查，了解双方当事人的意见和要求，讨论确定调解方案，做好调解准备。

（3）召开调解会议，听取双方当事人陈述，公布调查结果，提出调解意见，组织当事人协商。

（4）经调解达成协议的，制作调解协议书，督促双方当事人自觉履行。

（5）调解委员会调解劳动争议，应当自受理调解申请之日起15日内结束。但是双方当事人同意延期的可以延长。当事人不愿调解、调解不成或者达成调解协议后，一方当事人在约定的期限内不履行调解协议的，调解委员会应当做好记录，由双方当事人签名或者盖章，并书面告知当事人可以向仲裁委员会申请仲裁。

2. 工会主持调解的原则

（1）自愿原则。自愿是调解的前提，只有当事人双方自愿，调解才能成立，对任何一方不得强迫。自愿原则包括自愿申请调解，自愿达成调解协议并自愿履行协议。

（2）合法原则。劳动争议调解必须按照国家劳动法律法规、规章的规定进行，包括判断是非、明确责任要合法，调解程序合法，调解协议书内容合法等。

（3）公正原则。劳动争议调解必须恪守公正，不偏不倚，对可能影响公正调解的人员，当事人可以依法申请其回避。

（4）及时原则。调解程序要简化，及时就地调解，在法定期限内结束调解等。

四、工会法律服务和法律援助工作方法

工会法律服务和法律援助，是指工会组织及其法律服务和法律援助机构，依法为职工、工会工作者、工会组织提供法律咨询等服务，为职工当事人特别是确有经济困难的劳动争议案件或特殊案件的职工当事人，以及合法权益受到侵害的工会组织、工会干部等，提供包括代书、代理或代其聘请律师等无偿法律帮助的制度。工会法律援助是国家法律援助的重要补充。

延伸阅读

工会系统首批劳动争议调解员持证上岗

2015年2月，天津市首批104名考试合格的工会干部领到了人社部颁发的职业资格证书和市人社局颁发的劳动争议调解员证，为加强全市劳动人事争议调解工作，有效预防、快捷调解、平稳化解争议，促进劳动人事关系和谐稳定奠定了坚实的人才保障。天津市总工会将继续与市人社局联合举办培训班，计划培训400名工会干部。届时，天津市将又有一批有专业水平的劳动争议调解员持证上岗，为推动和谐劳动关系创建发挥作用。

（一）工会法律服务和法律援助的内容、形式及经费

工会法律服务和法律援助的内容主要包括：对职工、工会组织和工会工作者进行法律法规特别是劳动法律法规的宣传教育与培训；为工会与用人单位签订集体合同、职工与用人单位订立劳动合同提供法律指导服务；为职工、工会组织和工会工作者提供法律法规咨询服务；为劳动权益以及与其相关的其他权益受到侵犯的困难职工当事人，因合法权益受到侵犯或因履行职责而合法权益受到侵犯的工会组织、工会工作者提供法律援助；其他需要提供法律服务和法律援助的事项。

工会法律服务和法律援助的形式主要包括：宣讲法律法规；提供法律咨询；提供合同指导意见书；代写法律文书；提供劳动争议仲裁或诉讼代理；提供劳动争议非诉讼代理；提供主要面向工会组织的民事或行政代理；提供其他形式的法律帮助。

工会法律服务和法律援助的经费来源：中央财政困难职工帮扶专项资金、地方财政困难职工帮扶配套资金、工会经费、社会捐赠和其他合法来源。

（二）工会法律服务和法律援助的程序

当事人申请工会法律援助，一般应当向用人单位所在地的地方工会法律服务和法律援助机构提出；下级工会未设立法律服务和法律援助机构的，当事人可以向上一级工会法律服务和法律援助机构提出申请。对重大案件的法律援助，下级工会法律服务和法律援助机构可以提请上一级工会法律服务和法律援助机构受理。

当事人申请工会为其提供法律援助服务的，一般应当以书面形式提出，并递交身份证、户籍证明或暂住证、工作证，所在单位工会或地方工会、当地政府出具的特困证明或证明其经济困难的材料，以及工会法律服务和法律援助机构认为需要提供的其他材料。工会组织申请为其提供法律援助服务的，应当递交工会法人资格证书和工会法定代表人证书等。代理人代理申请的，应递交有代理权资格的证明。

工会提供法律援助流程图

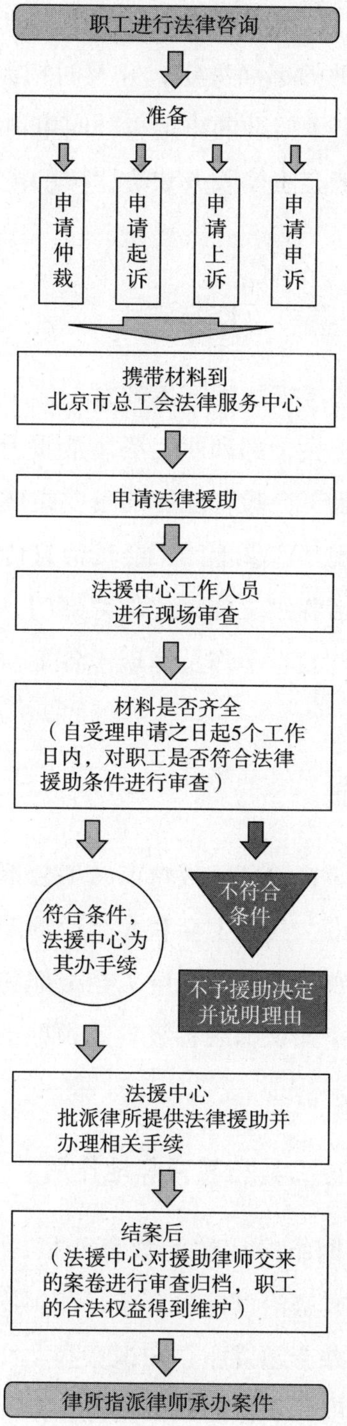

当事人申请法律援助的，工会法律服务和法律援助机构收到申请后，按规定的条件进行审查，并作出是否予以法律援助的决定。对符合条件的应作出同意提供法律援助的书面决定，并及时指派法律援助的承办人员；对不符合条件的，作出不予援助的决定，并向申请人说明理由。援助事项办结后，承办人员应向工会法律服务和法律援助机构提交结案报告，按照要求结案归档。

五、工会法治宣传教育工作方法

工会法治宣传教育是国家法治宣传教育工作中重要的组成部分，是由工会承担，以提高广大工会干部和职工法律素质为目的的法治宣传教育活动。工会法治宣传教育是工会教育职能的重要组成部分，工会各个方面工作中对此都应当有所体现。广义上的工会法治宣传教育工作不仅包括专门的工会普法工作，还包括各级工会宣传教育部门、工会院校、工人文化宫俱乐部等承担的法治宣传教育工作及体现于各工会业务工作中的法治宣传教育内容。

（一）法律知识培训

全国总工会和各省、自治区、直辖市总工会不定期举办普法骨干培训班，有组织地轮训省、市、县总工会和大企业的工会干部。各地工会结合实际，利用多种形式，有计划地对基层工会干部和工会工作人员进行法律知识培训。推动工会法律知识纳入各级党政领导干部培训课程，提高工会工作影响力。

（二）发挥工会宣传工具和教育阵地作用

利用报纸、刊物、网络开辟法治教育专栏，有针对性地刊登法律知识，在电台、电视台播放法治宣传教育节目，利用文化宫、俱乐部、工会学校等工会自身资源举办专题讲座、知识竞赛、文艺演出等多种形式，加大普法宣传的广度和力度，积极向职工宣传法律知识。工会院校开设法律课程或举办法律知识系列讲座，把法治宣传教育纳入教学计划，作为重要教学内容。发挥互联网、手机等新媒体作用，构建全方位、广覆盖的工会法治宣传教育网络。

（三）组织宣传活动

各地工会要结合本地的实际情况，有针对性地举办法治图片展览，开展法律知识咨询，组织法律知识竞赛等多种活动，努力创造法治宣传教育的社会氛围。特别是各地工会可以利用法律制定或颁布周年纪念日、“12·4”全国法治宣传日等机会，举办各类法治咨询宣传活动。在困难职工帮扶中心、职工维权热线、工会信访机构等平台加载法治宣传教育功能；组织工会公职律师和法律援助志愿者深入一线、深入职工，大力宣传法律知识和政策规定，满足职工群众学法用法需求。

（四）编印普法学习资料分发给职工

各级工会要组织专门力量，根据工会干部和职工的特点和需要，编写一些普法学习宣传资料，分发给工会干部和职工群众。地方工会还可以开展“送法上门”“送法下基层”“送法进社区”“送法到厂矿”等贴近职工、服务职工、深受职工群众欢迎的活动。

知识链接

法治与法制这两个词，乍一看似乎大同小异，而事实上二者具有本质的区别。法制主要是指法律制度及其实施，要求严格依法办事；而法治不仅包括法律制度及其实施，更强调依法治国，注重法律的公正、稳定、普遍、公开、平等。法治与人治截然对立，其基础是民主政治，而法制和人治并不对立。

第10章 工会女职工工作方法

女职工作为工人阶级的重要组成部分，作为妇女群众的骨干力量，在全面建成小康社会、促进经济发展和社会进步的伟大历史进程中，肩负着光荣而神圣的使命，具有不可替代的作用。做好女职工工作，不仅是全面建成小康社会奋斗目标的要求，也是工会女职工组织自身发展的需要，更是广大女职工的期望。

女职工工作的对象是女职工。女职工是女职员和女工人的统称。一般是指从事一定经济和社会活动，以工资形式获得收入的女性劳动者（包括脑力和体力劳动）。女职工工作作为工会工作不可分割的一个重要组成部分，它既体现着工会工作的一般规律，又有鲜明的自身特点，主要表现在三个方面：一是女职工工作的特殊性。女职工工作的特殊性是由其工作对象的生理、心理特点所决定的。二是女职工工作的相对独立性。女职工工作的特殊性决定了它工作的相对独立性。由于女职工中有一系列特殊问题，就需要有一个专门的女职工组织机构来独立负责、有针对性地开展工作。三是女职工工作的综合性。女职工工作的综合性是指女职工工作与国家有关部门和工会各业务部门的工作都有着密切联系，涉及女职工利益方面的工作内容广、领域宽，凡是有女职工的地方，都有女职工工作。

一、工会女职工组织宣传工作方法

1. 当前工会女职工组织宣传工作的主要内容

一是紧紧围绕党和国家工作大局和工会工作全局，宣传党的全心全意依靠工人阶级的根本指导方针，引导广大女职工进一步坚定永远跟党走的政治信念，增强坚定不移走中国特色社会主义道路的信心和决心，把思想和行动统一到中央的决策部署上来，进一步打牢团结奋进的共同思想基础，为推动科学发展、促进社会和谐提供思想保证和精神动力，引导广大女职工为实现“两个一百年”奋斗目标和中华民族伟大复兴的中国梦而奋斗。

二是广泛宣传工会工作理论及工会女职工工作在推进妇女事业和促进社会发展中的积极作用，大力宣传工会女职工工作，宣传优秀女职工的先进事迹，及时报道各级工会女职工组织的工作成绩，全面反映广大女职工的所需所盼和诉求，为工会工作和女职工工作营造和谐的舆论氛围。

三是整合工会系统内外宣传资源，形成宣传合力，运用好《工人日报》《中国妇女报》、中国工人出版社、中国工会女职工工作网等宣传主阵地，加强策划，充分发挥社会主流媒体的作用，争取更多的版面和时段，通过典型宣传、热点引导、舆论监督等方式，提高宣传工作水平，增强宣传实效。

2. 宣传工会女职工工作的基本形式

（1）文字形式。主要包括两类：一是利用公文、资料、书籍、广告、标语、口号等形式。二是利用刊物作为提供新闻、信息、文化服务的重要载体。

（2）活动形式。主要包括三类：一是举办各类专题报告会、座谈会、现场会。二是开展各种形式的社会调查、专题采访等。三是进行集体或个人形式的对话或访谈等。

（3）广播形式。广播是最早出现的电子大众媒介，在信息传递方面显示出巨大的优越性，是宣传工会工作的重要载体和渠道。

（4）影视形式。电视集信息传播服务和娱乐于一身，生动、直观、活泼，在媒体中具有明显的优势，是工会女职工工作宣传的一个很重要的形式。

（5）网络形式。互联网是继报刊、广播和电视之后的第四大媒体，也是工会女职工工作宣传的重要形式。网络阵地的建设、开发与运用，将是当前和今后一个时期工会女职工工作宣传面临的重要课题和长期任务。

3. 目前工会女职工工作的主要宣传平台

（1）《中国工会女职工工作网》。它是全国总工会女职工委员会办公室负责管理的一个传播、交流工会女职工工作信息的专业网站。目前设有“组织简介”“要闻导读”“领导讲话”等10个栏目。

（2）《工人日报》《全总信息》《工会要情》《工会信息》《工会工作通讯》《工运研究》等工会系统的宣传平台。

（3）《工作情况交流》女职工部专版。工会女职工版《工作情况交流》是以全国总工会办公厅名义下发的每年6期的工会女职工工作专刊，是各级工会女职工组织了解全局工作、拓展工作思路、交流借鉴经验的重要平台，是全国总工会女职工委员会加强工作指导的重要载体。该刊目前发至全国总工会女职工委员会顾问、委员、各省（区、市）总工会女职工部、工会女职工工作联系点。

（4）《中国妇女报》。该报是大力宣传、推动妇女事业发展、宣传包括女职工工作在内的妇女事业发展主旋律的重要载体。目前，《中国妇女报》开设了全方位、多角度反映、宣传广大女职工群体、女职工工作的职业女性专版，为女职工提供展示风采、思想互动、工作和学习交流的新平台。

（5）社会媒体。围绕工会女职工工作重点，利用电视、广播、报刊、网站等社会主流媒体，报道工会女职工组织的工作和会议、活动，宣传工会女职工工作和女职工的先进典型，具有规划性强、宣传声势大、宣传效果好的优势。

4. 工会女职工组织的宣传工作方法

（1）加强机制建设。要建立健全与政府有关部门和主流媒体的联系沟通机制，合力推进宣传工作；建立日常工作责任制度，及时关注网络中涉及女职工权益维护的热点问题，提升网络舆论引导能力；建立完善考核评价与激励机制，激发各级工会女职工组织宣传队伍的积极性、主动性和创造性。

（2）加强阵地建设。在巩固现有宣传阵地的基础上，不断提高运用新兴媒体的能力，进一步拓展宣传阵地；完善信息网络建设，推动女职工组织宣传工作纳入工会宣传工作统一部署，努力构建全方位、多层次、多形式的宣传格局。

（3）加强队伍建设。采取有效措施引导各级工会女职工组织宣传工作干部进一步提高分析问题、解决问题和应对突发事件的能力，不断创新工作观念和工作方法，以女职工关注的难点和热点为宣传重点，始终立足于维护广大女职工的合法权益和特殊利益。

（4）加强载体创新。树立品牌意识，围绕工会宣传工作整体部署，结合女职工工作、女职工组织和女职工实际，精心策划和设计有特色、实用性强的工作载体与平台，增强宣传工作的针对性、实效性和吸引力、感染力，不断扩大宣传工作的覆盖面和影响力。

二、工会女职工组织自身建设的方法

（一）组织体系建设

建立健全工会女职工组织体系，是工会女职工组织和工作机制得以正常运转的重要保证。为此，一是要抓好基层工会女职工组织建设；二是要抓好县以上工会领导机关的女职工组织建设；三是要推进实现女职工组织的全覆盖；四是要加强女职工组织的规范化建设；五是要注意发挥女职工委员会的作用；六是要注重加强领导机关与基层工会女职工组织间的联系。

1. 基层工会女职工组织的建设

（1）要把加强基层组织的建设放在重要的位置。一是要坚持哪里有工会，哪里有女职工，哪里就要建立工会女职工组织的原则，最大限度地把女职工组织到工会中来。二是要坚持以工会组织建设带动工会女职工组织建设的原则。按照相关规定，企业、事业单位和机关有女会员10人以上的，在组建工会的同时建立女职工委员会，并配备好相应的专、兼职干部，落实好干部待遇。三是在巩固现有女职工组织建设成果的基础上，着力加强非公企业特别是中小企业和新建企业中的女职工组织建设，做到企业工会女职工委员会与该企业工会委员会同时筹备、同时产生（换届）、同时报批，努力实现在已建工会企业中女职工组织全覆盖。

（2）不同企业应有不同的侧重点。公有制企业组织建设工作的重点是在巩固工会女职工组织的基础上，结合新形势下工会女职工工作的新情况新问题，进一步创新工作，激发组织活力，更好地发挥工会女职工组织的作用。改制企业组织建设工作的重点是在重组工会的同时，重点抓好女职工组织的同步组建，建立健全组织制度、工作制度，围绕改制后的女职工工作新情况、新问题，积极开展工会女职工工作。非公有制企业和新建企业组织建设工作的重点一方面是按照工会女职工组织与工会组织同时筹备、同时产生（换届）、同时报批的原则，同步建立工会女职工组织，有效扩大组织覆盖面，另一方面是进一步加强女职工组织规范化建设，不断建立健全各项制度，按照组织健全、机制完善、维权到位、作用明显的标准，加强女职工组织建设。

知识链接

工会女职工委员会与妇联的关系

根据《中国工会章程》第十四条规定："企业工会女职工委员会是县或者县以上妇联的团体会员，通过县以上地方工会接受妇联的业务指导。"不论是企业、事业单位，还是机关，其工会女职工委员会，不论是协商产生候选人，还是产生后的报备，均不与各级妇联组织发生任何直接联系。各级各类工会委员会的女职工委员会，接受妇联的业务指导需通过县或者县以上地方工会。

(3) 推动基层工会女职工组织建设应重点注意四个方面的问题。一是要按照统筹兼顾、突出重点、分类指导、整体推进的原则，既要推动基层工会女职工组织的建立，又要注重基层工会女职工组织作用的发挥，既要巩固和发展公有制企业、事业单位工会女职工组织，又要进一步规范非公有制经济组织的工会女职工组织。二是努力实现在已建工会组织的企业中女职工组织的全覆盖，凡是企业、事业单位和机关有女会员10人以上的，都应建立工会女职工委员会，不足10人的，设女职工委员。三是要在巩固公有制企业组织建设成果的基础上，整顿和重建改制企业工会女职工组织，着力加强私营企业、外商投资企业和港澳台资企业以及现代服务业等重点产业领域和企业集中的经济技术开发区、商贸楼宇、集贸市场等重点区域的女职工组织建设，要以女农民工、女劳务派遣工集中的企业为重点，依法推动企业普遍建立工会女职工组织，加快区域性、行业性工会女职工组织建设步伐，努力做到企业工会女职工委员会与工会委员会同时筹备、同时产生（换届）、同时报批。四是要加强工会女职工组织规范化建设，探索不同类型的基层工会女职工组织维权工作机制，通过开展各种适合女职工特点的活动，充分调动她们的积极性和创造性，切实发挥基层工会女职工组织在协调劳动关系、促进经济发展、构建和谐社会中的作用。

2. 县以上工会领导机关女职工组织的建设

要健全县以上工会领导机关女职工组织体系。县以上工会领导机关的女职工组织建设应重点注意四个方面的问题：一是工会领导班子要提高对女职工工作重要性的认识，切实将女职工工作纳入工会工作的重要议事日程，坚持“三同时”原则，把工会女职工组织建设纳入工会组织建设的总体规划，做到工会组建到哪里，女职工组织就同时建立到哪里，以工建带动女职工组织建设，以女职工组织建设促进工会组建，为构建全会抓女职工工作、女职工工作为工会全局服务的工作格局创造条件。二是要按照相关文件的要求建立女职工委员会，确定合理的人员编制，配齐配强女职工部门工作干部，并落实好相关人员的待遇。同时要进一步加强工会女职工组织规范化建设，明确组建标准，完善民主程序，落实相关制度，将女职工组织规范化建设纳入工会规范化建设目标考核体系。三是在各级工会机构改革过程中，女职工组织不能削弱，更不能撤销，对已经出现的撤并或削弱工会女职工组织、降低女职工工作干部待遇的现象应及时予以纠正。四是要充分保障女职工工作经费。

3. 推进实现工会女职工组织全覆盖

（1）将“两个覆盖”纳入全会重点工作同步推进。将女职工组织全覆盖工作目标纳入工会组建和发展会员预期目标、组建目标考核体系、“模范职工之家”、“创建劳动关系和谐企业”活动、“广普查、深组建、全覆盖”集中行动，做到工会女职工组织与工会组建筹备、产生、报批的“三同时”，女职工专项合同与集体合同协商、签订、履约的“三同步”。

（2）加大重点企业、重点领域推进工作力度。根据企业的特点，因地、因企制宜开展工作。以非公企业特别是中小企业和新建企业为重点，加快在区域性、行业性工会联合会特别是小企业工会联合会女职工组织“二次覆盖”的工作步伐。探索创新女职工组织组建形式，提高组建质量，通过属地联合，促进分层覆盖；通过条块联合，促进区域覆盖；通过垂直联合，促进行业覆盖。

（3）推进女职工组织制度建设。按照工会女职工组织体系网络化、基础工作标准化、工作格局社会化的总体要求，明确组建工作目标、内容和程序，健全组织制度、工作制度、干部培训制度和督导检查制度，健全激励、考核制度，开展争创达标活动，建立顺畅有效的工作运行机制。

（4）加强督导检查。通过开展定期和不定期督导检查、全面检查与专项检查等，集中力量，切实推动解决工作中存在的突出问题，并将此项工作纳入工会组建检查考核统筹安排。

4. 加强工会女职工组织规范化建设

（1）领导重视，全会支持。同级工会重视支持女职工工作，将女职工工作纳入工会整体工作同部署、同检查、同考核；定期听取女职工工作汇报，协调解决女职工工作中遇到的困难和问题，对开展工作和活动的经费予以保障；工会相关部门支持配合女职工工作，研究制定涉及女职工工作相关文件、政策、规定时听取女职工组织的意见。

（2）组织健全，制度规范。工会女职工组织机构健全，按要求配齐配强专兼职工作人员，女职工委员会工作制度规范。建立向同级工会委员会和上级工会女职工委员会报告工作制度；建立本级工会女职工委员会、常务委员会例会制度；建立工作目标管理制度，工作有计划、有总结、有考核；建立工作档案动态管理制度，及时了解、掌握女职工工作相关情况；建立教育培训制度，对女职工工作干部定期开展培训。

（3）履行职责，发挥作用。切实履行组织、引导、维护、服务女职工的各项职能，组织深入实施女职工提升素质建功立业工程，基层单位和女职工参与程度高、覆盖面广；注重源头参与，推动相关法律法规政策落实成效显著，女职工权益保护专项集体合同覆盖面、履约率高；有效实施女职工“关爱行动”，推进困难女职工帮扶工作制度化、项目化和实事化，女职工对工会女职工组织满意度高。四是服务基层，指导有力。上级工会女职工组织对下级工作指导有力，积极协调、帮助解决基层和女职工工作干部的困难和问题，积极代行基层工会女职工组织难以承担的维权职能，为女职工工作干部开展工作积极创造条件，提供支持。

（4）开展工会女职工组织规范化建设示范单位（点）创建活动。注重发挥典型引领示范作用，组织开展工会女职工组织规范化建设示范单位（点）创建活动，着力培养、选树女职工组织规范化建设典型，总结推广典型经验，带动和推进各地工会女职工组织规范化建设工作的深入开展。示范单位（点）的创建活动内容，主要包括活动目标、创建标准、活动方式和具体活动要求等。

5. 发挥工会女职工委员会委员的优势和作用

工会女职工委员会委员来自各个领域，具有广泛的社会联系和群众基础，在指导和推进女职工工作实践中创造、积累了丰富的经验。各界委员要积极参加全国总工会女职工委员会召开的会议、学习培训、参观考察等相关活动，组织贯彻全国总工会女职工委员会年度工作部署；参加全国总工会女职工委员会办公室组织的重点课题调研和督导，深入基层了解女职工的诉求和女职工工作开展情况，围绕本地区、本系统女职工权益维护中的突出问题自行开展调研；发挥自身优势，针对女职工面临的新课题，加强理论研究，提出对策建议，积极推动问题的解决。女职工委员会办公室应通过建立和完善会议议事制度、调查研究制度、督导检查制度、情况反馈制度等，保障委员作用的发挥。

（二）工会女职工工作干部队伍建设

当前工会女职工工作干部队伍的突出特点是专职人员少、兼职人员多，特别是在基层工会，女职工工作干部大多身兼数职，开展女职工工作的时间难以保证，不同程度地存在挂名难履职或业务能力不强等情况，难以适应形势发展和女职工工作的新要求。

1. 提高女职工工作干部的素质

(1) 女职工工作干部素质包含的主要内容

一是较高的政治思想素质。始终坚持坚定正确的政治立场，保持清醒的政治头脑，不断增强政治敏锐性和政治鉴别力，善于从政治上、大局上认识和把握问题，在思想上、政治上、行动上与党中央保持高度一致；坚持党的基本理论、基本路线、基本纲领、基本经验，认真学习和贯彻执行党的路线、方针、政策；深入学习贯彻习近平总书记系列重要讲话精神，把思想行动统一到中央精神上来；全面把握社会主义核心价值体系，树立正确的世界观、人生观、价值观，忠诚于党的事业，淡泊名利，甘于奉献，热爱工会女职工工作；认真学习中国特色社会主义工会发展道路理论体系和党中央关于工人阶级、工会工作的一系列重要指示，坚持以正确的思想和理论指导工会女职工工作，把党的宗旨体现在工会女职工工作的各项实践中；牢固树立大局意识，自觉把工会女职工工作放到党和国家工作大局及工会工作全局中去思考和定位，不断提高驾驭工会女职工工作全局和处理复杂局面的本领。

二是较好的业务素质。认真学习国家有关法律和大政方针，熟悉国家有关法律法规和方针政策，及时跟进新的政策动向，找准与工会女职工工作的结合点；认真学习工运理论、工运历史和工会发展史，准确把握工运事业基本规律；认真学习《工会法》《劳动合同法》《妇女权益保障法》等相关法律法规，通晓劳动就业、工资分配、社会保障、劳动安全等有关规定；熟悉妇运理论，了解心理、生理、教育、伦理等与女职工联系紧密的各方面业务知识。此外，要做好工会女职工工作，还必须按照复合型干部的要求，不断优化知识和能力结构，及时补充市场经济、现代管理等各项新知识，注重培养和锻炼观察事物和综合分析问题的能力，调查研究和解决实际问题的能力，组织管理和协调的能力，宣传号召的能力，以及相应的沟通疏导和社会交往的能力。

三是较强的责任意识。工会女职工工作干部必须牢固树立群众观点，坚持群众路线，增强群众意识，站稳群众立场，始终把竭诚为群众特别是女职工服务作为一切工作的出发点和落脚点；必须具有强烈的事业心和责任感，热心、专心、安心于工会女职工工作；对女职工群众怀有深厚的感情，尊重、理解女职工，信任、关怀女职工，倾听她们的呼声，反映她们的愿望，关心她们的生活，满腔热情地为她们办好事实事；能够动之以情、晓之以理、耐心说服，做好女职工的思想工作；遇到歧视和迫害女职工、侵犯女职工权益现象时，能够挺身而出，坚持原则，据理力争，依法维护女职工合法权益和特殊利益。

四是求真务实的工作作风。作为一名新时期的工会女职工工作者，必须具备求真务实的作风，深入实际，调查研究，掌握第一手材料，认真研究问题，努力真抓实干，为女职工办实事、解难题，在全社会树立工会女职工工作者的良好形象。

五是较好的心理素质。心理素质包括个人涵养和理智水平等方面。由于每个人性格、涵养以及驾驭理智的能力不同，也会导致对工作效果一定程度的影响。较好的心理素质，表现在具有处理现实中各类问题时的稳定情绪、镇定态度，以及工作和生活中的良好行为习惯。

（2）提高女职工工作干部素质的主要途径

一是培训。对女职工工作干部的培训按形式可分为逐级培训和委托代培。逐级培训，即由全国总工会女职工委员会负责培训省级工会女职工工作干部；省（区、市）总工会女职工委员会负责培训地（市）、县（区）工会女职工工作干部；地（市）、县（区）工会女职工委员会负责培训乡镇（街道）、村（社区）、工业园区及基层工会女职工工作干部。委托代培，即对女职工工作中专业性较强岗位的干部，委托各级党校、专业院校等，通过一定时间的正规学习，或通过举办专修班、进修班等，培养女职工工作中某一方面的专门人才。

按内容可分为专业知识培训和岗位培训。专业知识培训，即按照干什么学什么、缺什么补什么的原则，在对工会女职工工作干部开展普及性理论知识培训的基础上，针对女职工工作中具体业务的薄弱环节进行培训。岗位培训，就是按照岗位职务要求对工会女职工工作干部进行定向培训和综合性培训。这是目前岗位培训最常用的方式。它以岗位职务规范为依据，把培训与实际工作需要结合起来，注重工作能力的提高。

二是在工作中加强实践锻炼。由于脱产学习机会有限，在工作实践中学习提高，已成为女职工工作干部提高自身素质的最重要途径。各级工会女职工组织应积极提倡和支持广大工会女职工工作干部结合自己工作的实际需要，利用业余时间通过参加各类成人业余教育，在职学习与女职工工作有关的法律及管理等方面的相关知识，提高业务能力和知识水平。还可通过选送优秀女职工工作干部到上级工会工作、到基层挂职锻炼等方式，提高其素质和工作能力。

2. 加强对女职工工作干部的管理

对女职工工作干部的管理主要包括两个方面：一是搞好干部配备；二是进行干部考核。在干部的配备上，要严格按照革命化、知识化、年轻化、专业化的“四化”标准，在考核的基础上，选拔那些热爱女职工工作、有较高理论政策水平和领导能力、具有开拓创新精神的女干部到女职工工作岗位工作。在专职女职工工作干部的考核上，应结合年度考评制度，逐步摸索有效的女职工工作考核评价体系，并对思想好、作风正、业绩突出的女职工工作干部予以嘉奖。

3. 重视对工会女职工工作干部的培养

对女职工工作干部的培养主要包括：在干部的培养、使用、晋升、学习、交流等环节上，做到对女职工工作干部一视同仁，并争取优先考虑；加大教育培养和选拔交流的力度，积极探索推荐和培养女职工工作干部的有效方式和途径，努力形成有利于工会女职工工作干部成长的机制；在政治上要严格要求，把好思想品质关；在工作上要大胆放手，创造宽松环境；在生活上要关心爱护，协调推动有关方面落实好干部待遇。

三、提高女职工素质的基本方法

女职工素质是指女职工在思想、文化、技能、心理和生理等方面的整体素质，是品质、气质、能力、水平等诸要素的总和，是决定女职工自身发展的重要条件。提高女职工素质，就是要提高女职工的思想道德素质、科学文化素质、岗位技能素质和心理生理素质。

（一）为女职工提升素质搭建平台

要适应市场经济的要求和女职工的实际，从工会女职工组织的特点和优势出发，针对不同行业、不同类型以及不同层面女职工的实际，通过素质达标活动、开办业余学校、召开现场经验交流会等形式，组织丰富多彩的素质教育和活动，寓学习于工作之中，寓教育于活动之中，以女职工喜闻乐见的形式，吸引女职工的广泛参与。面向日趋增多的女农民工，大力开展以提升女职工综合素质为目标的各种职业技能培训。要帮助女职工通过专业技术考核取得相应的资格证书，晋升技术等级和职称，使学习成果得到认可并学有所用。

（二）开展主题教育活动

要利用“三八”“五一”“七一”等重要纪念日及重大历史事件等，在广大女职工中开展以为人民服务为核心，以爱祖国、爱人民、爱科学等为基本内容的理想信念教育，引导其自觉践行社会主义核心价值观。要结合党和国家的发展以及形势的要求，开展形式多样的主题教育活动，大力弘扬劳模精神和工人阶级伟大品格，以正确的舆论引导女职工，用崇高的精神塑造女职工，通过弘扬培育民族精神和加强职业道德教育，培养女职工高尚的道德情操和职业操守，促进形成团结互助、平等友爱、共同前进的和谐人际关系。

（三）开展读书自学活动

要结合生产、生活和女职工的实际，组织深入开展不同形式的读书活动，营造积极向上、清新高雅、健康文明的学习氛围，激发广大女职工阅读、书写、交流的热情。要丰富读书自学活动内容，鼓励女职工多读书，读好书，以优秀的作品武装和鼓舞她们。要坚持读书自学活动与全会开展的“创建学习型组织、争做知识型职工”相结合，与实施女职工提升素质建功立业工程相结合，与女职工本职工作相结合，与女职工自身需要相结合，着力提升女职工的学习能力，鼓励大家学以致用，学习成才。要在女职工中营造全员学习、终身学习、团队学习和工作学习化、学习工作化的氛围，使越来越多的学习型、知识型女职工成长起来。

（四）充分利用各类社会教育资源

加强与党政有关部门和企业的协调和沟通，密切配合、形成合力，为提升女职工素质工作创造有利条件和良好氛围。利用企业、工会教育培训机构和社会办学条件，优化整合教育培训资源，加大对女职工教育培训和职业技能开发的力度，为完善女职工教育工作创造更好的条件，使工会女职工组织成为培养高素质女职工队伍的大学校。还要利用家庭、社区、校外等场所，组织女职工开展喜闻乐见的各种活动，发挥女职工组织的优势和特色，积极构建学校、家庭、社区三位一体的活动网络。

（五）研究探索开展活动的内涵，创新举办活动的载体

各级工会女职工组织要根据不同地域、不同行业、不同所有制形式以及不同女职工群体的特点，适应企业组织形式、经营方式、用工方式、分配方式等多样化的要求，因地制宜，对活动的形式、内容、领域等方面进行大胆探索和创新，在继承传统活动模式的同时，积极探索新形式，充实新内容，使活动增强吸引力和生命力。要在观念创新、机制创新、思路创新和理论创新上下功夫，突出活动的针对性和实效性，不断创新活动的时代内涵，积极探索活动的有效途径，要把活动重点领域从公有制企业逐步向非公企业发展，从传统产业向新兴产业延伸。活动重心要下移，以基层为主体，以班组为阵地，以岗位为重点。特别是在女职工相对集中的卫生、教育、纺织、服装、餐饮等行业，组织开展具有女职工特色的各类活动，坚持在继承中发展，在创新中前进，全方位、多领域、多层次、有重点地开展活动。

知识链接

为深入学习贯彻习近平总书记系列重要讲话精神，特别是关于重视家庭建设的重要指示，充分发挥广大女职工在家庭文明建设中的独特作用，全总女职工委员会决定在全国女职工开展“培育好家风——女职工在行动”主题实践活动。活动内容主要有教育培训引导活动、家庭文化建设活动、先进典型展示活动，目的是引导广大女职工自觉践行社会主义核心价值观，大力弘扬中华民族优秀传统文化和自尊自信自立自强精神，发扬中华民族传统家庭美德，带头弘扬主旋律、树立新风尚、建设幸福家庭，以好的家风支撑起好的社会风气。

四、工会维护女职工合法权益和特殊利益的方法

依法维护女职工的合法权益和特殊利益，是工会女职工组织的基本职责。女职工的合法权益包括政治权益、文化教育权益、劳动权益、财产和婚姻家庭权益及人身权益等。女职工的特殊利益是指国家针对女职工生理特点而制定的相关特殊保护措施，重点是对女职工的劳动保护。

（一）注重源头参与，建立女职工维权工作机制

各级工会领导机关的女职工组织要积极参与涉及女职工权益法律法规的制定与完善，推动和促进涉及女职工权益的法律法规纳入国家和地方的立法规划；通过工会组织中的人大代表、政协委员等多种途径，积极反映女职工权益方面的突出问题，提出建议；从理论与实践的结合上认真研究和把握劳动就业、社会保障、劳动保护、职业安全卫生等方面问题，积极做好源头参与和宏观维护。基层工会女职工组织要参与本单位平等协商和签订集体合同工作，将女职工特殊权益的具体内容纳入集体合同中，积极创造条件签订保障女职工特殊利益的专项集体合同或将女职工特殊利益的文本作为集体合同的附件等；在推行职工代表大会制度中，要体现保障女职工参与民主决策、民主管理、民主监督的权利，坚持职代会中有一定名额和比例的女职工代表，积极征集涉及女职工权益的突出问题提交大会讨论。工会女职工组织还要在工会与同级政府的联席会议制度及政府、企业(雇主)、工会三方协调机制中发挥作用，积极参与与女职工有关的劳动争议的调解和仲裁工作。

（二）开展调查研究和法律监督，推动法律法规的贯彻落实

工会女职工组织对有关法律法规的贯彻落实情况要进行深入调查研究，及时准确地反映情况和问题，并在此基础上运用法律武器维护女职工的权益。

要密切关注、积极跟进每一个时期女职工最关心、反映最强烈的问

题，根据具体情况确定调研重点，对重大问题应协同有关部门进行专题调查，并将情况、问题和建议及时向党委和政府反映。

各级工会女职工组织要注意加强与政府、行政部门的沟通与合作，并主动配合人大、政协及劳动部门开展有关的执法检查，对于检查中发现的问题，要督促政府有关部门予以解决，督促违法企业进行整改，杜绝侵权现象的发生。同时逐步建立健全工会群众性法律监督网络体系，与司法监督、行政监督和社会舆论监督结合起来。要通过开展联合调查、开设女职工维权热线等方式对侵害女职工权益的行为进行监督，推动各项法律法规的落实。要认真参与对侵害女职工权益重大案件的查处，旗帜鲜明地为受害女职工伸张正义。同时要努力优化维护女职工权益的法治环境，加大向全社会宣传女职工权益保障法律法规的力度，以提高包括党政领导干部、工会干部、企业经营者、女职工等在内的全社会成员对法律法规的认知程度。

（三）提高女职工的法律意识，增强女职工自我维权的能力

在现实工作和生活中，一些女职工不知法、不懂法、缺乏自我保护的意识和能力，是其权益受到侵害的一个重要原因。各级工会女职工组织必须把加强对女职工的普法教育作为一项重要工作内容，加大力度，采用多种方式向女职工宣传法律知识，增强女职工的法治观念，使广大女职工不仅自觉遵守国家的法律法规和企业的规章制度，同时了解法律法规所赋予自己的权利。广大女职工只有掌握了法律这个武器，才能够依法维护自身的合法权益，自觉地与侵害自己权益的现象作斗争，并有利于形成群众监督机制。

（四）整合社会资源，共同做好维护女职工权益工作

做好女职工维权工作不是单靠某一组织和部门能够独立完成的，而是需要党组织的重视和领导、政府的作为、各级人民代表大会的立法和监督、政协的关注与督促，新闻媒体的宣传与干预，公检法、劳动、民政、卫生、教育、工会、妇联等部门和群众团体各司其职、通力合作，以及全社会的广泛参与和支持。各级工会女职工组织在履行职责的同时，要加强

与社会各方面的沟通、联系和配合，借助社会各方面的力量和资源，协调内外关系，积极探索社会化维权的新方式、新途径、新举措，推动并逐步形成党委领导、政府重视、各方支持、工会运作、女职工参与的工作格局，使工会女职工组织的维权力量不断加强、领域不断拓展，女职工的合法权益和特殊利益得到切实保障。

（五）大力实施女职工关爱行动，努力为困难女职工办实事做好事

各级工会女职工组织要怀着满腔热情和深厚感情，深入基层，关心女职工群众的疾苦，倾听女职工群众的呼声，了解女职工群众的意愿，积极协助政府和行政部门做好困难女职工的帮扶解困工作。深入实施“女职工关爱行动”，不断拓展“女职工关爱行动”的内涵和外延，把困难帮扶、就业服务、心理疏导、婚恋服务作为“女职工关爱行动”的重点内容，有针对性地开展服务，提高精准化、精细化水平，满足女职工的多样化需求。要加大对女农民工特别是新生代女农民工、单亲困难女职工等群体的帮扶力度，多做雪中送炭的事，把党和政府的关怀传递到女职工身上，把服务送到广大女职工心里。在深入调查研究的基础上，制定《关于深入实施“女职工关爱行动”的意见》。

知识链接

女职工“关爱行动”与“送温暖”“金秋助学”“千万农民工援助行动”等工会帮扶项目相结合，主要针对在各级困难职工帮扶中心建立档案、经日常救助后生活仍然困难的女职工特别是单亲困难女职工和女农民工开展帮扶救助。“关爱行动”的内容主要有四项：一是以单亲困难女职工和困难女农民工为重点，集中开展帮扶；二是在困难企业女职工和女农民工中开展“两癌”（乳腺、宫颈癌）检查；三是对家庭困难的女职工和女农民工开展日常帮扶；四是对女职工开展心理关怀。

对开展女职工“关爱行动”的具体工作要求：一是各级工会要进一步提高对开展“关爱行动”重要意义的认识，切实加强组织领导，精心策划，周密实施，注重工作实效。二是各省（区、市）总工会要按照全国总工会女职工委员会每年确定的实施重点，认真研究本年度拟开展的活动内容，制定具体实施方案和资金使用计划，向全国总工会女职工委员会办公室提出书面申请。三是各省（区、市）总工会要根据实际，本着自愿的原则，在有需求、有条件、有基础的地区先行开展，并将计划实施和资金使用情况向全国总工会女职工委员会办公室报送。四是有条件的地方可通过工会拨款、社会资助、多方筹措资金等，为开展活动提供一定的配套资金，争取为更多的困难女职工提供服务。五是要充分运用社会各新闻媒体和工会宣传阵地等平台，集中力量、集中时段，广泛造势宣传，不断扩大影响，全力打造工作品牌，为帮扶困难女职工营造良好的社会氛围。

五、女职工劳动保护的方法

从广义上讲，女职工劳动保护的主要内容包括四个方面：一是保护女职工的劳动权利；二是研究职业因素对女性生理机能的影响；三是防止女职工从事有害女性生理机能的工作；四是做好女性生理机能变化过程中的劳动保护，即“四期保护”。

（一）保护女职工的劳动权利

女职工的劳动权益。女职工的劳动权益主要是指女职工依据《中华人民共和国劳动法》等享有的劳动权利和利益。主要包括：平等就业和选择职业的权利；取得劳动报酬的权利；休息休假的权利；获得劳动安全卫生保障的权利；接受职业技能培训的权利；享受社会保险和保障的权利；提请劳动争议处理的权利。工会女职工组织要依据《中华人民共和国劳动法》等规定，维护女职工的各项劳动经济权利，配合和监督企业做好保障女职工各项权益措施的实施和落实。

（二）研究职业因素对女性生理机能的影响

职业因素是指人在从事生产劳动过程中，由于职业特点所接触的工作环境及劳动过程中的各种因素，对劳动者肌体的机能状态和健康可能会产生一定的影响，这些因素称为职业因素。职业因素对女性肌体健康的影响主要有三种情况：

（1）对男女两性都有影响的，如噪声引起的耳聋，视力紧张引起的视力障碍等。

（2）对女性影响大于男性的，如女性皮肤较男性柔嫩，易遭受刺激性物质损伤，故女性的皮肤疾患会高于男性。

（3）对女性生殖机能的不良影响，如引起月经、妊娠等机能障碍，影响授乳机能或对胚胎及胎儿产生影响等。

特别提示

女职工劳动保护研究的重点是第三种情况。据有关专家到目前为止的调查，对母性机能及胎儿发育可能有不良影响的有害职业因素有28种（苯、甲苯、二甲苯、汽油、二硫化碳、甲醛、四氯化碳、铅、锰、汞、铬、乙内酰胺、氯乙烯、苯胺、乙二胺、乙氰、乙炔、乙烯、溴、氯、氰化物、三硝基甲苯、有机磷、氯丁二烯、噪声、高温、振动、高频电磁场）。这些有害职业因素超过国家卫生标准时，就有可能导致女性月经异常、自然流产、早产、畸胎或影响胎儿发育。在上述有害职业因素中，对母性机能影响最大的有五种：铅、金属汞、二硫化碳、苯乙烯、噪声。

（三）避免和防止女职工从事有害女性生理机能的工作

1. 特别繁重的体力劳动、有发生恶性意外事故危险的作业和单

一体位作业的劳动

（1）重体力劳动。如井下作业、高空作业、石油钻探、森林采伐、装卸、搬运等。这些工种劳动强度过大，对女职工容易引起月经量过多、痛经、闭经、子宫脱垂等多种妇科疾病；对未成年女工可引起骨盆狭窄或扁平骨盆；对孕妇会引起流产、早产乃至影响胎儿的正常发育。据有关专家测试证明：女工负重在10～20公斤时，子宫颈下降，停止负重后，回复原位置。当每次负重超过20公斤时，会出现子宫下垂和移位，造成附件炎及早产发生率增高。为此，国家规定女工每小时在6次以上的连续负重量限值为20公斤，间断负重不得超过25公斤。国际上限制在15～20公斤。

（2）单一体位作业。如连续长时间的立位、坐位、蹲位作业，可使女职工腹压增高，引起盆腔淤血以致月经不调、子宫低位等妇科疾病。

2. 有毒有害工种

如果防护不好，会损害女职工的生理机能，如月经失调（经量多、经期长、痛经、闭经、早期绝经）、影响生育机能（影响受胎能力、引起早产、流产、分娩活动无力）、影响胎儿发育（致畸、致死）、影响授乳机能或毒化乳汁、影响乳儿健康成长。所以，不宜分配未婚、未育女工从事有毒有害工种。已经从事有毒有害工种的女工，应做好她们的劳动保护工作；一经发现女工怀孕，应立即调离，直至婴儿断奶后再回原岗位；实行定期轮换作业，定期进行健康检查。有条件的企业最好不安排女职工从事有毒有害工种。

（四）做好女性生理机能变化过程中的劳动保护

女性生理机能变化过程中的劳动保护是指对女职工的经期、孕期、产期、哺乳期的劳动保护，即“四期保护”。

1. 经期保护

月经是健康妇女正常的生理现象。月经来潮时，会使女性正常的生理防御能力相对减弱，作业能力有所下降，若不注意保护会引起妇科疾病。因此，做好经期保护很重要。

经期保护的主要内容有：

（1）禁忌从事冷水作业分级标准中规定的第二级、第三级、第四级冷水作业。国家冷水作业分级（GB/T 14439）规定，操作人员接触冷水（属于身体局部受冷作业）温度等于或小于12℃的作业，称为冷水作业。女工常见的冷水作业有冷冻冷藏作业、销售冷冻食品等。冷水作业分级按操作人员实际接触的冷水温度和冷水作业时间率将冷水作业分为四级，级别越高表示冷强度越大。

（2）禁忌从事低温作业分级标准中规定的第二级、第三级、第四级低温作业。按照国家低温作业分级（GB/T 14440）的规定，工作环境平均气温等于或低于5℃的作业，即属于低温作业。例如各类冷冻冷藏作业、寒冷季节野外（户外）作业等属于全身性受冷的作业。低温作业分级是指按工作地点的温度和低温作业时间率，将低温作业分为四级，级别越高冷强度越大。

（3）禁忌从事体力劳动强度分级标准中规定的第三级、第四级体力劳动强度的作业。月经期，由于子宫内膜脱落后使子宫腔形成伤面，需要一个修复过程，在这期间，女性的身体抵抗力比较差，不宜参加剧烈的运动和重体力劳动，以免引起经血过多，月经期延长，损害身体健康。而第三级和第四级体力劳动强度相当于重强度的体力劳动，月经期间应避免。同时，由于不同女性体质差异很大，月经期的保护因人而异，以女性自身主动保护为主。

（4）禁忌从事高处作业分级标准中规定的第三级、第四级高处作业。按照国家高处作业分级标准（GB3608－2008）规定，高处作业是指在距坠落高度基准面2米或2米以上有可能坠落的高处进行的作业。高处作业多见于建筑、桥梁等施工等行业。

根据国家有关规定和企业的实际情况，一些企业建立了女职工卫生冲洗室，配有妇科治疗设备；有的企业还根据女职工从事工种的情况，规定女职工经期可享受1天休假，对女职工每月发放一定数额的卫生费或卫生用品等。

2. 孕期保护

孕期主要指妇女从受孕到产出胎儿的一段时间，通常为280天。女工怀孕后，体内各系统负担加重，作业能力受到一定影响，因此，应对她们的工作进行合理安排，以保证孕妇健康及胎儿的正常发育。

《特别规定》对女职工孕期保护作出明确而具体的规定，主要内容有：一是用人单位不得因女职工怀孕降低其工资、予以辞退、与其解除劳动或者聘用合同。二是女职工在孕期不能适应原劳动的，用人单位应当根据医疗机构的证明，予以减轻劳动量或者安排其他能够适应的劳动。三是对怀孕7个月以上的女职工，用人单位不得延长劳动时间或者安排夜班劳动，并应当在劳动时间内安排一定的休息时间。四是怀孕女职工在劳动时间内进行产前检查，所需时间计入劳动时间。

特别提示

女职工孕期禁忌从事的劳动范围

◆作业场所空气中铅及其化合物、汞及其化合物、苯、镉、铍、砷、氰化物、氮氧化物、一氧化碳、二硫化碳、氯、己内酰胺、氯丁二烯、氯乙烯、环氧乙烷、苯胺、甲醛等有毒物质浓度超过国家职业卫生标准的作业；

◆从事抗癌药物、己烯雌酚生产，接触麻醉剂气体等的作业；

◆非密封源放射性物质的操作，核事故与放射事故的应急处置；

◆高处作业分级标准中规定的高处作业；

◆冷水作业分级标准中规定的冷水作业；

◆低温作业分级标准中规定的低温作业；

◆高温作业分级标准中规定的第三级、第四级的作业；

◆噪声作业分级标准中规定的第三级、第四级的作业；

◆体力劳动强度分级标准中规定的第三级、第四级体力劳动强度的作业；

◆在密闭空间、高压室作业或者潜水作业，伴有强烈振动的作业，或者需要频繁弯腰、攀高、下蹲的作业。

3. 产期保护

产期包括产前和产后两个时期。分娩是一个生理变化过程。分娩后，需要将怀孕后生理机能的变化逐渐恢复过来，这段时期的保护尤为重要，这不仅关系到女职工一生的健康，也关系到婴幼儿的健康成长。

女职工产假期间享有的待遇：一是用人单位不得因女职工生育降低其工资、予以辞退、与其解除劳动或者聘用合同。二是女职工生育享受98天产假，其中产前可以休假15天；难产的，增加产假15天；生育多胞胎的，每多生育1个婴儿，增加产假15天。三是女职工怀孕未满4个月流产的，享受15天产假；怀孕满4个月流产的，享受42天产假。四是女职工产假期间的生育津贴，对已经参加生育保险的，按照用人单位上年度职工月平均工资的标准由生育保险基金支付；对未参加生育保险的，按照女职工产假前工资的标准由用人单位支付。五是女职工生育或者流产的医疗费用，按照生育保险规定的项目和标准，对已经参加生育保险的，由生育保险基金支付；对未参加生育保险的，由用人单位支付。

特别提示

女职工哺乳期禁忌从事的劳动范围

◆作业场所空气中铅及其化合物、汞及其化合物、苯、镉、铍、砷、氰化物、氮氧化物、一氧化碳、二硫化碳、氯、己内酰胺、氯丁二烯、氯乙烯、环氧乙烷、苯胺、甲醛等有毒物质浓度超过国家职业卫生标准的作业；

◆非密封源放射性物质的操作，核事故与放射事故的应急处置；

◆体力劳动强度分级标准中规定的第三级、第四级体力劳动强度的作业；

◆作业场所空气中锰、氟、溴、甲醇、有机磷化合物、有机氯化合物等有毒物质浓度超过国家职业卫生标准的作业。

4. 哺乳期保护

哺乳期是指胎儿娩出后至婴儿满一周岁。进行哺乳期保护的目的，是保证哺乳女工有丰富的、质量较好的乳汁，按时哺育婴儿，使婴儿健康成长。

哺乳期保护的主要内容有：一是用人单位不得因女职工哺乳降低其工资、予以辞退、与其解除劳动或者聘用合同。二是对哺乳未满1周岁婴儿的女职工，用人单位不得延长劳动时间或者安排夜班劳动。三是用人单位应当在每天的劳动时间内为哺乳期女职工安排1小时哺乳时间；女职工生育多胞胎的，每多哺乳1个婴儿每天增加1小时哺乳时间。四是女职工比较多的用人单位应当根据女职工的需要，建立女职工卫生室、哺乳室等设施，妥善解决女职工在生理卫生、哺乳方面的困难。

六、签订女职工权益保护专项集体合同的方法

（一）女职工权益保护专项集体合同的形式和主要内容

各地推行女职工权益保护专项集体合同工作可以根据本地区的具体情况选择签订的形式，可以单独签订女职工权益保护专项集体合同，也可以将女职工权益保护专项协议作为集体合同的附件或专章。在中小企业比较集中的地区和行业，可以签订行业性、区域性女职工权益保护专项集体合同。包括的具体内容主要有：

（1）有关女职工的劳动经济权利方面的内容，如劳动就业、同工同酬、休息休假、保险福利待遇等。

（2）有关女职工的特殊利益方面的内容，如女职工禁忌劳动保护、“四期”保护、妇科疾病普查、生育待遇等。

（3）有关女职工的政治文化教育发展权利方面的内容，如职业教育、技术培训、晋职晋级、参与企业民主管理等。

（4）双方认为应当协商的其他内容。

（二）签订女职工权益保护专项集体合同的工作程序

1. 准备工作阶段

（1）协商代表、首席代表的产生。已建立集体合同制度的单位，女职工一方的协商代表、首席代表应与集体合同协商代表、首席代表一致。未建立集体合同制度的单位，女职工一方的协商代表应由本单位工会选派，首席代表由本单位工会主席担任，工会主席也可以书面委托工会女职工委员会主任担任首席代表。工会主席或工会女职工委员会主任空缺的，首席代表由工会主要负责人担任。未建立工会组织的单位，女职工一方的协商代表由本单位女职工民主推荐，并经本单位半数以上女职工同意，首席代表从协商代表中民主推举产生。用人单位一方的协商代表，由用人单位法定代表人指派，首席代表一般由单位法定代表人担任，特殊情况下可由其书面委托的其他管理人员担任。

（2）对协商代表开展专门培训。根据女职工权益保护专项集体合同工作需要，对职工协商代表开展有针对性的培训。

（3）起草集体合同草案。职工协商代表会同本单位工会女职工干部在对企业女职工权益保护状况进行调查和分析的基础上，起草《女职工权益保护专项集体合同（草案）》，并广泛征求用人单位和女职工意见，进一步修改和完善。

2. 协商签约阶段

工会和工会女职工组织方代表与企业行政方代表就《女职工权益保护专项集体合同（草案）》开展平等协商。经双方协商一致同意，将《女职工权益保护专项集体合同（草案）》提交职工代表大会或职工大会审议通过后，由双方的首席代表签字。

3. 报送与审查阶段

女职工权益保护专项集体合同签订后，要报送当地劳动保障行政部门进行审查。劳动保障行政部门自收到文本之日起 15 日内未提出异议的，该女职工权益保护专项集体合同即行生效。

4. 履约及监督检查阶段

生效的女职工权益保护专项集体合同，应当自其生效之日起由协商代表及时以适当的形式向本方全体人员公布，用人单位和全体女职工都要严格执行。集体合同监督检查小组应有工会女职工组织的代表参加，尚未建立工会或工会女职工组织的，要有女职工代表参加，共同对女职工权益保护专项集体合同履行情况定期进行检查和监督。对发现的问题要督促用人单位采取措施进行整改，同时每年应至少一次将女职工权益保护专项集体合同履行情况向本单位职工代表大会报告，接受职工的监督。

第11章 工会财务资产工作方法

工会财务工作是与工会组织的产生、存在和发展紧密相连的工会经济管理工作，承担着收好、用好、管好工会经费的任务，是工会整体工作必不可少的重要组成部分。工会财务工作伴随着工人运动的兴起、工会组织的建立和工会活动的开展而不断发展，形成了自己的工作指导思想和特点，为维护工人阶级的经济利益和政治权利，实现工人阶级的历史使命发挥着重要的物质保障作用。

工会财务工作就是各级工会组织及其所属企事业单位，在谋求自身生存发展和履行工会的社会职能过程中，发生的筹集、分配、运用、管理资金的活动及其所体现的经济关系。工会财务工作的任务主要是收好、管好、用好工会经费。

工会财务工作包括财务管理和会计核算两个部分。财务管理侧重于控制和参与预测、决策及对经济工作的调节，其具体工作有预算管理、核算管理、财务体制与经费分成、经费收缴、开支范围与原则等。会计核算侧重于记录、反映和监督经济活动过程，其具体工作为记账、算账、报账、对账、查账、编制会计报表等。

一、工会财务管理方法

工会财务管理方法就是工会财务管理单位对下级工会财务管理单位及本级工会所属预算单位的经费收支所采取的管理办法。

（一）工会本级财务管理方法

上级工会本级财务对下级工会本级财务的管理形式叫本级财务管理形式。工会经费管理一直实行在各级工会之间按比例分成、各级工会管理本级留成经费的办法，具体形式是通过编制年度经费收支预算，经上级工会批准执行。它保证了各级工会有固定比例的分成收入，可自主确定增收节支措施。个别困难地区，也可以向上级申请适量补助，以弥补各级工会工作的资金需要。

知识链接

全额预算管理是指财政总预算对机关、事业单位、团体等预算单位进行财务管理的一种形式。一般适用于没有稳定的经常性业务收入或收入较少的事业行政单位，如行政机关、部分文教、卫生、抚恤和社会福利救济事业单位等。对于实行全额预算管理的单位，所需预算支出全部由国家预算拨款供应，单位收取的零星杂项收入全部上缴国家预算。

差额预算管理是“全额预算管理”的对称，是对有固定业务收入的单位，全面核算收支，收支挂钩，以收抵支，收不敷出或收大于支的差额，列入国家预算。即单位以自己的收入抵补自己的支出，支出大于收入的差额由国家预算拨款给予补助，收入大于支出的差额上缴国家预算。

自收自支管理又称企业化管理，是指对以自己的收入满足其支出需要的单位采用的一种预算管理方式。采用这种管理方式时，各单位以其收入抵充支出，结余留用，超支则由其采取增收节支或动用上年结余等办法解决。

（二）工会单位财务管理方法

本级工会对所属的工会机关及事业单位的经费收支管理方式叫作工会预算单位的财务管理形式。单位财务管理形式主要有全额预算管理、差额预算管理和自收自支管理三种。正确地确定单位财务管理形式，有利于保证工会机关及事业单位开展正常工作活动的经费需要，调动其增收节支、当家理财的积极性，促进工运事业的发展。

二、工会财务监督的方法

（一）工会财务监督的原则

（1）依法监督。依据国家各项方针政策、财经法规和工会各项财务制度进行监督。

（2）事前、事中与事后监督相结合。财务监督分事前、日常（事中）和事后监督。事前监督就是在经济活动开始之前，工会经费审查监督组织在制订计划、进行可行性研究过程中，对各级工会及所属的企事业单位预算编制进行的审核批准，主要是保证正确地编制预算，防止违反财务制度现象，制订一个既科学又符合实际的财务收支计划。日常（事中）监督是在预算执行过程中进行的审查监督，主要是审查监督是否按照预算合理使用资金，发现问题及时纠正。事后监督是对预算执行结果的审查监督，主要是纠正错误，总结经验，对违法乱纪、贪污受贿案件专项检查。

（3）监督与服务相结合。为保证资金的使用效果，维护财务工作的正常秩序，实现工会工作任务，必须进行财务监督，通过监督保障服务。

（4）原则性与灵活性相结合。原则性就是按照规定要求办事，敢于揭露矛盾，对违法乱纪行为进行严肃处理。灵活性就是在坚持原则性的前提下，对具体问题进行具体分析，并进行适当处理。如对制度规定不明确、不完善造成的问题，主要采取完善制度方式处理；而对于严重违纪行为则应报有关部门严肃处理；对于触犯刑律的问题，应提交检察司法部门依法调查处理。

(5) 专业监督与群众监督相结合。专业监督（行政审查监督）就是财会部门通过财务收支和业务活动进行的职能监督，主要由工会财务部门承担，通过财务检查等方式进行，以检查截留、挪用应上解的工会经费为主。这是财务监督的主要方面。民主审查监督是通过经费审查委员会对本级工会经费的收支情况进行审查监督，和内部审计监督结合进行。实行专业监督与群众监督相结合，有利于加强工会财务监督工作。

（二）工会财务监督的形式

1. 内控监督

内控监督是指财务部门按照有关政策制度，通过编制、执行本级收支预决算和审批本级事业单位预决算，实行监督。各核算单位的会计机构中设置复核工作岗位，在资金收付中对财务制度的执行进行监督，并随时纠正违规事项。

(1) 事前监督。主要是对本级工会及所属事业单位在编制、审核、批准预算以及作出重大财务活动决策时进行监督，把监督做到预算、计划制订时和资金支付前，防止问题的发生，防患于未然。

特别提示

各级工会经费审查委员会，是具有工会特色的群众监督组织，代表会员群众对工会经费实行监督工作（民主审查监督）。工会经费审查委员会是工会内部设立的经费审查监督机构，是由同级工会会员代表大会选举产生，负责定期向会员或代表大会报告工作并接受监督，大会闭会期间向同级工会委员会负责并报告工作，工会会员大会或者会员代表大会有权对经费使用情况提出意见。

（2）事中监督。就是日常监督，是对日常经济活动、财务活动所进行的监督。这种监督主要由本单位财会人员通过对各种财务收支的审查、复核、结算等工作来实现。通过对经济事项办理过程中和预算执行过程中的监督，可以保证各项开支的合理合法性。

（3）事后监督。是指对单位预算执行结果，或某一项经济活动结束之后所进行的监督。一般是通过对财务报表、账簿、会计凭证等资料的检查进行的。监督重点是检查被查单位预算、财务收支计划完成情况，资金使用效果，财务收支内容是否符合规定。通过监督，从中查找问题，纠正错误事项，并督促制定改进措施，提高财务工作水平。

2. 多重监督

（1）经审监督。主要由经费审查委员会办公室（经费审查委员会的日常办事机构）具体负责日常工作。经审会及其办公室，是独立于工会财务部门，专门对工会经费进行审查监督的单位。经审组织对工会经费及资产进行审查监督，是依法履行职能的行为，各级工会必须接受其审查监督。

（2）国家和社会监督。《工会法》第四十四条规定："工会经费的使用应当依法接受国家的监督。"这种监督主要是由政府有关部门对工会资产中政府财政所拨资金进行审计监督，以及必要时对工会经费使用情况进行监督检查。此外还有社会审计团体对工会业务中的有关项目进行审计监督。

3. 民主监督

工会财务接受民主监督，这是工会财务工作区别于企事业财务工作的一个显著特点，是由工会经费的性质所决定的。由于工会经费来自于职工，用之于职工，因此要接受职工群众的民主监督。这种民主监督的一般形式，是工会经费收支情况向会员代表大会公布，基层工会组织还要定期向会员公布会费收支情况。

三、工会经费的使用和管理方法

（一）工会经费预算管理方法

工会经费预算管理是经一定程序核定的工会经费年度收支计划，是收好、管好、用好工会经费的重要手段，是工会财务管理的重要内容。各级工会和所属预算管理单位，必须按照工会预算管理办法，办理工会预、决算。

（1）工会经费预算管理实行下管一级的原则。

（2）坚持统筹兼顾、保证重点，量入为出、收支平衡，真实合法、精细高效的原则。

（3）工会的年度预算应根据有关政策法规、上级工会要求、预算编制原则和本年度工会工作计划的要求编制。本年度无重大支出项目，不得编制赤字预算。期末滚存经费结余不得出现赤字。

（4）预算收入的编制，要按照收入来源，充分考虑本年度各项变动因素，依法、真实、完整、合理地编制。预算支出的编制，要坚持勤俭节约，体现工会工作特点，要优化经费支出结构，把资金使用的重点安排在维护职工权益、为职工服务和工会活动方面。

（5）县级以上工会行政性支出预算，应参照同级政府的有关规定、制度、费用标准以及核定的人员编制编列。县级以上工会接受的财政补助资金要纳入预算管理，依据财政确定的开支范围专款专用。不得截留、挪用和改变资金用途。房屋建筑物购建、专项设备购置、大型修缮等预算，需附经有关专业部门论证的可行性工程项目论证报告、立项批复、开工许可等相关文件，按照工程进度及资金状况编制当年预算。列入地方基本建设或更新改造计划的工程项目，应附地方政府或相关部门文件。

知识链接

工会经费来源

《工会法》第四十二条明确规定了工会经费的五项来源：一是工会会员缴纳的会费；二是建立工会组织的企业、事业单位、机关按每月全部职工工资总额的2%向工会拨缴的经费；三是工会所属的企业、事业单位上缴的收入；四是人民政府的补助；五是其他收入。

各级工会用部分结余经费投资时，必须进行可行性经济分析论证，提出书面报告，报职能部门审核，工会委员会（或常委会）讨论通过后，方可列入预算。

（6）县级以上工会预算，可在本级预算支出总额的5%以内编列预备费，用于当年难以预见的特殊开支。县级以上工会根据需要，可以从本级经费结余中安排一定数额的后备金作为储备，用于特殊情况下的资金需要。需要动用时，必须经过本级工会经费审查委员会审议，工会常委会批准，并报上级工会备案。县级以上工会应根据全国总工会规定提取增收留成基金、财务专用基金和工会干部权益保障金。

（7）预算年度自公历1月1日起至12月31日止。预算收支以人民币元为计算单位。

（二）工会经费收入管理方法

工会经费收入管理是工会财务工作的基础工作。根据《工会法》和《中国工会章程》的规定，积极组织收入，努力扩大财源，充实工会财力，是财务工作的首要任务。

1. 要深化经费改革，努力提高工会经费收缴率

工会没有财力，就没有为职工服务的能力，就没有吸引力和凝聚力，

知识链接

会员缴纳会费的标准

凡在建立了工会组织的各类单位，从业的工会会员每月应向所在工会缴纳本人月工资收入的0.5%的会费，工资尾数不足10元的不计为缴会费的基数；无固定收入的会员，可按本人上月所得工资计算缴纳会费；会员所得的各种奖金、津贴、稿费收入、补助费、救济费和退休金、退职金，均不计入缴纳会费的基数。

维权服务就得不到保障。各级工会要进一步加大实施工会经费“一改三策”的改革力度，通过全面实施委托税务代收工会经费和行政事业单位由财政统一划拨工会经费等措施，努力实现提高经费收缴率的工作目标。要继续在巩固、完善和全面实施委托税务机关代收工会经费工作上下功夫。同时，各级工会还要做到明确责任，加强监管。在委托税务机关代收工会经费工作中，工会对经费收缴仍然负主要责任。绝不能委托税务机关代收后，工会就一推了之，什么都不管了。

各级工会要和税务机关一起加强工会经费收缴的管理和监督。要充分利用税务代收的客观有利条件，发挥工会组织的主观能动性，力争做到随时监控各企事业单位工会经费拨缴情况，督促有关单位按时足额拨缴工会经费。要防止工会组织每年与税务机关确定代收工会经费指标额度的简单做法，真正如实足额把工会经费收好。要加强宣传，做好解释，在实施委托税务机关代收工会经费过程中，各级工会和税务机关要共同采取有力措施，做好依法收缴工会经费宣传解释工作，对工会组织的经费管理、监督制度等予以公开，使工会经费收缴工作得到企事业单位和其他社会组织，特别是一些民营企业的理解和支持。努力形成工会组织、税务机关和企事业单位三方相互理解、依法申报、代收到位的良好局面。

2. 要优化支出结构，保证工会重点工作的资金需求

为了加强全国总工会经费宏观调控能力，集中一定财力保障重点工作，切实提高资金使用效益，以适应工会新形势、新任务对工会财务工作的新要求。基层工会组织要认真贯彻落实中央关于勤俭节约的有关规定和全国总工会《关于加强工会经费财务管理和审计监督切实管好用好工会经费的通知》精神，发扬艰苦奋斗、勤俭节约的优良传统，切实加强工会经费收支管理，坚决制止奢侈浪费，合理有效地使用资金。要坚持工会经费为工会工作和职工群众服务的方向，确保工会经费取之于职工用之于职工，把更多工会经费用在职工身上，为职工群众办实事、做好事、解难事，让工会经费真正惠及职工群众和工会会员。

3. 要坚持科学管理，不断提高财务管理水平

各级工会要在全面实施工会财务会计规范化建设的基础上，全面推进工会财务科学化、精细化管理：一是要加强工会经费预算编制的管理，努力提高预算编制的科学性、准确性和完整性，着力安排解决好工会重点工作所需的资金，加大为职工群众服务的投入。二是要加强预算执行管理，做到完善制度、夯实基础与提高执行力并重。要在进一步深入贯彻落实好新的《工会会计制度》、全面实施好工会财务规范化建设工作的基础上，切实加强预算执行管理。要建立工会经费收支预算执行责任制度，提高预算支出的及时性、均衡性和有效性，保证工会资金安全。要探索建立工会经费预算绩效管理制度，逐步建立健全绩效目标设定、绩效跟踪、绩效评价及结果运用有机结合的工会经费预算绩效管理机制。各级工会都要将绩效评价结果作为改进预算管理和以后年度编制预算的重要参考依据。三是要强化预算监督和财务监管，建立健全覆盖所有工会经费和财政补助资金运行全过程的监督机制，促进财务监督和管理的有机融合。要把工会财务监督的工作重点，放在强化事前和事中监督方面，加强日常财务监督和开展好定期财务检查工作。

4. 要积极主动协调，继续争取财政资金的支持

各级工会要广泛宣传党和政府对工会工作的重视与支持以及对职工的关怀。要继续积极争取党和政府赋予工会组织更多的资源，充分发挥工会在参与引领社会、组织社会、管理社会、服务社会、维护社会和谐等方面的作用，切实承担起工会肩负的社会责任。要针对工会工作的实际需求，及时向财政部门提出新增项目，努力使工会经费来源中财政部门对工会拨款的比重逐年提高。各级工会要加强对财政资金使用的管理，制定和完善困难职工帮扶资金、劳模补助资金以及对工会阵地建设等财政资金的使用管理办法，确保这些直接关系到贯彻落实党和国家保障和改善民生、促进社会和谐发展方面的资金，管理到位，使用规范。不允许任何截留、挪用、改变资金用途等违法违纪问题的发生。

（三）工会经费支出管理方法

工会经费支出管理是工会财务工作通过科学方法和有效手段实现其物质保证作用，即用好工会经费。要坚持科学管理，进一步提高工会经费的使用效能。

（1）各级工会必须按市场经济规律办事，推动财务工作向法治化、科学化和规范化的方向发展。

（2）要认真贯彻《预算法》，编制工会预算要树立全局观念；在执行预算中，要切实按照上级工会批准的预算办事，坚决杜绝支出的随意性。

（3）要严格执行《工会财务归口管理规定》，工会经费开支必须坚持集体领导下的“一支笔”审批制度，一切财务收支都必须由财务部门统一办理，涉及工会财务体制、财务制度、经费分成、开支办法等，必须由财务部门归口管理。

（4）要加强基层工会财务工作，强化分类指导和服务，为基层工会开展工作创造有利条件。

（5）要优化经费支出结构，围绕工会重点工作，合理分配使用经费。

当前，各级工会要积极响应中央关于建设节约型社会的号召，自觉弘扬艰苦奋斗的作风，努力压缩行政性开支，严格控制基本建设支出，坚决制止奢侈浪费现象的发生。

四、工会资产监督管理方法

所谓工会资产管理，是指对工会的各类资产的经营和使用进行组织、指挥、协调、监督和控制的一系列活动的总称。具体而言，就是对工会资产的占有、使用、收益和处置进行管理。工会资产管理既有一般经济管理的普遍特征，又有其特殊性。

所谓工会资产监督，是指工会资产监督主体（工会资本所有者及其委托的监管者）运用一定的监管方式或方法对工会资产管理和运营的过程所进行的监察与督促。

（一）工会资产管理的方法

工会资产管理的主要手段包括：法律手段、经济手段和行政手段。

1. 法律手段

法律手段主要是通过运用法律武器来打击侵犯工会资产利益的违法违纪行为，维护工会资产的安全性、完整性。在市场经济条件下，资产管理的法律、法规是国家法律体系的重要组成部分，成为保护资产所有者权益的重要手段。在我国，资产管理的法律、法规分两类：一是专门的法律、法规，如《土地法》《矿产资源法》等；二是相关法律法规，如《工会法》《公司法》《会计法》等。

2. 经济手段

经济手段主要是运用资金、工资、利润分配等手段来调节工会资产的所有者与经营者、劳动者之间的物质利益关系，以达到鼓励先进、鞭策落后，激发企事业活力，提高资本运营效率，实现资产保值增值的目的。对完成各项考核指标、业绩优良的经营者，按合同或有关规定兑现其报酬，对突出贡献者给予奖励甚至重奖；对业绩不佳，没有完成经营目标，甚至造成工会资产流失的，按规定必须追究当事人的经济责任，并给予必要的经济处罚。从而建立起长期有效的监督、激励、约束机制，引导资产经营者重视自身积累和长远发展，激发长期保值增值的内在动力。

3. 行政手段

行政手段则是上级工会领导机关利用行政审批和命令的形式，规范下级工会和工会企事业的生产经营方式和资产处置行为。在工会资产管理中，行政手段与法律手段、经济手段相比，具有行动迅速、政策见效快等特点，可在很短的时间内，迅速纠正错误行为。但行政手段容易产生工会干预企事业生产经营行为，或者干预不当的问题。因此，工会资产管理主要以法律、经济手段为主，配合必要的行政手段，从而提高资产利用效率，实现工会资产保值增值。

（二）工会资产监督方法

工会资产监督主要采取事前监督、事中监督和事后监督三位一体的监督方式。

1. 事前监督

事前监督是指对工会资本运营之前所实施的监督。即指工会资产监督部门有权要求资本运营机构提供工会资本运营计划、工会资本的预计使用或支配情况，从中检查资本运营机构是否按照出资者的要求进行工会资本的运营和管理，并予以纠正。

2. 事中监督

事中监督是指日常监督，即指对工会资本运营的过程进行经常性的监督。工会资产监督部门有权检查资本运营机构对工会资本是否按照计划或预算使用和工会资本运营过程中有无违法违纪行为等。

3. 事后监督

事后监督是指对工会资本运营成果所进行的监督。工会资产监督部门需要检查工会有关部门、资本运营机构对工会资本法律法规实施情况，资本的保值与增值效益是否达到预期目标等。

◆知识链接

工会资产的形成

- ◆党和政府拨付工会的房产、地产和其他固定资产
- ◆政府对工会的各种专项拨款形成的工会资产
- ◆工会接受社会各界的捐赠、转让形成的工会资产
- ◆工会会员会费和工会经费形成的工会资产
- ◆依照有关法律法规认定的应属于工会的资产

工会资产监督部门根据检查情况，提出处理问题的建议和办法。对于违反法律法规的行为，情节轻微的，工会资产监督部门有权依据有关监管规定给予行政处罚；情节严重的，可以移交司法机关依法给予刑事制裁。

五、工会企事业发展的方法

工会企事业是指以工会组织为主体兴办的事业单位、企业和社会团体等组织的统称。包括：工人文化宫（俱乐部）、工人体育场（馆）、工会干部院校、职工学校、工人报刊、出版社、工人（职工）疗休养院所、国际海员俱乐部等事业单位；职工旅行社、宾馆、饭店等各种经营型企业单位；职工互助保障组织等社会团体。

工会企事业具有多种类型，在其发展历程中，不同阶段有各自的任务目标、战略部署和发展特点，但其宗旨最终是为改革开放、发展社会生产力服务，为职工群众服务，为推进工运事业服务。

1. 社会效益与经济效益相统一

工会企事业必须坚持社会效益，这是由工会企事业的性质和宗旨所决定的。与此同时，工会企事业还要取得良好的经济效益，否则就会成为工会的包袱，也不可能有效地实现其社会效益。在工会企事业利用其获取的经济效益服务于职工群众时，其社会效益才会更好地得以体现。工会企事业要实现“服务——创收——更好地服务”的良性循环。

2. 分层、分类区别对待

分层是指要区分全国、地方、基层三个层次，依据其自身条件和各自所处的不同的经济环境，确定其发展方向，明确发展重点。分类是指要按照工会企事业的不同类型区别对待，如经营性的企业，要将其推向市场，自主经营、自负盈亏、自我发展、自我约束；公益性的事业单位，要坚持公益属性，强化公益职能，在确保实现公益性目标的前提下，依法开展相关的经营活动。

3. 从实际出发

发展工会企事业，既要解放思想，冲破传统观念和习惯势力的束缚，树立敢于竞争、勇于开拓的观念；又要从实际出发，因地制宜，积极发展，量力而行。不能搞“一刀切”，不能脱离实际追求统一的模式。工会企事业无论是在起步阶段，还是走上正轨有了一定的积累后，都要艰苦奋斗、勤俭节约，使有限的资金产生更大的效益。

4. 按经济规律办事

兴办工会企事业是严格而复杂的经济活动，一切都要遵循经济规律，在认真、全面调查研究的基础上，做好可行性研究和科学论证，把经营风险降到最低限度。由于工会的人力、物力、财力有限，工会兴办企事业要认识自身的能力，根据现有条件，挖掘潜力，调动有限的资源，用经济运作的手段兴办和发展工会企事业。

5. 处理好发展工会企事业与工会工作全局的关系

发展工会企事业是工会工作的一个有机组成部分，办好工会企事业，是增强工会经济实力的有效手段，从而提高工会为职工办实事和好事的能力；而工会工作整体水平的提高，又会促进工会企事业的发展。只有在工会全局工作中科学定位工会企事业工作，才能推进工会企事业的发展。

第12章 工会经审工作方法

工会经费审查监督工作是工会工作的重要组成部分，也是国家经济监督的重要组成部分。在社会主义市场经济条件下，工会的经济活动都要接受工会经审会的审查监督。加强工会经审工作，是工会依法治会、贯彻工会经费独立原则的客观要求，是对工会经费收支和财产管理实行民主监督和审计监督的有效途径，是加强工会自身监督的重要措施。

工会经费审查监督工作是工会经费审查委员会对工会经费收支、财产管理以及相关经济活动依法进行审查的经济监督。各级工会经审会依据《工会法》《审计法》《中国工会章程》《中国工会审计条例》等法律法规，依法依规履行监督职责，对工会经费、财产管理等全部经济活动的真实、合法与效益实施审查审计监督。

一、工会经费审查的方法

工会经费审查是工会经审会或工会经审会常委会依照国家有关法律、法规、政策和各级工会及经审会制定的关于工会经费审查监督的文件、规定，进行审查监督的活动形式。

工会经费审查方式主要有如下几种类型：

（一）会议审查

会议审查，是指以召开会议的形式进行的审查，即工会经审会依照有关规定和程序召开全委会会议或常委会会议，听取汇报、就有关事项进行审议、发表意见或建议并做出相应的决议。

会议审查是工会经费审查的基本方式，上至全国总工会经审会下至基层工会经审会，都会以召开会议的形式对工会经费进行审查。工会经审会在对年度经费预算执行情况进行审查时，必须以审计为基础，应首先听取工会经审会办公室关于工会经费预算执行情况的审计报告，绝不能“以会代审”。

（二）事前、事中和事后审查

1. 事前审查

事前审查是指在经济活动发生前进行的审查。如对工会经费年度收支预算（草案）、经营目标、经济合同、重大投资决策和5万元以上的基本建设和维修改造工程项目的预算审查等。

事前审查对于节约开支、降低成本，防止决策失误，保证未来经济活动的顺利实施具有积极作用，所以也可以称之为防护性审查。

2. 事中审查

事中审查是指在经济活动发生过程中进行的审查。如年中对工会经费预算执行情况的审查、对重大投资和基本建设项目的跟踪审查等。

通过这种审查，可以对发生的偏差及时进行纠正、调整，从而保证经济活动按预期目标有效进行。

3. 事后审查

事后审查是指在经济活动结束后进行的审查。如工会经费年度收支决算审查等。

(三) 全面、重点和专项审查

1. 全面审查

全面审查是指对所有被审查对象或某一被审查对象的全部经济活动和有关资料进行的审查。

全面审查的对象包括：工会本级及所属企事业单位；下一级工会及其所属企事业单位。此外，审查对象既可以是单位，也可以是经济责任者。

全部经济活动即审查的客体，主要包括：经费预算的编制、追加调整和决算的编制，经费的“收、管、用”，资产变动，基本建设、重大项目投资决策和经济合同的签订，工会企事业单位的经营管理情况和工会其他附属机构的收支情况等。

2. 重点审查

重点审查是指根据掌握的情况和工作需要，有计划有目的地将某项业务或某一问题列作重点开展的审查。通常是在进行全面审查、局部审查、

知识链接

工会经审会与工会财务、资产管理等部门是性质不同的机构。工会经审会是由会员大会或会员代表大会选举产生的一级监督组织，而工会财务、资产管理等部门则是同级工会执行财务、资产管理工作的职能部门。在工会经费收支和资产管理问题上，工会经审会与同级工会财务、资产管理等部门是监督与被监督的关系。工会经审会通过对同级工会财务、资产管理等职能部门工作的监督，来实现对同级工会经费和资产的监督。

专题审查或日常工作过程中，发现了某一重要问题，而查清这一问题对今后的工作至关重要，因此，在实际工作中，各级工会经审组织常常会将该类问题列作重点进行审查。

3. 专项审查

专项审查是指针对某项业务进行的专门审查。工会经审会为充分掌握和了解某一事项的实际情况，以便为科学决策提供依据，在规定时间和特定范围内开展的专项业务审查。

二、工会经费审查的程序

工会经费审查程序是指工会经费审查过程中的工作步骤，是工会经费审查从开始到结束的全过程。如同法庭审查严格按程序法所规定的步骤进行一样，工会经费审查也必须按规定的程序和步骤进行。只有建立科学的审查程序，才能使经费审查工作逐步走上制度化、规范化、科学化的轨道。

工会经费审查程序按主体不同可分为两种：一是工会经审会全委会会议审查程序；二是工会经审会常委会会议审查程序。

（一）工会经审会全委会会议审查程序

工会经审会全委会会议审查是指由工会经审会召开全体委员会议进行的审查，即通常所说的会议审查。由于基层工会经审会在经费审查的规模、内容、方式和方法上都与县以上工会经审会有很大不同，因此，经费审查的程序也有所不同。基层工会经审会全委会会议一般应在年初与工会全委会会议同时召开。因工作需要，有三分之一以上委员提议也可临时召开全委会会议。

县以上工会经审会召开全委会会议原则上每年两次，一般安排在第一季度和第四季度。根据《工会法》《中国工会章程》和全国总工会经审会的有关规定，工会经审会必须定期向会员大会或者会员代表大会（大会闭幕期间向工会全委会）报告工作并接受监督。同时，有关人事及选举事项应由工会全委会会议审议、通过。因此，一般情况下工会经审会在年初或年底与工会委员会同时召开全委会会议。有三分之一以上委员提议或工会经审会常委会认为有必要，可以临时召开全委会会议。各级工会经审会全委会会议均须三分之二以上的委员出席，始得举行。

1. 基层工会经审会全委会会议审查的主要程序

（1）根据国家和上级工会的规定、要求以及本单位的实际情况，制定对基层工会及所属企业、事业单位进行审查的工作计划。

（2）基层工会经审会应提前将会议时间、有关议题和审查内容通知基层工会或被审查的所属企业、事业单位。基层工会或被审查的所属企业、事业单位应及时做好准备并提前将会议审议的书面材料送达工会经审会。

（3）基层工会及所属企业、事业分管领导和财会人员应当到会说明，听取审议意见，接受质询。

（4）工会经费年度预算、预算追加调整及决算和重大投资决策等须由工会经审会全委会会议表决。表决议案应按民主集中制原则由全体委员的过半数通过。表决结果由主持人当场宣布。

（5）审查终结，应将审查结果、处理意见和改进工作的建议报告基层工会委员会。报送前，应征求被审查对象的意见。

（6）基层工会委员会应对建议报告及时研究处理，并将处理意见和执行情况向基层工会经审会通报。

（7）被审查对象对审查结果、处理意见或决定如有异议，可提请复议。如复议后有关审查结果、处理意见或决定仍维持不变，被审查对象必须执行。

（8）基层工会经审会与基层工会委员会在重大问题上意见不一致时，应同时报请上级工会委员会和上级工会经审会处理。

2. 县以上工会经审会全委会会议审查的主要程序

（1）准备阶段

召开工会经审会主任办公会议确定工会经审会全委会会议召开日期、将要审查的内容和会议议程。设有工会经审会常委会的省、自治区、直辖市和独立管理经费的全国产业工会及全国总工会，由工会经审会常委会会议确定。工会经审会或经审会办公室应及时将召开全委会会议的通知送达工会经审会各位委员。

工会经审会或经审会办公室应提前一周将全委会会议召开日期、将要审查的内容和会议议程通知同级工会主要领导、分管领导和有关部门，要求准备好提交会议审查的书面材料及相关明细资料。

财务等有关部门应在会议召开前3个工作日将提交会议审查、审议的书面材料，包括：工会经费年度收支预决算（草案）、资产监督管理情况报告、草案编制说明及相关明细资料等送达工会经审会或经审会办公室。

工会经审会办公室应及时分发会议材料，各位委员在会议召开前应认真阅读材料，并做好发表审查、审议意见或建议的准备工作。

（2）审查、审议阶段

会议审查期间，本级工会财务、资产监督管理部门负责人和分管领导应到会作说明，听取审查、审议意见和建议，接受质询并回答委员们提出的有关问题。

制胜法则

工会经费审查原则

◆法定性原则：工会经审会的审查监督权是法律赋予的。

◆民主性原则：工会经费审查监督的代表性和会员的参与程度。

◆客观性原则：工会经费审查必须以被审查对象的经济业务和会计资料为依据。

◆重要性原则：工会经审会在工会经费审查时必须抓主要矛盾，突出重点。

◆一致性原则：工会经审会审查的方法和口径要前后各期一致，不得随意变更。

委员们听取本级工会财务部门负责人所作的关于上年度经费收支决算（草案）和本年度经费收支预算（草案）情况的说明。

委员们听取本级工会资产监督管理部门对上年度工会资产监督管理和重大投资决策等情况的报告。

委员们听取工会经审会办公室关于本级工会上年度经费预算执行情况的审计报告和上年度审计情况的综合报告。如果国家审计机关或上级工会对本级工会年度预算执行（或财务收支）情况进行了审计，会议应同时向委员们通报审计有关情况。

委员们对本级工会上年度经费收支决算（草案）、本年度经费收支预算（草案）、上年度工会资产监督管理情况的报告和重大投资决策等进行审查、审议，发表意见或建议。

工会领导班子认真听取工会经审会提出的意见和改进建议，责成财务等有关部门对审查事项中相关内容进行调整，并由本级工会分管领导向工会经审会全委会会议做出调整说明。

工会经审会全委会会议对修改、调整后的预决算（草案）和重大投资决策等分别进行表决。表决议案应按民主集中制原则由全体委员的过半数通过。表决结果由主持人当场宣布。

需要工会经审会全委会会议审查、确定或通报的其他有关事项。

工会经审会领导讲话。

（3）后续阶段

如有关部门对工会经审会的审查结论和决定不服，可书面申请复查。复查结论和决定经工会经审会和工会主要领导批准下达后必须执行。

审查通过的经费收支决算（草案）和预算（草案），经工会经审会主任签字（盖章）生效，同时报上级工会经审会。

会议结束后，工会经审会办公室应及时撰写工会经审会全委会会议纪要，经工会经审会主任签字后，印发至工会经审会全体委员、同级工会主要领导、财务等相关单位和部门。

工会经审会办公室检查工会经审会决定和会议纪要的贯彻落实情况，

及时督促有关单位和部门重视工会经审会全委会会议提出的审查意见和改进建议，积极做好整改工作。

（二）工会经审会常委会会议审查程序

按照规定，全国总工会和省、自治区、直辖市总工会以及独立管理经费的全国产业工会经审会，应当设置常务委员会。经济发达、职工人数较多的省辖市总工会经审会视工作需要可设常务委员会。在工会经审会全委会会议闭会期间，由工会经审会常委会行使有关职权，对工会经审会全委会会议的召开作出决定、对工会经费收支预算执行情况进行审查、审议等。

工会经审会常委会会议由工会经审会主任召集并主持。一般每季度举行一次；必要时，可临时召开会议。审查程序如下：

（1）工会经审会主任确定常委会会议召开日期，由工会经审会办公室及时发出会议通知。

（2）工会经审会主任提出常委会会议议程，由常委会全体委员审议通过。

（3）对提交工会经审会全委会会议审查的经费收支预算、决算（草案）包括明细资料和报告稿进行初步审查。

（4）听取财务部门关于上半年预算执行情况的报告，对上半年预算执行情况进行审查并提出意见或建议。

（5）听取财务部门关于经费预算调整和追加事项的说明，审议通过经费预算调整、追加方案，并报工会经审会全委会会议确认。

（6）听取本级工会资产管理、基建工程、重大经济决策等情况汇报，提出审查意见或建议。

（7）听取和审议工会经审会常委会的工作报告，对提出的工作意见、计划、规章制度和表彰、奖励方案及其他议案，并作出相应的决议。

（8）审议工会经审会常委会认为有必要讨论确定的其他事项。

（9）工会经审会办公室撰写工会经审会常委会会议纪要，经工会经审会主任审批后，印发至工会经审会全体委员、同级工会主要领导和财务等相关单位和部门。

（10）工会经审会办公室督促、检查工会经审会常委会决议和会议纪要的贯彻落实情况。

三、工会审计的方法

审计方法是审计人员为了行使审计职能、完成审计任务、达到审计目标所采取的方式、手段和技术的总称。审计方法贯穿于整个审计工作过程，而不只存于某一审计阶段或某几个环节。审计工作从制定审计计划开始，直至出具审计报告或审计意见书、依法做出审计决定和最终建立审计档案，都有运用审计方法的问题。审计方法可分为审计的一般方法、审计的技术方法和计算机辅助审计方法。

（一）审计的一般方法

审计的一般方法是指按审计工作的先后顺序和审计工作范围或详略程度而进行划分的审计方法。按审计工作顺序可分为顺查法和逆查法；按审计工作范围或详略程度可分为详查法和抽查法。

1. 顺查法和逆查法

顺查法又称正查法，是按照会计核算程序的先后次序，依次对证、账、表各个环节进行检查核对的方法，即从原始凭证的审核开始，进而以原始凭证为依据，核对审查记账凭证，再根据记账凭证，检查日记账、明细分类账、总分类账，最后以账簿来核对报表，以确定会计资料的真实性、准确性和合法性。顺查法一般适用于业务规模不大、管理较为混乱、会计核算制度不健全、问题比较多的单位。

逆查法又称倒查法，是按照会计核算程序的相反次序，依次对表、账、证各个环节进行检查核对的方法，即从会计报表入手，对可疑账项和重要项目逐项核对总分类账和明细分类账、日记账，进而审查记账凭证和原始凭证，以查明问题的真相、原因和结果。逆查法一般适用于业务规模大、管理有序、会计核算制度健全的单位。

2. 详查法和抽查法

详查法是对被审计单位被审计期内的全部账、证、表或某一重要（或可疑）项目所包括的全部账项进行全面、详细的审查。财务审计时通常采用这种方法。

抽查法是指从被审计单位、被审计对象中抽取其中一部分进行审查，根据审查结果，借以推断审计对象总体有无错误和弊端。这种方法的关键在于抽取样本，故又称为抽样审计法。抽查法审查重点明确，如果选对目标，省时省力，具有事半功倍的效果，但如目标和对象选择不当或缺乏代表性，往往不能发现问题，甚至前功尽弃。在财务收支审计和财经法纪审计中，抽查法往往不及详查法，因此它还是有一定的局限性。实际中常将其与其他方法配合运用。

（二）审计的技术方法

审计的技术方法是审计人员收集审计证据时所用的方法。审计人员可以采取下列方法向有关单位和个人获取审计证据：

（1）检查，是指对纸质、电子或者其他介质形式存在的文件、资料进行审查，或者对有形资产进行审查。

知识链接

工会审计项目类型

◆工会经费预算执行情况审计

◆工会经费计拨情况审计

◆工会专项资金管理使用情况审计

◆工会建设项目审计

◆工会领导干部经济责任审计

◆工会企事业单位财务收支审计

◆工会企事业单位经济效益审计

（2）观察，是指察看相关人员正在从事的活动或者执行的程序。

（3）询问，是指以书面或者口头方式向有关人员了解关于审计事项的信息。

（4）外部调查，是指向与审计事项有关的第三方进行调查。

（5）重新计算，是指以手工方式或者使用信息技术对有关数据计算的正确性进行核对。

（6）重新操作，是指对有关业务程序或者控制活动独立进行重新操作验证。

（7）分析，是指研究财务数据之间、财务数据与非财务数据之间可能存在的合理关系，对相关信息作出评价，并关注异常波动和差异。

审计人员进行专项审计调查，可以使用上述方法及其以外的其他方法。

（三）计算机辅助审计方法

计算机辅助审计，是指审计人员对工会财务、资产管理的相关电子信息证据进行客观地收集和分析，运用计算机辅助审计软件，进行审计评价的过程。

会计电算化使传统的凭证、账簿、报表等文字记录和资料被电子数据和电子文档取代，减少了计算及过账错误的发生，但同时也对系统的安全

制胜法则

审计方法的选用原则

- ◆根据审计对象和审计目标的具体情况选用审计方法
- ◆根据不同的审计类型选用审计方法
- ◆根据审计人员的素质来选用审计方法
- ◆根据审计方式选用审计方法
- ◆根据审计结论的保证程度和审计成本选用审计方法

性提出了更高的要求。由于电脑采取分阶段而不是逐笔打印会计记录的方式，因此审计人员应熟练掌握各项计算机会计、审计软件的操作，以保证审计结果的正确性。

四、工会审计的程序

审计程序是指工会审计人员实施审计工作的先后顺序。审计程序一般包括计划、实施和报告三个阶段，每个阶段又包括若干审计步骤。

（一）审计准备阶段

在审计准备阶段需做好以下工作：

1. 组成审计组

经审会在审计项目实施前组成审计组。审计组由审计组组长和其他审计组成员组成。审计组组长由派出经审会指定，审计组组长可在审计组成员中确定主审。

2. 编制审计实施方案

审计实施方案的主要内容包括：审计目标、审计范围、审计对象、审计人员分工、审计步骤。

3. 送达审计通知书

经审会应当于实施审计3日前，向被审计单位送达审计通知书。遇有特殊情况，报经审会主任批准后，可以直接持审计通知书实施审计。

（二）审计实施阶段

在审计实施阶段需做好以下工作：

1. 听取被审计单位介绍情况

听取被审计单位介绍情况通常采取会议形式。被审计单位向审计组介绍预算执行情况（财务状况、经营成果等）和其他财务收支情况。

2. 资料交接与填制《被审计单位承诺书》

被审计单位将相关资料移交审计组，填制《被审计单位承诺书》并对所提供资料的真实性、合法性和完整性作出书面承诺。

3. 收集审计证据

审计证据是指审计人员获取的能够为审计结论提供合理基础的全部事实，包括审计人员调查了解被审计单位及其相关情况和对确定的审计事项进行审查所获得的证据。

4. 编制审计工作底稿

审计工作底稿，是指工会审计人员对实施的审计程序、获取的相关审计证据，以及得出的审计结论作出的记录。

（三）审计终结阶段

在审计终结阶段需做好以下工作：

1. 整理、审核审计工作底稿

获取审计证据的工作结束后，审计组整理审核审计工作底稿，为起草审计报告做准备。

2. 审计组撰写审计报告

审计报告，是指工会审计人员对被审计单位实施必要的审计程序后，对被审计单位预算执行情况（财务状况、经营成果等）和其他财务收支情况的真实性、合法性和效益性出具的书面文件。

审计报告的内容主要包括：

（1）审计依据，即实施审计所依据的法律法规规定。

（2）实施审计的基本情况，一般包括审计范围、内容、方式和实施的起止时间。

（3）被审计单位基本情况。

（4）审计评价意见，即根据不同的审计目标，以适当、充分的审计证据为基础发表的评价意见。

（5）以往审计意见整改落实情况和审计建议采纳情况。

（6）审计发现的被审计单位违反国家和工会规定的预算收支、财务收支行为和其他重要问题的事实、定性、处理处罚意见以及依据的法律法规和标准。

（7）针对审计发现的问题，根据需要提出的改进建议。

审计期间被审计单位对审计发现的问题已经整改的，审计报告还应当包括有关整改情况。

经济责任审计报告还应当包括被审计人员履行经济责任的基本情况，以及被审计人员对审计发现问题承担的责任。

3. 征求被审计单位对审计报告的意见

审计组应当书面征求被审计单位对审计报告的意见。被审计单位自接到审计组的审计报告之日起10日内，应当向审计组回复书面意见；逾期不回复的，视同无异议。对被审计单位书面提出的意见，审计组应当进一步核实情况，对审计组的审计报告做必要修改，连同被审计单位的书面意见一并报送经审会。

4. 出具经审会审计报告

经审会审核审计组的审计报告、研究被审计单位的书面意见后，出具经审会的审计报告。

5. 出具审计决定

经审会对被审计单位违反财经法律法规的行为在职权范围内作出审计决定，并将审计决定送达被审计单位。审计决定自送达之日起生效。

6. 开展审计复议

被审计单位或者相关责任人员对经审会作出的审计决定不服的，自收到审计决定之日起60日内，可以向出具审计决定的上一级经审会书面申请复审。上一级经审会自收到书面复审申请之日起60日内，应当作出复审决定。复审期间执行原审计决定。

经审会发现下一级经审会作出的审计决定违反国家有关规定或者有重大错误的，应当责成下一级经审会予以变更或者撤销，必要时可以直接作出变更或者撤销决定。

7. 被审计单位进行整改

被审计单位自收到经审会的审计报告或者审计决定之日起30日内，

应当将整改落实情况书面报告给出具审计报告或者审计决定的经审会。

8. 审计整改督察

审计整改督察是指经审会对被审计单位落实审计决定和审计意见的情况进行的检查和回访。

审计整改督察的主要内容：

（1）被审计单位执行审计决定的情况。

（2）被审计单位对审计意见的整改落实情况。

（3）被审计单位对移送处理事项的落实情况。

（4）被审计单位对审计建议的处理情况。

9. 立卷归档

审计项目归档工作实行审计组组长负责制，审计组组长应当确定立卷责任人。立卷责任人应当收集审计项目的文件材料，并在审计项目终结后及时立卷归档，由审计组组长审查验收。

知识链接

工会审计文书主要包括审计通知书、被审计单位承诺书、审计工作底稿、审计报告征求意见书、审计报告、审计决定、专项审计调查报告、审计结果报告、审计复审决定。审计公文一般由发文机关、发文字号、标题、主送机关、正文、页号、附件、印章、成文时间、附注、主题词、抄送（抄报）等部分组成。公文用纸一般为A4纸，左侧装订。

后　记

全面从严治党是中国共产党自我净化、自我完善、自我革新、自我提高的重要战略举措。全面从严治党就要不断加强党员干部的能力建设。工会作为党的重要群团组织，如何贯彻落实这一重要精神，进一步加强“党建带工建、工建服务党建”工作，成为摆在各级工会组织面前的一个新的重大课题。

面临新形势下工会工作的新情况、新问题，广大工会干部应以党员干部的高标准严格要求自己，不断加强自身的能力建设，以更好地服务职工群众。因此，我们编写了这套《新形势下工会干部能力与素质提升丛书》，旨在为广大工会干部尤其是工会领导干部提升驾驭工会工作的能力提供帮助。全书共分三册，紧扣提高工会干部能力与素质这一主题，分别对工会主席应当掌握的领导艺术、应当具备的能力和工会干部应当掌握的工作方法，做了全面、系统的介绍和阐述。本套丛书既着眼时代要求，又从工会实际出发；既注意理论分析，又注重对实践经验的总结概括；既着力阐述一般方法，又精于介绍实际操作。相信广大工会干部，特别是工会主席阅读后，会有开卷有益之感。

本套丛书由河北劳动关系职业学院闫晓燕担任主编，参与写作的还有张静、周英锐、董亚静、戴文宪、张亚勇、张红锋、陈迁达、王玉、刘莎莎。由于客观事物是不断向前发展的，新事物、新问题、新方法、新创造总会不断涌现，加之我们自身水平有限，虽尽了很大努力，但仍难免出现缺憾。因此，敬请工会主席、工会干部及各界读者能提出宝贵意见，以利我们改进。本套丛书在编撰过程中参考了有关的书籍、资料，谨向相关编著者表示由衷的感谢并致敬意。

编者

2016 年 4 月